大学生心理健康教育理论与实践

咸大伟　著

北京工业大学出版社

图书在版编目（CIP）数据

大学生心理健康教育理论与实践 / 咸大伟著. — 北京 : 北京工业大学出版社，2021.4
ISBN 978-7-5639-7933-2

Ⅰ. ①大… Ⅱ. ①咸… Ⅲ. ①大学生－心理健康－健康教育－研究 Ⅳ. ①G444

中国版本图书馆 CIP 数据核字（2021）第 081826 号

大学生心理健康教育理论与实践

DAXUESHENG XINLI JIANKANG JIAOYU LILUN YU SHIJIAN

著　　者：咸大伟
责任编辑：张　娇
封面设计：知更壹点
出版发行：北京工业大学出版社
（北京市朝阳区平乐园 100 号　邮编：100124）
010-67391722（传真）　bgdcbs@sina.com
经销单位：全国各地新华书店
承印单位：天津和萱印刷有限公司
开　　本：710 毫米 ×1000 毫米　1/16
印　　张：14
字　　数：280 千字
版　　次：2021 年 4 月第 1 版
印　　次：2021 年 4 月第 1 次印刷
标准书号：ISBN 978-7-5639-7933-2
定　　价：84.00 元

作者简介

咸大伟，女，淮阴工学院心理健康教育与咨询中心主任、讲师，南京师范大学硕士研究生。主要研究方向：大学生心理健康教育。从事大学生心理健康教育与咨询工作13年，近年来主要讲授大学生心理健康教育、消费心理学等课程，参编高等院校“十三五”规划公共课系列教材《大学生心理健康》，以第一作者身份在国内学术期刊发表论文10余篇。主持完成市厅级项目1项，在研省级课题1项、市厅级课题1项，参与省级课题多项。任淮安市心理学会理事、淮安市大学生心理健康教育研究会理事，曾获“江苏省大学生心理健康教育工作优秀工作者”称号。

前 言

2021年初，教育部网站发布了《关于政协十三届全国委员会第三次会议第3284号（教育类316号）提案答复的函》，就提出的《关于加强高校学生挫折教育的提案》进行答复。答复指出：近年来，为加强大学生心理健康教育，优化大学生心理品质，提升大学生认识挫折、应对挫折、承受挫折的能力，我们（教育部）主要开展了以下几个方面的工作：一是强化政策引领，推动挫折教育规范发展。教育部相继印发一系列政策文件，不断推动学校心理健康教育和挫折教育规范化建设发展。2020年4月，《教育部等八部门关于加快构建高校思想政治工作体系的意见》明确要求把心理健康教育课程纳入整体教学计划，规范发展心理健康教育与咨询服务。二是建设课程体系，把挫折教育融入课堂教育教学。重视课程主渠道建设，不断拓展课程教育平台，将挫折教育纳入思想品德教学、心理健康教育、思想政治理论课教学，扩大挫折教育工作覆盖面。据悉，各地各高校普遍开设了包括挫折教育在内的心理健康教育课程，不仅将其纳入必修课范畴，而且还开设了多门公共选修课并融入新生入学教育等教育教学环节。三是完善体制机制，加强对挫折教育的研究。坚持问题导向，开展调查研究，注重典型培育与示范引领，不断推进心理健康教育和挫折教育工作专业化发展。四是开展宣传活动，营造挫折教育良好氛围。加强包括挫折教育在内的心理健康宣传教育工作部署，推动包括“5·25”心理健康节在内的系列主题宣传教育活动深入开展。五是推进队伍建设，提升挫折教育工作水平。

近年来，因大学生心理健康问题或抗挫折能力较差而引起的精神失常、休学、退学的事件屡见不鲜，因大学生心理健康问题引发的暴力事件、自杀事件更引起了社会各界的震动。在大学这样一个人群密集型场所中，大学生看似身处自由轻松的环境，其实他们要面临学业、人际交往、经济等多方面的压力。如果没有外部力量及时对大学生加以干预，帮助其缓解压力，他们极易被抑郁、焦虑、情绪不稳定甚至自杀倾向等负面情绪缠身。

面对当今我国大学生的心理健康现状，加强心理健康教育已刻不容缓。要做好大学生的心理健康教育工作，除了帮他们树立科学的世界观、人生观以及价值观外，还要运用教育学、心理学的方法和理论，开展形式多样的心理健康教育，加强心理咨询和个别辅导，并注意把解决心理问题和解决实际问题结合起来。只有这样，才能为大学生的健康成长提供强有力的保证。

本书共八章。第一章是绪论，主要阐述了健康与心理健康的概念、大学生心理健康的标准与心理健康教育的意义、大学生心理健康教育的重要性和必要性；第二章分析了大学生心理健康教育的理论指导和现实依据，包括大学生心理健康教育的理论指导、大学生心理健康教育的现实依据；第三章讲述了大学生心理健康教育的发展背景及历程，包括大学生心理健康教育的发展背景、大学生心理健康教育的发展历程；第四章分析了大学生心理健康教育的内容、方法及发展趋势，包括大学生心理健康教育的覆盖内容、大学生心理健康教育的方法、大学生心理健康教育的发展趋势；第五章是大学生常见心理问题的识别与干预，包括大学生常见心理问题的表现与识别、大学生常见心理问题产生的原因、大学生常见心理问题的应对策略；第六章是大学生生命教育与心理危机应对，包括认识生命、大学生心理危机的表现、大学生心理危机的预防与干预；第七章阐述了辅导员与大学生心理健康教育工作，包括辅导员在大学生心理健康教育中的重要作用、辅导员开展大学生心理健康教育工作的优势、辅导员开展大学生心理健康教育工作的策略；第八章分析的是高校心理咨询工作，包括心理咨询概述、心理咨询的相关理论与方法、大学生心理咨询的主要内容及常见问题。

为了确保研究内容的丰富性和多样性，作者在写作过程中参考了大量理论与研究文献，在此向涉及的专家学者表示衷心的感谢。限于作者水平，加之时间仓促，本书难免存在一些疏漏，在此，恳请同行专家和读者朋友批评指正。

目 录

第一章　绪　论

大学生心理健康教育就是紧紧围绕着大学生的身心特点、生活环境、常见的重大发展事件以及心理疾病开展工作，提供科学、有效、实用的心理学技术与方法，有目的、有计划地对大学生的心理施加影响，促进大学生的心理成长与潜能开发，增强大学生的社会适应能力，健全大学生的人格，从而在总体上提高大学生的心理素质并维护其心理健康的教育活动。

第一节　健康与心理健康

这是一则流传很广、又深有寓意的故事：三个打鱼人在潭边打鱼时，突然发现有人从上游被冲进水潭。一个打鱼人便跳入水中把落水者救了上来，并用人工呼吸等方法予以抢救。这时，他们又见到另一个被冲下来的落水者挣扎着求救，另一个打鱼人又跳入水中把他救了上来……可是，他们同时又发现了第三个、第四个和第五个落水者，于是这三个打鱼人便手忙脚乱，难于应付了。

此时，有一个打鱼人似乎想到了什么，他离开现场来到上游，劝说人们不要在这里游泳，并在人们通常游泳时的入水处插上一块木牌以示警告。可是，仍有无视警告者被冲进水潭，三个打鱼人还得忙于救人的工作。

后来，一个打鱼人醒悟了，他说这样不能从根本上解决问题，他要去做另一项工作——教人们游泳。这似乎是问题的关键，因为如果人们有了好的水性，像他们三个打鱼人那样，那么即使被冲下深水或急流之中也能够独立应付，不至于深陷危机，甚至付出生命了。

我们从这个故事中可以领悟许多道理。如果以此来比喻心理学，那么第一步，跳入水中抢救落水者的工作就好比心理治疗——一项艰巨而充满意义的工作。心理治疗往往需要花费相当多的时间和精力，被治疗者也往往感到沉重的痛苦和不安。第二步，去上游对人们进行劝说的工作就好比心理咨询与辅导，也是一项充满意义的工作，但一般来说，它也只是对来访者或接受咨询者才能够产生作用和影响。那么第三步，那位要去教人们游泳的打鱼人所做的工作，就好比心理健康教育，即普及心理保健知识。他找到了落水者需要被抢救的根本原因——水性不好，并着眼和致力于从教会人们游泳这一根本方式上来解决问题。

由此看出，普及心理保健知识，进行预防性心理建设，是以培养与完善人格、提高人们的心理素质、提高人们的生活质量为目的的。治病于未病，防患于未然。水性的好坏对于落水者是至关重要的，心理素质对于一个人的生活也有同样的意义，在很大程度上决定一个人的生活质量。美国心理健康专家艾森伯格教授说："一旦基本生存需要得到保证后，心理健康就在决定人们的生活质量方面起着重要的作用。"

一、健康的概念

（一）传统认识

长期以来，人们常把"健康"看作"没有疾病"，把"疾病"看成"不健康"。仅从生物医学的观点出发，认为人体器官系统发育良好，功能正常，体格健壮就是健康，即"无病即健康""无缺陷即健康"。这种对健康概念的认识是消极的、不全面的，因为其对于心理或精神的健康很少涉及。

（二）现代观念

联合国世界卫生组织（WHO）提出了健康的十条标准：①有充沛的精力，能从容不迫地担负日常生活和工作压力，而不感到过分紧张和疲劳；②处事乐观，态度积极，勇于承担责任，遇事不挑剔；③精神饱满，情绪稳定，善于休息，睡眠良好；④应变能力强，能适应外界环境的各种变化；⑤能抵抗感冒和传染病；⑥体重适当，身材发育匀称；⑦眼睛有神，反应敏捷，伤口不易发炎；⑧牙齿清洁，无蛀牙，无疼痛，牙龈色泽正常，无出血现象；⑨头发有光泽，无头屑；⑩肌肉丰满，皮肤富有弹性。

1981 年世界卫生组织对健康的概念做出了如下阐述："健康就是精力旺盛地、敏捷地、不感觉过分疲劳地从事日常活动，保持乐观、蓬勃向上及有应激能力。"

1989 年，世界卫生组织深化了健康的概念：认为健康应包括躯体健康、心理健康、社会适应良好和道德健康。世界卫生组织认为，心理健康是一种良好的、持续的心理状态与过程，表现为个体具有生命的活力、积极的内心体验、良好的社会适应能力，能够有效地发挥个人的身心潜力以及作为社会一员的积极的社会功能。

（三）亚健康概念

20 世纪 80 年代初，世界卫生组织提出了“亚健康”这个崭新的概念，即一种介于健康与疾病之间的“第三状态”。处于“亚健康”状态的人，虽然各项体检指标均正常，也无法证明有某种器质性疾病，但与健康人相比却又显得生活质量差、工作效率低、极易疲劳，许多人常有食欲不振、睡眠不佳、腰酸腿痛、疲乏无力等不适。现在很多年轻人都长期处于亚健康状态，有的甚至开始“未老先衰”。

中华中医药学会发布的《亚健康中医临床指南》指出：亚健康是指人体处于健康和疾病之间的一种状态。处于亚健康状态者，不能达到健康的标准，表现为一定时间内的活力降低、功能和适应能力减退的症状，但不符合现代医学有关疾病的临床或亚临床诊断标准。简而言之，就是总觉得身体不舒服、精神不好，但又查不出什么病的状态。这种状态，恰恰就是许多年轻人的标配：晚上睡不好，白天起不来，到了公司脑袋还是昏昏沉沉的；早上不吃早餐，晚上疯狂点夜宵，结果三天两头拉肚子；平时不运动，在办公室一坐一整天，连爬个楼梯都气喘吁吁；脾气越来越差，经常为了一点小事心烦意乱，动不动就掉头发、长痘痘……

曾有医学机构总结出亚健康的几大特征：①容易疲劳，通过休息也不容易缓解，精力下降；②经常头晕乏力，头痛，听力下降，健忘；③睡眠不好或嗜睡乏力；④容易腹泻或腹痛；⑤纳食欠佳或纳食无味；⑥情绪难以控制地出现忧郁、低落或烦躁易怒；⑦不定期的头痛、关节酸痛、腰酸背痛等。

二、心理健康

（一）心理健康的含义

心理健康一词最早由美国精神病学教授威廉·斯惠特提出。它是指人的内部心理和外部行为和谐、协调，并适应社会准则和职业要求的良性状态。它包括了人的知、情、意、行的健康状况，体现在理想境界、智能发展、情绪、意志、性格、人际关系等方面。

1946 年第三届国际心理卫生大会曾为心理健康下了这样的定义：心理健康

是指在身体、智能以及情感上能保持同他人的心理不相矛盾，并将个人心境发展成为最佳的状态。

1948年世界卫生组织对心理健康的界定是，人们在学习、生活和工作中的一种安宁平静的稳定状态。

《简明不列颠百科全书》中对心理健康做了如下解释：心理健康指个体心理在本身及环境条件许可范围内，所能达到的最佳功能状态，而不是指绝对的十全十美。

归纳起来，心理健康的内容应该包含两个最基本的要素：一个是情绪情感要素，一个是思维或智力要素。而且，这两种要素体现在人际交往的情境之中。

据此，我们可将心理健康的含义概括如下：个体能够积极地适应环境，有正常的认知水平、稳定愉快的情绪、同客观现实保持积极平衡的意志行为与良好的个性特征的状态和正常的自我控制能力。

（二）心理健康的标准

如同衡量人的生理健康状况有一套指标一样，衡量人的心理健康状况也有一套指标，我们称之为心理健康标准。心理健康既有一般标准，又有不同年龄、不同层次、不同职业的特殊标准。由于不同的心理学家有不同的观点和理解，因而提出的标准也不尽相同。

1. 心理学界具有一定权威性和认可度的评价标准

（1）世界卫生组织确定心理健康的6大标志

①有良好的自我意识，能做到自知自觉，既对自己的优点和长处感到欣慰，保持自尊、自信，又不因自己的缺点感到沮丧。

②坦然面对现实，既有高于现实的理想，又能正确对待生活中的缺陷和挫折，做到“胜不骄，败不馁”。

③保持正常的人际关系。能承认别人，限制自己；能接纳别人，包括别人的短处。在与人相处中，尊重多于嫉妒，信任多于怀疑，喜爱多于憎恶。

④有较强的情绪控制力，能保持情绪稳定与心理平衡，对外界的刺激反应适度，行为协调。

⑤处事乐观，满怀希望，始终保持一种积极向上的进取态度。

⑥珍惜生命，热爱生活，有经久一致的人生哲学。

（2）心理学家马斯洛和米特尔曼提出的心理健康的10条标准

他们提出的十条标准被认为是“最经典的标准”。

①充分的安全感。

②充分了解自己，并对自己的能力做适当的评估。

③生活的目标切合实际。

④与现实的环境保持接触。

⑤能保持人格的完整与和谐。

⑥具有从经验中学习的能力。

⑦能保持良好的人际关系。

⑧适度的情绪表达与控制。

⑨在不违背社会规范的条件下，对个人的基本需要给予恰当的满足。

⑩在不违背社会规范的条件下，能做有限的个性发挥。

（3）我国著名心理学家林崇德提出的心理健康的 10 条标准

林崇德先生认为：“心理健康标准的核心是，凡对一切有益于心理健康的事件或活动做出积极反应的人，其心理便是健康的。”他认为的心理健康的主要内容如下。

①了解自我，对自己有充分的认识和了解，并能恰当地评价自己的能力。

②信任自我，对自己有充分的信任感，能够克服困难，面对挫折能坦然处之，并能正确地评价自己的失败。

③悦纳自我，对自己的外形特征、人格、智力、能力等都愉快地接纳认同。

④控制自我，能适度地表达和控制自己的情绪和行为。

⑤调节自我，对自己不切实际的行为目标、心理不平衡状态、与环境的不适应性，能做出及时的反馈、修正、选择、变革和调整。

⑥完善自我，能不断地完善自己，保持人格的完整与和谐。

⑦发展自我，具备从经验中学习的能力，充分发展自己的智力，能根据自身的特点，在集体允许的前提下，发展自己的人格。

⑧调适自我，对环境有充分的安全感，能与环境保持良好的接触，理解他人，悦纳他人，能保持良好的人际关系。

⑨设计自我，有自己的生活理想，理想与目标能切合实际。

⑩满足自我，在社会规范的范围内，适度地满足个人的基本需求。

2. 中国人心理健康标准及其具体评价因素

我国学者于 2012 年发布了中国人心理健康标准及具体评价因素，其 6 条要点如下。

①认识自我，接纳自我：了解自己并合理地评价自己，有一定的自尊和自信，接受自我存在的价值和意义。

②自我学习，独立生活：能从经验中学习、成长并学以致用，能够独立处理日常生活中的大部分事务。

③情绪稳定，有安全感：能调整自己的情绪状态，基本保持情绪稳定，积极正向情绪是主导，对人身安全和生活稳定有基本的安全感。

④人际关系和谐良好：具有基本的社会交往能力，能够保持基本的人际交往，能在关系互动中体验到正常的情绪状态和满足感，能够接纳他人以及人际交往中的一些问题。

⑤角色功能协调统一：心理和行为表现能符合社会规范、角色要求、所处环境、年龄特征和个人现实需要。

⑥适应环境，应对挫折：不回避现实环境接触，能积极面对、接纳和应对现实，能积极面对和处理困难、挫折。

（二）正确理解心理健康的标准

1. 心理不健康与有不健康的心理和行为不能等同

心理失衡和心理亚健康都被称为“心理不健康”。心理失衡所指的心理问题不同于生理疾病，它是由人的内在精神因素，准确地说是大脑中枢神经控制系统所引发的一系列问题，它会间接地改变人的性格、世界观及情绪等。

根据世界卫生组织对健康四位一体（即躯体健康、心理健康、社会适应性健康、道德健康）的全新定义，心理亚健康是指在环境影响下由遗传和先天条件所决定的心理特征造成的健康问题，是介于心理健康和心理疾病之间的中间状态。

心理不健康是指一种持续的不良状态，往往伴随一些不健康的心理和行为。但偶尔出现一些不健康的心理和行为并不等于心理不健康，更不等于已患上心理疾病。因此，我们不能仅根据一时一事就简单地给自己或他人下心理不健康的结论。

2. 心理健康与不健康不是泾渭分明的对立面，而是一种连续的状态

对于心理健康，我们可以把它定义为心理和精神上的一种相对稳定平和、充满活力的一种状态。而这里的心理健康与不健康，我们也可以把它与躯体上的健康与不健康放在一起理解。健康是指整体的躯体心理状况在一定的水平标准内，只要符合这个标准都可以称作是健康的。而不健康的状态，则是偏离正常水平之外的情况，可能是略有不适，可能是感到不舒服，也有可能是形成了疾病，这都是可能的。我们可以用格林伯格的健康—疾病连续体学说来理解，

他认为健康分为最佳健康、健康（亚健康）、疾病和死亡 4 个相互连续的水平。健康有不同的水平，而不健康也有不同的情况，所以不能用简单的对立来区分。相关研究证实，心理健康是身心健康的重要部分，不健康的心理状态可能会导致疾病。

比如，因工作、家庭、婚姻、经济等各方面压力导致个人处于持续的紧张压抑状态下，若不能得到及时有效的调整，则可能导致一些身体疾病（如高血压、消化性溃疡等）或心理问题（如焦虑、抑郁、失眠等）。同时，这些疾病也可反过来给心理健康带来挑战和负面影响。

人的状态就是一个动态连续的状态，身体心理状况有时积极有时消极，有时健康或者不健康，但都会有趋于健康的状态，就像心情曲线一样，虽然有高低，但连续不间断。

3. **心理健康的状态不是固定不变的，而是动态变化的过程**

心理健康是一个动态发展的概念，说明心理健康是我们的内心对于外部环境的反应。它是不断在变化的，所以说它是一个动态的发展的概念。

相关研究显示，同一批医学院校学生在不同时期的心理状态产生了很多明显的变化。该研究的研究者采用症状自评量表（SCL-90）对 178 人在刚入校时及 3 年后分别进行心理问卷测试。

具体调查研究情况如下所示。

第 1 次调查：医学生组的强迫、偏执因子均分显著高于全国常模，差异有显著意义。其他各因子与全国常模间差异无显著性（表 1-1）；性别间各因子差异无显著性（表 1-2）。

第 2 次调查：医学生组的躯体化和精神病性因子均分显著高于全国常模，人际关系、忧郁、恐惧、偏执 4 因子均分显著低于全国常模；而强迫、焦虑、敌对 3 因子均分与全国常模差异无显著性（表 1-1）；性别间女生除精神病性因子显著高于男生外，其余 8 个因子则显著低于男生（男女生睡眠因子无差异）（表 1-2）。

两次 SCL-90 测试结果比较：男生的躯体化因子均值显著升高，而强迫、人际关系、恐惧、偏执、精神病性 5 因子均分值 3 年来显著下降，忧郁、焦虑、敌对、睡眠因子无显著变化（表 1-2）；女生除躯体化、睡眠两因子均分无显著变化外，其余 8 个因子分均显著下降（表 1-2）。

表 1-1 医学生与全国常模 SCL-90 各因子分（x±s）比较

因子	全国常模（n=781）	第 1 次（n=161）		第 2 次（n=161）	
	因子分	因子分	P 值	因子分	P 值
躯体化	1.34±0.45	1.30±0.42	>0.05	1.45±0.44	0. 005
强迫	1.69±0.61	1.83±0.57	0.003	1.59±0.050	> 0.05
人际关系	1.76±0.67	1.75±0.58	>0.05	1.46±0.43	0.000
忧郁	1.57±0.61	1.52±0.52	>0.05	1.45±0.45	0.018*
焦虑	1.42±0.43	1.47±0.50	>0.05	1.43±0.46	> 0.05
敌对	1.50±0.57	1.57±0.62	>0.05	1.44±0.49	> 0.05
恐惧	1.33±0.47	1.29±0.39	>0.05	1.18±0.29	0.001
偏执	1.52±0.60	1.64±0.84	<0.05	1.37±0.40	0.003
精神病性	1.36±0.47	1.42±0.57	>0.05	1.46±0.41	0.000

注：全国常模为 18 ～ 29 岁年龄组。

表 1-2 SCL-90 各因子得分（x±s）男女性学生比较

因子	男性（n=110）			女性（n =51）			P*值	P▲值
	第 1 次	第 2 次	P 值	第 1 次	第 2 次	P 值		
躯体化	1.34±0.48	1.50±0.49	0.010*	1.25±0.35	1.35±0.28	0.102	0.23	0.041
强迫	1.87±0.59	1.66±0.54	0.001*	1.75±0.49	1.42±0.36	0.000	0.20	0.006
人际关系	1.81±0.64	1.51±0.43	0.000	1.72±0.64	1.32±0.39	0.000	0.41	0.015
忧郁	1.51±0.55	1.48±0.48	0.742	1.55±0.62	1.38±0.36	0.046	0.68	0.193
焦虑	1.50±0.50	1.49±0.50	0.987	1.50±0.56	1.29±0.27	0.006	0.99	0.016
敌对	1.66±0.76	1.53±0.53	0.098	1.59±0.74	1.23±0.25	0.001	0.58	0.000
恐惧	1.26±0.42	1.19±0.32	0.141*	1.33±0.39	1.15±0.22	0.003	0.32	0.546
偏执	1.66±0.59	1.44±0.43	0.000*	1.82±0.74	1.21±0.23	0.017	0.14	0.002

续 表

因子	男性（n=110）			女性（n =51）			P*值	P▲值
	第 1 次	第 2 次	P 值	第 1 次	第 2 次	P 值		
精神病性	1.47 ± 0.48	1.25 ± 0.42	0.000*	1.55 ± 1.05	1.11 ± 0.18	0.006	0.51	0.024
睡眠	1.50 ± 0.56	1.49 ± 0.42	0.890	1.60 ± 0.70	1.40 ± 0.41	0.057	0.33	0.269

注：P* 为各因子性别间第 1 次测量比较的显著性检验统计量的概率，P▲为各因子性别间第 2 次测量比较的显著性检验统计量的概率。

任何人在人生的某些阶段或某些特定环境下，都可能会碰到一些较难处理的困境，比如学习压力、考试焦虑、晋升压力、生意受挫、恋爱受挫、婚姻危机、经济危机等。这些时候，出现困惑、焦虑、抑郁、失眠、躯体反应等问题可能在所难免，于是我们就暂时进入了“心理不健康”的状态。若通过我们自己和亲朋好友的努力能及时有效地调整我们的状态，这种“心理不健康”的状态自然就会动态转变为“心理健康”状态。如果这样做的效果不明显，那我们就应积极地尝试其他可靠的途径，比如咨询正规的心理医生或心理咨询师来寻求改变。

4. 心理健康标准是一种理想尺度

心理健康标准是理想中的个体心理健康的标准，现实生活中很难有各方面都达标的完美的人，人们或多或少在某一个方面或某几个方面有一些薄弱之处。因此，心理健康标准不仅为我们提供了衡量个体是否健康的标准，而且为我们指明了提高心理健康水平的努力方向，它指引每一个人朝着理想的目标做不同程度的努力。每个人都能在自己现有基础上做不同程度的努力，都可追求自身心理发展的更高层次，从而不断发挥自身的潜能。

（三）心理健康的等级

心理健康可划分为三个等级：一般常态心理、轻度失调心理、严重病态心理。

1. 一般常态心理

一般常态心理者表现为经常有愉快的心理体验，适应能力强，善于与别人相处，能较好地完成同龄人发展水平应做的活动，具有调节情绪的能力。我们日常生活中大多数人属于一般常态心理者。

2. 轻度失调心理

轻度失调心理者表现出不具有同龄人所应有的愉快的心理体验，与他人相处略感困难，生活自理有些吃力。这些人若主动调节或通过心理辅导专业人员的帮助，就会消除或缓解心理问题，逐步恢复常态。

3. 严重病态心理

严重病态心理者表现出严重的心理适应失调，不能维持正常的生活、工作。如不及时治疗就有可能恶化，成为精神病患者。精神病是严重的心理疾病。

第二节　大学生心理健康的标准与心理健康教育的意义

一、大学生心理健康的标准

心理健康教育是提高大学生心理素质、促进其身心健康和谐发展的教育，是高校人才培养体系的重要组成部分，也是高校思想政治工作的重要内容。

加强和改进大学生心理健康教育是新形势下贯彻落实全国教育工作会议和《国家中长期教育改革和发展规划纲要（2010—2020年）》精神，促进大学生健康成长、培养造就拔尖创新人才的重要途径，是全面贯彻党的教育方针、建设人力资源强国的重要举措，是推动高等教育改革、加强和改进大学生思想政治教育的重要任务。

（一）《普通高等学校学生心理健康教育工作基本建设标准（试行）》

2011年，为推进大学生心理健康教育工作科学化建设，根据《中共中央国务院关于进一步加强和改进大学生思想政治教育的意见》(中发〔2004〕16号)和《教育部 卫生部 共青团中央关于进一步加强和改进大学生心理健康教育的意见》（教社政〔2005〕1号）等文件精神，教育部制定了《普通高等学校学生心理健康教育工作基本建设标准（试行）》，其内容如下。

1. 大学生心理健康教育体制机制建设

①高校应将大学生心理健康教育纳入学校人才培养体系。应成立专门工作领导小组，指定主管校领导负责，心理健康教育和咨询机构、学生工作部门、

宣传部门、教务部门、人事部门、财务部门、安全保卫部门、后勤保障服务部门、校医院以及各院（系）、研究生院和相关学科教学研究单位等负责人为成员，负责研究制订大学生心理健康教育工作的规划和相关制度，统筹领导全校大学生心理健康教育工作。党委常委会或校长办公会应定期听取专门工作汇报，研究部署工作任务，解决存在的问题。

②高校应有健全的校、院（系）、学生班级三级心理健康教育工作网络，各级各部门应有明确的职责分工和协调机制。学校应有机构负责大学生心理健康教育和咨询，纳入学校思想政治教育工作体系，具体组织协调开展全校学生心理健康教育工作；院（系）应安排专兼职教师负责落实心理健康教育工作；组织学生班委会、党团支部等学生组织积极协助辅导员、班主任和研究生导师开展心理健康教育工作。

③高校应根据实际情况，研究制订大学生心理健康教育工作的意见或实施办法。应建立考核、奖惩机制，制订年度工作计划。

④高校应围绕心理健康教育和咨询机构的规范管理、心理危机预防与干预、心理咨询工作流程、心理健康教育课程教学、心理健康教育从业者职业道德规范等内容，建立健全各项规章制度。

2. 大学生心理健康教育师资队伍建设

①高校应建设一支以专职教师为骨干，专兼结合、相对稳定、素质较高的大学生心理健康教育和心理咨询工作队伍。高校应按学生数的一定比例配备专职从事大学生心理健康教育的教师，每校配备专职教师的人数不得少于2名，同时可根据学校的实际情况配备兼职教师。

②高校应将大学生心理健康教育师资队伍建设纳入学校整体教师队伍建设工作中，加强选拔、配备、培养和管理。从事大学生心理健康教育的教师，特别是直接从事心理咨询服务的教师，应具有从事大学生心理健康教育的相关学历和专业资质。专职教师的专业技术职务评聘应纳入大学生思想政治教育教师队伍序列，设有教育学、心理学、医学等教学研究机构的学校，也可纳入相应专业序列。专兼职教师开展心理辅导和咨询活动应计算相应工作量。

③高校应重视大学生心理健康教育专兼职教师的专业培训工作，将师资培训工作纳入年度工作计划和年度经费预算。应保证心理健康教育专职教师每年接受不低于40学时的专业培训，或参加至少两次省级以上主管部门及二级以上心理专业学术团体召开的学术会议。适时安排从事大学生心理咨询的教师接受专业督导。应支持大学生心理健康教育教师结合实际工作开展科学研究。

④高校所有教职员工都负有教育引导学生健康成长的责任，要着力构建和谐、良好的师生关系，强化大学生心理健康教育的全员参与意识。学校应将心理健康教育内容纳入新进教师岗前培训课程体系。辅导员、班主任、研究生导师是大学生心理健康教育工作的重要力量，每年应为他们至少组织一次心理健康教育专题培训。应对学生宿舍管理员等后勤服务人员开展相关常识培训。

3. 大学生心理健康教育教学体系建设

①高校应充分发挥课堂教学在大学生心理健康教育工作中的主渠道作用，根据心理健康教育的需要建立或完善相应的课程体系。学校应开设必修课或必选课，给予相应学分，保证学生在校期间普遍接受心理健康课程教育。

②高校应充分考虑学生的心理发展规律和特点，科学规范大学生心理健康教育课程的教学内容，切实改进教育教学方法。应有专门的教学大纲或教学基本要求。教学内容设计应注重理论联系实际，力求贴近学生。应通过案例教学、体验活动、行为训练等多种形式提高课堂教学效果，通过教学研究和改革不断提升教学质量。

4. 大学生心理健康教育活动体系建设

①高校应面向全体学生开展心理健康教育活动，不断创新心理健康教育活动形式，拓展心理健康教育途径，积极营造良好的心理健康教育氛围。

②高校应通过广播、电视、校刊等多种媒介，积极开展心理健康教育宣传活动，应重视心理健康教育网络平台建设，开办专题网站（网页），充分开发利用网上教育资源。

③高校应充分发挥广大学生在心理健康教育工作中的主体作用，满足学生自我成长的心理需要。应重视发挥班集体建设在大学生心理健康教育中的重要作用，支持学生成立心理社团，组织开展心理健康教育活动，普及心理健康知识，充分调动学生自我认识、自我教育、自我成长的积极性、主动性。

5. 大学生心理咨询服务体系建设

①高校应根据行业要求设立心理咨询室，为学生提供心理咨询服务。有条件的高校可在院（系）及学生宿舍设立心理健康教育辅导室。心理咨询室开放的时间应能满足学生的咨询需求。

②高校应加强心理咨询制度建设，遵循心理咨询的伦理规范，保证心理咨询工作按规定有效运行。应建立健全心理咨询的值班、预约、重点反馈等制度。应加强心理咨询个案记录与档案管理工作，坚持保密原则，按规定严格管理心理咨询记录和有关档案材料。应定期开展心理咨询个案的研讨与督导活动，不断提高心理咨询的专业水平。

③高校应通过多种途径开展心理咨询服务。应经常开展团体辅导活动，针对不同学生群体的需求，研究制订相应的团体辅导计划和实施方案，努力帮助学生解决心理问题，促进健康发展。应向全校学生公布心理健康教育和咨询机构的咨询信箱、咨询电话和网址。有条件的学校可提供网上咨询预约和网络咨询服务。

6. 大学生心理危机预防与干预体系建设

①高校应坚持预防为主的原则，重视心理健康知识的普及宣传工作，充分发挥心理健康教育工作网络的作用，通过新生心理健康状况普查、心理危机定期排查等途径和方式，及时发现学生中存在的心理危机情况。学校要对有较严重心理障碍的学生予以重点关注，并根据心理状况及时加以疏导和干预。应加强对患精神疾病学生康复及康复后的关注跟踪。

②高校应制定心理危机干预工作预案，明确工作流程及相关部门的职责。应积极在院（系）、学校心理健康教育和咨询机构、校医院、精神疾病医疗机构等部门之间建立科学有效的心理危机转介机制。有条件的高校可在校医院设立精神科门诊，或聘请精神专科职业医师到校医院坐诊。对有较严重障碍性心理问题的学生，应及时指导学生到精神疾病医疗机构就诊；对有严重心理危机的学生，应及时通知其法定监护人，协助监护人做好监控工作，并及时将学生按有关规定转介给精神疾病医疗机构进行处理。转介过程应详细记录，做到有据可查。

③高校应按照有关规定做好心理危机事件善后工作，应重视对危机事件当事人及其相关人员提供支持性心理辅导，最大限度地减少危机事件的负面影响。应及时总结经验教训，提高师生对心理危机事件的认识以及应对心理危机的能力。

7. 大学生心理健康教育工作条件建设

①高校应保障心理健康教育工作经费，并纳入学校预算，确保大学生心理健康教育的日常工作需要。

②高校应加强心理健康教育和咨询场地建设。心理健康教育和咨询场地的建设应符合大学生心理健康教育工作的特点和要求，能够满足学生接受教育和咨询的需求。心理健康教育和咨询场地包括预约等候室、个体咨询室、团体辅导室、心理测评室等。

③高校应为心理健康教育和机构配备必要的办公设备、常用心理测量工具、统计分析软件和心理健康类书籍等心理健康教育产品。

（二）大学生心理健康标准的具体内容

大学生的年龄一般在18~25岁之间。从心理上看，他们正处于青年中期。大学生的心理在青年中期有许多特点，但作为一个特殊的群体，大学生不完全等同于社会上的青年。

心理学家将大学生心理健康的标准描述为以下几点。

①有适度的安全感，有自尊心，对自我的成就有价值感。

②适度地自我批评，不过分夸耀自己也不过分苛责自己。

③在日常生活中，具有适度的主动性，不为环境所左右。

④理智，现实，客观，与现实有良好的接触，能容忍生活中挫折的打击，无过度的幻想。

⑤适度地接受个人的需要，并具有满足此种需要的能力。

⑥有自知之明，了解自己的动机和目的，能对自己的能力做客观的估计。

⑦能保持人格的完整与和谐，个人的价值观能适应社会的标准，对自己的工作能集中注意力。

⑧有切合实际的生活目标。

⑨具有从经验中学习的能力，能根据环境的需要改变自己。

⑩有良好的人际关系，有爱人的能力和被爱的能力。在不违背社会标准的前提下，能保持自己的个性，既不过分阿谀，也不过分寻求社会赞许，有个人独立的意见，有判断是非的标准。

大学生心理健康一般用量表来衡量，其标准是不固定的。心理健康标准随着时代和文化背景的变化而变化，主要包括以下几种因素。

第一，智力正常。智力是人的观察、注意、记忆、想象、思维、创造和实践活动的综合，包括通过经验学习或理解的能力、获取和保持知识的能力、快速成功应对新情况的能力、运用推理有效解决问题的能力。这是衡量人的心理健康的最重要的标志之一。这是大学生学习、生活、工作的基本心理条件，也是适应周围环境变化的必要心理保证。因此，衡量大学生智力是否正常的关键在于他们是否能正常、充分地发挥自我效能。智力正常的大学生一般表现为求知欲强、愿意学习、能够积极参与学习活动。

第二，情绪健康。它的象征是情绪稳定和乐观，其内容包括：快乐情绪多于消极情绪，乐观开朗，充满活力，对生活充满希望；情绪稳定，善于控制和调节自己的情绪，能够克制和合理发泄自己的情绪，情绪的表达既符合社会的要求，又符合自己的需要，在不同的时间和场合有适当的情绪表达；情绪反应适应环境，反应的强度与情况相符。心理健康的人心胸开朗，情绪稳定和乐观，常向光明看，不往“黑暗处”钻，热爱生活，积极向上，对未来充满希望，遇到麻烦能自行解脱。心理健康的人的情绪自控能力很强。心理健康的人在通常情况下，其内部心理结构总是趋于平衡和协调的。既有适度的情绪表现，又不为情绪所左右而言行失调。人具有自控情绪能力，即表明其中枢神经系统运行正常，身心各方面处于协调状态，不论遇到什么事总能适度地控制自己的喜怒哀乐，既不会得意忘形，也不会悲观轻生。有人认为，用情绪来表示心理健康程度就像用体温来表示身体健康程度一样准确。

第三，意志健全。意志是人在完成一项有目的的活动时，进行选择、决定和执行的心理过程。心理健康的人会在行动意识、果断、坚韧和自制力方面表现出更高的水平。意志健康的大学生在各种活动中有自觉的目的，能够及时做出决策，用实际的、有准备的方式解决遇到的问题，在面对困难和挫折时能够采取合理的反应方法，在行动中能够控制情绪、信守承诺，而不是盲目行动、害怕困难、固执己见。意志顽强的人，能较长时间保持专注和控制行动去实现某一既定目标，不屈不挠，不达目的，绝不罢休。

第四，人格完整。人格是个体相对稳定的心理特征的总和。人格的完善就是拥有健全统一的人格，一个拥有完善人格的人的所思所言所行都是协调的。人格完善包括人格结构各要素的完整统一：有正确的自我意识，不会产生自我认同的困惑，以积极的人生观为人格核心，以此为中心统一自己的需求、目标和行动。

第五，反应适度。心理健康的人一般有较强的行动的自觉性、果断性、顽强性和自制力。人对事物的认识和反应存在着个体差异，有的人反应敏捷迅速，有的人反应模糊迟缓，但这种差异是有一定限度的。心理健康的人应该是反应适度，而不是反应异常兴奋或异常淡漠。

第六，自我评价正确。正确的自我评价是大学生心理健康的重要条件。大学生在进行自我观察、自我认同、自我判断和自我评价时，能够认识自我，正确认识自己，正确定位自己。他们应既不以在某些方面优于别人为荣，也不以在某些方面不如别人为耻。面对挫折和困难，能接纳自己，喜欢自己，有适度的自尊、自强、自控、自爱。心理健康的人的自我意识明确，具有健全的个性。自我意识是人的意识发展的高级阶段，是个体对自己的认识和评价。它反映了个人对自我的态度。个人是在与现实环境的相互关系中，在个人的实践活动中来认识自我、确立自我形象的。心理健康的人有明确的自我意识，能正确地认识自己，做力所能及的事，有自知之明；能把“理想的我”与“现实的我”有机地统一起来，“理想的我”总能在“现实的我”中得到体现，能根据自己的认识和评价来控制调节自己的行为，使个体和环境保持平衡。

第七，和谐的人际关系。人际关系是人们在工作、生活和学习中所形成的心理关系。良好而深厚的人际关系是事业成功、生活幸福的前提。其表现：乐于与人交往，既有广泛而深厚的人际关系，又有知心朋友；在交往中保持独立完整的人格，自知自明，不卑不亢；能够客观评价他人和自己，利用他人的长处弥补自己的短处，对他人大方，乐于助人，积极的沟通态度多于消极的态度，有正确的沟通动机。心理健康的人在社会和集体中总是善于和他人交往，并能和多数人建立良好的人际关系。良好人际关系的建立是心理健康者与外界正常交往的结果，是个体对自己和对他人以及两者之间关系正确认识和评价的结果。心理健康的人在和他人交往中，能接纳自我，并接纳他人，对集体具有一种休戚相关、荣辱与共的情感。

第八，正常的社会适应。个人要与客观现实环境保持良好的秩序，不仅要进行客观的观察以获得正确的认识，还要毫不退缩地以有效的方式处理环境中的各种困难；还需要根据环境的特点和自我意识的情况进行协调，或者改变环境以满足个人需求，改造自适应环境。心理健康的人具有较强的适应能力。在日常的社会生活中，人们常以一定的社会行为规范来作为判断个体心理是否健康的标准。心理健康的人总能和社会保持良好的接触，能正确地认识环境，处理好个人和环境的关系，能了解各种社会规范，自觉地用这些规范来约束自己，使个体行为符合社会规范的要求。另外，心理健康者还能动态地观察各种社会生活现象的变化以及这些变化对自己的要求，以期更好地适应社会生活。

第九，心理行为符合大学生的年龄特点。人在生命发展的不同年龄阶段，都有相对应的不同的心理行为表现，从而形成不同年龄阶段独特的心理行为模式。心理健康的人应具有与同年龄多数人相符合的行为特征。如果一个人的心理行为经常严重偏离自己的年龄特征，一般都是心理不健康的表现。大学生是特定年龄阶段的特殊群体，应该具有与其年龄和角色相适应的心理和行为特征。

（三）如何正确理解大学生心理健康的标准

正确理解大学生心理健康的标准应重视以下几个方面。

1. 标准的相对性

事实上，大学生心理健康与不健康也并无明显界限，而是一个连续化的过程，如将正常比作白色，将不正常比作黑色，那么在白色与黑色之间存在着一个巨大的缓冲区域——灰色区，世间大多数人都散落在这一区域内。这说明，对多数大学生而言，在人生的发展过程中面临心理问题是正常的，不必大惊小怪，应积极加以矫正。与此同时，个体灰色区域也是存在的，大学生应提高自我保健意识，及时进行自我调整。人的健康状态的活动是一个发展的问题，一个人产生了某种心理障碍并不意味着永远保持或行将加重。在心理上形成心理冲突是非常正常的，而且是可以自行解决的。

2. 标准的整体协调性

把握心理健康的标准应以心理活动为本考察其内外关系的整体协调性。从心理过程看，健康的人的心理活动是一个完整统一的协调体，这种整体协调保证了个体在反映客观世界的过程中的高度准确性和有效性。事实表明，认识是健康心理结构的起点，意志行为是人格面貌的归宿，情感是认识与意志之间的中介因素。从心理结构的几个方面看，一旦它们不能符合规律地进行协调运作时，就可能产生一系列的心理困扰或问题。从个性角度看，每个人都有自己长期形成的稳定的个性心理，一个人的个性在没有明显的剧烈的外部因素影响下是不会轻易发生变化的。从个体与群体的关系看，每个人在其现实性上可划分成不同的群体，不同群体间的心理健康标准是有差异的。

3. 标准的发展性

事实上，不健康的心理可能是人的发展过程中不可避免的发展性问题，随着个体的心理成长逐渐调整而趋于健康。大学生心理健康的基本标准是他们能够进行有效的学习和生活。如果正常的学习和生活都难以维持，就应该及时予以调整。

二、大学生心理健康教育的意义

（一）预防精神疾病，保障大学生心理健康

有关调查表明，我国大学生的心理健康状况令人担忧。近年来我国各地高校教师自发地开展各种形式的心理健康教育活动的直接动因是帮助学生克服各种心理障碍，预防精神疾病的发生。

大学生常见的心理问题有环境变化引起的适应不良问题、异性交往引起的情感心理障碍问题、人际关系的困扰、求职择业方面引起的心理障碍问题等。

1. 环境变化引起的适应不良问题

大学生由于学习、生活环境的改变，往往容易出现矛盾、困惑心理。其中一部分大学生表现出对现实的失落感。由于中学时对大学充满了憧憬，很多学

生也将考大学作为唯一的和最终的目标来激励自己。但当跨入大学校园后，有些大学生突然发现事实和原来的想象并不一样，便开始怀念起过去的中学生活。而且一部分大学生觉得自己在高手如云的新集体里无法适应。进入大学后，由原来的依赖父母转变为相对自由独立地生活，有些大学生心理上会产生一种孤独感。

2. 求职择业方面引起的心理障碍问题

高校扩大招生圆了很多青年学子的大学梦，然而随之而来的却是就业困难这一问题。就业的压力使很多大学生看不到现实的出路，找不到理想的方向，对前途深感迷茫。而且如今社会竞争激烈，用人单位的要求也越来越高，加之很多大学生在校时一心只读书，与社会接触少，对社会缺乏真正的了解，这些情况导致大学生择业时出现一些心理障碍，主要表现为自卑、恐惧、自傲、怀疑等。

心理健康教育可以使受教育者强烈地意识到现代人的健康不仅是躯体无疾病、体格健壮，更应该有良好的心理素质。学校是学生心理健康教育的主要场所，应开展各种形式的心理健康教育，帮助大学生克服各种心理障碍，预防精神疾病的发生。

（二）提高大学生的心理素质，促进其人格健全发展

大学生在成为一名独立的社会成员之前，会经历一系列发展中的矛盾人生课，因此他们迫切需要学校在尊重他们独立性的前提下，给予他们真诚的指导和帮助。从更积极的意义上说，心理健康教育要提高大学生的心理素质，促进其人格健全发展。心理健康教育更关注如何塑造健全的人格，提高受教育者的社会适应能力，充分发挥受教育者的潜能和创造性，提高受教育者的心理健康水平。

（三）对学校日常教育教学工作的配合与补充

心理健康教育能改善大学生的心理素质，可以为实施道德教育提供良好的心理背景。心理健康教育有别于学校的其他教育活动，有其自身的特殊性，它是帮助大学生成长发展的自我教育活动。

第三节 大学生心理健康教育的重要性和必要性

现在有很多年轻人，嘴上喊着养生，却一直在做着伤害身体的事：熬着最久的夜，敷着最贵的面膜；吃完了垃圾食品，再来一杯养生茶；从不肯去楼下跑步，却办了一堆健身卡……这类自欺欺人式的“养生”，除了给人带来一点心理上的安慰外，没有任何好处。就像复旦教师于娟在《癌症日记》里感叹的：“有些事情，电影也好，BBS 论坛也好，K 歌也好，想想无非感官享受，过了那一刻，都是浮云。唯一踩在地上的，是你健康的身体。”

判断一个人的身体好不好，年龄并不是唯一因素，是否拥有健康的生活方式才是至关重要的因素。

年轻不是本钱，健康才是。而健康从来不是靠嘴上说说便能得来的，只能靠日复一日的锻炼，掺不得半点水分。

人这一生，健康是 1，青春、爱情、家庭、财富、名气通通都是 0。

没有一个好身体打底子，其他的一切都会成为空中楼阁，根本无从谈起。

青春可以肆意挥霍，健康却千金难求。不管你现在是什么年纪，都该好好照顾自己的身体。

下面这 5 条健康法则，也许能带给我们一些有益的启示。

①作息规律。长期的规律作息可以帮助人体形成生物钟，在生物钟的影响下，人的睡眠质量会显著提高，免疫力会显著增强，白天工作时也能精神抖擞，事半功倍。

不熬夜的人，不仅更漂亮，而且更聪明。

②饮食有度。不吃早餐、暴饮暴食、偏好重口味食品等不良习惯都会对肠胃造成巨大的负担，容易引发各种疾病。

俗话说，药补不如食补。再忙再累，每天也要按时吃饭，少点快餐，多吃水果蔬菜。

③适当运动。生命在于运动，运动才是健康之源。而运动贵在坚持，最怕三天打鱼两天晒网。

无论是跑步、游泳、登山、打球、跳舞，选择一项自己喜欢的运动，并长期坚持下去，一定能让我们的身体远离疼痛的困扰，永远活力四射。

④心情愉快。中医认为，病由心生，这是很有科学道理的。如果一个人总是愁眉苦脸，负面情绪堆积，就会降低自身的免疫力，各种疾病就会乘虚而入。

养身先养心，养心先养性。先要有好心情，才能有好身体。

⑤定期体检。有些人很忌讳体检，不愿面对自己的身体情况，这是极其错误的观点。现代人都应该有定期体检的习惯，如果体检没问题，自是皆大欢喜；如果查出了问题，也可以及时对症下药，尽早根治。

一般来说，病情发现得越早，治愈率越高；等到病情恶化到无法收拾的地步，那时再后悔就晚了。

人生下半场，拼的是健康。爱惜自己的身体，不仅是老年人的专属，也是年轻人的重要课题。

只有有了好身体，我们才能有充足的精力去追逐梦想、赢得胜利，永远活得青春洋溢。

一、身体健康与心理健康的关系

（一）心理与身体的相互关系对健康的意义

心理健康是身体健康的精神支柱，身体健康是心理健康的物质基础。身体是生命的物质载体，没有身体，生命无法存在；心理则是生命的精神载体，没有良好的心理素质，其他一切也将失去存在的意义；二者缺一不可。

（二）身体疾病与心理问题的关系

身与心是无法分开的，二者是相互依存、相互促进、相互制约的。身体疾病可以导致心理问题，如久病导致抑郁、焦虑的产生，严重伤残也可能导致人的性格改变等心理问题。长期累积的心理问题会形成心理障碍，强烈的心理刺激或持久的精神刺激，都会导致身体疾病的发生。“笑一笑十年少，愁一愁白了头。”这句话形象地说明了心理与身体健康的关系。心与身是相互制约的：心可以抑制人的行为，影响人的心理活动与情绪；人的身体状况与行为，同样也影响人的心理健康。

二、大学生心理健康教育的重要性

心理因素在我们的日常生活中发挥着重要的作用，它与我们的生活学习、人际关系、个人情感都有着密切联系，因此每个大学生都要认识到心理健康的重要性。

大学就像是社会的缩影，里面充满了各色各样的人。刚进大学的学生也许会对大学感到很失望，因为它并不像中学时的教师所描述的那么美好。大学生活和高中生活的反差确实很大：生活上没有了家长的照顾，学习上没有了教师的督促。彷徨、寂寞等各种不良心态一定会干扰大学生的生活，所以大学生一定要重视心理健康的重要性，要学会独立，学会自觉，要让大学生活变得充实而有意义。

在大学里能力强的同学比比皆是，他们有的多才多艺，有的能说会道，有的成绩优异，这时有些能力弱的大学生往往容易产生自卑感，缺乏自信心，认为自己什么都不行，一遇到挫折就心灰意冷。因此大学生一定要重视心理健康的重要性，要敢于挑战困难，直面挫折。

在大学里，人际交往是一件不可避免的事情。也许你是一个胆小怯懦的人，不敢和别人说话；也许别人无意间的一句话让你觉得如鲠在喉；也许你和人在交往过程中发生了矛盾、摩擦；等等。这时有些人往往会选择封闭自己，不和人交往，久而久之就会形成一种不合群、孤僻的心理，这会严重阻碍大学生今后人生的发展。所以大学生一定要注重心理健康的重要性，要勇于克服心理障碍，保持朝气蓬勃的精神状态。

拥有健康的心理是大学生成才的关键，拥有健康的心理是大学生发展的关键，拥有健康的心理更是大学生适应社会的基础。所以大学生一定要认识到心理健康的重要性，努力健全人格，实现全面发展。

《中共中央国务院关于深化教育改革全面推进素质教育的决定》中明确提出要“加强学生的心理健康教育”。当今社会人人追求健康，健康不仅仅指具备健康体魄的身体健康，还包括能够适应现代社会生活的心理健康。二者关系极为密切，它们相互作用和影响，任何一方都是不可忽视的。有时，心理因素的致病作用不次于生理因素。

近些年，我国高校规模逐渐扩大，高校招生数量逐年增多，高校除了要为社会培养复合型的技术人才以外，还要重视学生的心理健康情况，重视在教育教学过程中开展心理健康教育。由于当前快餐文化及社会的一些思潮的影响，部分高校的学生中存在一些不良思潮和意识，不利于大学生全面素质的提升，必须采取科学的措施优化学生心理健康教育机制。大学生心理健康教育的重要性主要体现在以下几个方面。

（一）有助于提高大学生的综合素质

当代大学生不仅要具备专业的知识体系，还要拥有强健的体魄、健全的人格，进而保障大学生未来顺利实现就业，积极面对人生中的各种经历与遭遇。心理健康教育有助于促进学生智力水平的提高，有助于提升大学生的心理素质，进而提升其综合素质。

（二）促使大学生更加独立

进入大学是大学生人生的一个重要转折点，他们告别了中学时代，进入一个全新的领域。对于大学生而言，这是一个成长和独立的过程，在学校中，对学生进行心理健康教育可以让学生减少对父母的依赖，从而更加独立地面对生活和学习。大学生要主动适应环境，根据学校的规定参与学习和各项活动，时刻约束自己的行为，顺利地度过大学时光，步入社会。

（三）有助于为大学生打下坚实的心理基础

心理素质也是大学生的职业素质之一，是大学生顺利实现就业的一种能力和素质。在即将毕业时，很多大学生会迷茫，对于未来缺乏科学的计划，高校开设的心理健康教育课程可以帮助学生培养自信、自律的品格，多次参与社会实践会提高大学生的创新实践能力，使大学生在复杂的环境中找到适合自己的发展道路，进而为未来发展奠定基础。

三、大学生心理健康教育的必要性

（一）心理健康教育的实施是新时期提出的新要求

随着人类社会的不断进步，社会对人才的要求也变得更高。而我国学生长期以来受单一的应试教育模式的影响，高校学生普遍都缺乏良好的综合素质。因此，心理健康教育在高校显得尤为重要。各高校应更新教育观念，改革传统人才培养模式，切实将心理健康教育作为提高整体素质教育的出发点。

在人的素质结构中，心理素质是其中的一个子系统，完整的心理素质结构包含认知、品质、情绪、意志、个性倾向性（兴趣、需要、理想、信念、世界观等）和个性心理特征（性格、能力、气质）等多方面因素。

（二）心理健康教育的实施是高校教育目标的要求

高校的教育目标就是使学生在德、智、体、美、劳诸方面都得到和谐发展。这一目标的实现离不开心理健康教育。心理学层面的研究表明，有效的学习和智力发展全赖于正常的心理活动，健康的情绪、坚强的意志、良好的性格特征以及和谐的人际关系等均有助于促进学习活动的顺利进行，使人的潜能得到有效的发挥。反之，不健康的心理则会阻碍正常的学习活动，抑制人的潜能，乃至影响人的各个方面。实践证明，大学生心理健康状况和学习状况是相互联系、互为制约的，不健康的心理状况不利于学习，而学习效果不佳又会反过来产生新的心理问题，进一步影响学习。由此可见，如果大学生没有健全的人格、健康的心理、和谐的人际关系，就无法实现全面发展的教育目标。因此，加强心理健康教育是高校所面临的主要问题。

（三）心理健康教育的实施是健全大学生人格的要求

大学生处于青年期，这是身心发展急剧变化的时期，也是人的一生中发展的关键期。这一时期他们开始探寻人生真谛，心理充满着对未来的憧憬。他们开始扩大自己的社会交往圈，增强对自己、他人和社会的理解。对于刚进大学的新生来说，人与人之间的友好交往变得特别重要。人际关系适应不良会使他们对大学生活感到不愉快、不满、失望乃至厌倦，会直接影响他们的学习和生活。加强心理健康教育，帮助大学新生树立正确的心理健康观念，建立良好的人际关系，使他们克服不良情绪，在较短时间内适应大学生活，具有十分重要的意义。

此外，对于即将毕业的大学生来讲，他们在走上社会之前，内心难免惊恐不安，对社会有某种恐惧感，从而产生心理障碍。在新技术革命和社会主义市场经济下，大学生应具备强烈的竞争意识。现代科技的发展使得社会职业结构、社会文化环境不断发生变化，一个人一生中扮演的社会角色会有许多，因此，心理健康教育在这一时期的侧重点应是培养大学生具备角色转换的心理准备和适应能力，使他们以良好的心态去迎接竞争和挑战。

总而言之，心理健康教育作为一种培养人格与心灵的教育活动，对于健全大学生人格，激发大学生潜能，发挥着至关重要的作用。在高校中，心理健康教育应从人的内心出发，以尊重“人性”为教育起点，进而提高大学生身心健康发展水平，增强大学生的社会适应能力。心理健康教育是侧重于人性化教育的，是自省式的、启发式的、平等式的、个体式的教育，这种教育方式立足于人的生理和心理的即时状况，结合人固有的品质、气质、性格和特有的背景，对某些思想问题有更强的针对性。

第二章　大学生心理健康教育的理论指导和现实依据

我国大学生心理健康教育体系是指我国大学生心理健康教育所涉及的横向与纵向工作网络的总称。构建该体系应以马克思主义关于人的全面发展的理论和我党提出的科学发展观与习近平新时代中国特色社会主义思想为指导思想，遵循发展性、合理性、全面性、主体性原则，建立和完善包括三级目标（发展性目标、预防性目标、治疗性目标）、多种工作机制（如教育机制、辅导机制、互助机制、危机干预机制、外援机制、保障机制等）在内的立体型工作网络。

第一节　大学生心理健康教育的理论指导

《教育部关于加强普通高等学校大学生心理健康教育工作的意见》指出："高等学校大学生心理健康教育工作的主要内容是：宣传普及心理健康知识，使大学生认识自身，了解心理健康对成才的重要意义，树立心理健康意识；介绍增进心理健康的途径，使大学生掌握科学、有效的学习方法，养成良好的学习习惯，自觉地开发智力潜能，培养创新精神和实践能力；传授心理调适的方法，使大学生学会自我调适，有效消除心理困惑，自觉培养坚忍不拔的意志品质和艰苦奋斗的精神，提高承受和应对挫折的能力，以及社会生活的适应能力；解析心理异常现象，使大学生了解常见心理问题产生的原因及主要表现，以科学的态度对待各种心理问题。"该意见还要求高校领导要高度重视大学生心理健康教育。

马克思主义关于人的全面发展的理论及我党提出的科学发展观与习近平新时代中国特色社会主义思想的理论，是构建我国大学生心理健康教育体系的指导理论。

一、人的全面发展理论

（一）马克思主义人的全面发展理论的内涵

人的本质理论是马克思主义理论的重要组成部分。人的本质问题，即人性问题，是心理学研究中的基础性问题，也是心理健康教育首先必须解决的问题。人们一提起“人的本质”，往往只是简单引用马克思的那句名言：“人的本质并不是单个人所固有的抽象物，在其现实性上，它是一切社会关系的总和。”实际上，在马克思主义的人学体系中，人的本质是一个多层面的统一。我们认为，马克思关于人的本质的揭示，至少包含三个方面的规定，而这三个方面的规定为心理健康教育提供了理论基础。第一，人作为自然存在物，具有其自然本质，人的自然属性是我们进行心理健康教育的生理基础；第二，人是一切社会关系的总和，这是人的社会特质，即现实的本质，人的社会属性是心理健康教育的社会基础；第三，实践主体性是人之为人的根本特质，人的实践主体性是心理健康教育的实践基础。

20 世纪末在中国开始的“素质教育”运动实质上是马克思主义人的全面发展学说的具体实践。马克思对人的全面发展理论的阐述是多层次、多维度的，它不是单指人的脑力、体力等方面可以得到全面发展，它是指人的一切属性都能够得到充分、自由、和谐、统一的发展。人本身的存在就不是片面性的，它是具有多种本质特性的、活动着的统一整体。马克思早在《1844 年经济学哲学手稿》中就指出：“人以一种全面的方式，也就是说，作为一个完整的人，占有自己的全面的本质。”

在马克思看来，人的全面发展作为人自身发展的高级形态，是人类社会历史发展的必然趋势。人的本质规定了人的全面发展的特定内涵，那就是劳动能力、社会关系和个体素质诸方面的自由而又充分的发展。人的全面发展是一个不断提高、不断完善的渐进的历史过程。马克思认为，人的全面发展是与社会经济发展相统一的过程，这一历史过程大体要经过三个重要的发展阶段。一是前资本主义阶段，二是资本主义阶段，三是共产主义阶段。马克思认为人的全面发展只有在社会生产能力成为社会财富的社会主义、共产主义社会才能完全实现。只有坚持马克思主义关于人的全面发展理论的指导，我国大学生心理健康教育体系才能真正建立在科学的理论基础上，实现大学生心理健康教育由经验到科学的飞跃。以马克思主义关于人的全面发展理论为指导思想构建我国大学生心理健康教育体系，首先必须坚持大学生个体素质的全面发展，其次必须坚持社会的发展、学校的发展要为学生的全面发展创造条件。

下面从人的需求、能力、社会关系、个性全面发展4个方面来阐述人的全面发展理论的基本内容。

1. 人的需求

马克思把人的需要和人的本质联系在了一起，并指出："他们的需要即他们的本性。"由此可知，需要的满足程度在某种意义上直接决定人的本质的实现程度，需要的发展实质上是促进人全面发展的强大动力，是人的本质力量的新的证明和人的本质的新的充实。马克思认为人的生存、发展需要是多方面的，人的生活方式和发展水平的性质实质上是人的现实需要的结构的反映。在社会物质供给极端匮乏、生产力水平极端低下时，人的需要也是简单粗陋的；随着生产力水平的提高，人的劳作时长日趋缩短，这时候人的闲暇时间也日益增多，此时，人的需要也从简单粗陋向多层次、多方面发展；到了资本主义社会发展阶段，生产力又得到了进一步的发展，由此带来的不是人的需要的解放，而是人的需要被严重扭曲。"每个人都千方百计在别人身上唤起某种新的需要，以便迫使他做出新的牺牲，把他置于一种新的依赖地位，促使他进行新花样的享受，从而使他陷于经济上的破产。每个人都力图创造出一种支配其他人的、异己的本质力量，以便从这里面找到自己本身的利己需要的满足……随着人作为人越来越贫穷，人越来越需要货币，以便占有这个敌对的本质。"《1844年经济学哲学手稿》中的这段话阐述了马克思对资本主义背景下的人的需要特性的揭露，也就是资本对人的需要的严重扭曲。

然而到了社会主义和共产主义社会发展阶段，人的需要日渐丰富和多样，这个时候，人对精神层面的需要就呈上升趋势，相应地，物质需要也就会随之下降。综上所述，人的需要包含物质需要、精神需要、自我实现需要、发展需要、超越自由的需要等，其中自我实现需要、发展需要、超越自由的需要也会随着社会的进步将在人的需求层级中逐渐居于主导地位。实质上，这才是全面发展的人所应具备的需求结构。人的需要和人的发展之间的关系是相互的，人的需要的全面性反映着人的发展的全面性，人在需要的驱动下，会积极主动且极富创造性地参加生产劳动和各种实践活动，所以说，人的需要促进了人的全面发展。

2. 人的能力

人的发展在某种意义上就是人的本质力量的发展，恩格斯指出，人的全面发展，就是要"使全体社会成员的才能得到全面的发展"。马克思认为：人的能力的全面发展是“人的本质力量的公开和展示”，“任何人的职责、使命、任务就是全面地发展自己的一切能力”，“每个人都无可争辩地有权全面发展自己的才能”。马克思特别强调要使人的体力和智力相结合地全面发展。人类生产力不断发展进而达到相当高的水平，人们除了从事物质生产外，还能够从事科学、艺术和其他各种社会活动，而且，“只有通过大工业所达到的生产力的大大提高，才有可能把劳动无一例外地分配于一切社会成员，从而把每个人的劳动时间大大缩短，使一切人有足够的自由时间来参加社会的理论和实际的公共事务”，从中我们可以看出马克思所谓人的能力是一个复杂的体系，主要包括人的体力、智力、思想力、情感力、意志力，也包括自然力、社会力、个体能力、集体能力、现实能力和各种潜能等，还包括进行物质和精神生产的能力，以及对物质和精神产品进行消费和享受的能力，以及社会交往、适应、驾驭社会关系的能力和开拓、创新的能力及思想觉悟与道德修养的能力等。只要是作为人的本质力量的充分体现，都是人的能力发展的重要内容。每一个人的能力得到全面发展，其根本的意义就在于它是有利于确立人的主体地位的，使其成为一个真正的自由人。

3. 人的社会关系

人的本质是“一切社会关系的总和”，说明人既不是抽象的，也不是孤立的，而是存在于社会中，生活于一定的社会关系中的个体，是在一定的社会关系中生存和发展的。人们在生产过程中形成的社会关系不同，那么人的自由全面发展的程度也就会不同，正如马克思所说的“社会关系实际上决定着一个人能够发展到什么程度”。高度发达的生产关系、政治关系和文化关系是人的全面发展的外在条件，个人的自主活动受到有限的生产工具和有限的交往的束缚。马克思根据人的发展状况把人类历史划分为3大形态，即“人的依赖关系”“以物的依赖关系为基础的人的独立性”“建立在个人全面发展和他们共同的社会生产能力成为他们的社会财富这一基础上的自由个性”。

资本主义社会打破了人与人之间的直接的依赖关系，但它仍是一种人与人的社会关系的片面化形式，因为，财富的增长与个人是相对立的，而活动着的个人没有独立性、个性，则是片面的、畸形的、局部的人。这是由资本主义的私有制、不平等的政治关系、文化关系所造成的。人们需要通过社会关系来进行情感的交流，从而充实自己、发展自己、丰富自己。

个人的全面性不是想象的或设想的全面性，而是他的现实关系和观念关系的全面性，由此可见，离开社会关系单独讨论人的全面发展，注定是一种欠缺实践支撑的理论研究。随着社会关系的不断丰富，人的全面发展也在不断完善，也就是说一个人的全面发展程度的高低是取决于其与他人的普遍交往程度和社会关系的。在广泛交往中，人的视野会不断得到开阔，从而又反过来促进人的全面发展。因此，人的全面发展想要有更为广阔的空间的唯一途径就是破除社会关系中的限制。

4. 人的个性全面发展

个性全面发展既包括人的能力的发展，也包括社会关系的发展和人的需要的发展。马克思认为，人的全面发展在一定意义上就是“有个性的个人”逐步代替“偶然的个人”。所谓个性的全面发展，也就是指人的性格特征最大限度地在各个方面都得到了有效的发展。有个性的人应当是其智力、意志、能力、爱好、气质、性格等个人属性均得到了最大限度的发挥，当然还必须与社会关系、交往条件相适应。人的独立自主性、自觉能动性、独特创造性的发展程度的高低，在某种程度上决定了人的个性全面发展状况。

马克思认为人类社会最终建立在个人全面发展和他们的共同的社会生产能力成为他们的社会财富这一基础上。在封建社会、资本主义社会制度大背景下，人的个性发展往往是不全面的，甚至可以说是扭曲的；而到了社会主义社会，人的个性得到了解放，实现了前所未有的发展；等到了共产主义社会，人的个性将会得到自由而全面的发展。综上所述，社会发展程度越高，人的个性就越能得到充分发展，二者呈正比关系。人一旦具备并实现了自身的独立性、创造性、自觉性，其就会积极投身生产劳动和社会实践，从而扩大其交际圈，广泛地发展社会关系，如此一来，就会掌握更多的社会经验来提高自己各方面的能力，成为一个全面发展的人。

（二）人的全面发展理论与心理健康的关系

1. 心理健康是人的全面发展的基础性内容

心理健康不仅是人的特性发展的基础，还是人的自由个性发展的基础和重要内容，同时也是人的社会特性发展的基础。

我们从过程论的角度来看，人的全面发展其实是一个渐进的过程。不管是针对个体还是整个人类，心理健康都是他们所追求的全面发展过程中最基础的条件。个体心理健康水平是个体其他方面能力得到全面发展的重要基础，个体心理健康水平直接制约着个体其他方面能力的发展，对于个体而言，其心理如果没有得到健康发展，那么个体其他方面的能力也很难得到有效开发，从而不利于个体潜能的发挥。同样的道理，群体心理如果没有得到健康的发展，其偏差、扭曲的心理必然会致使群体发展方向也产生偏离。

马克思认为人的全面而自由的发展是个体摆脱外在环境对其发展的束缚，全面自由发展的人应是完全、彻底、心理健康的人。人的全面发展和心理健康的关系是相辅相成、相互促进的。心理健康不仅是人全面发展的基础性内容，更是人类一直孜孜不倦地追求的全面发展历史过程中的理想境界。

2. 追求人的全面发展必须重视人的心理健康

随着学习压力、就业压力、感情困惑等问题的不断涌现，人的心理脆弱问题也日益凸显。近些年，我国抑郁症、焦虑障碍、失眠障碍等常见精神障碍和心理行为问题的发生率呈上升趋势。心理健康是一个人安身立命之根本，难以想象一个有严重心理问题的人，如何去实现自身价值和追求自我的全面发展。这就需要提高人们的心理素质，因为其决定着人的主观能动性，它是促进人发展的动力，也就是说心理素质直接控制着人体自然力的发展，调节着活动能量的释放，影响着人的整体素质的发展。所以，追求人的全面发展必须要重视人的心理健康。

二、科学发展观

科学发展观是发展中国特色社会主义必须坚持和贯彻的重大战略思想，也是高校心理健康教育工作改革与创新的指南。

（一）科学发展观是高校健康教育创新的指导方针

任何一种教育与社会的关系都是该教育与某一具体的本土社会的关系，而不可能是与一个抽象的一般社会的关系。正如马克思、恩格斯所言：“一切划时代体系的真正的内容都是由于产生这些体系的那个时期的需要而形成的。所有这些体系都是以本国过去的整个发展为基础的，是以阶级关系的历史形式及其政治的、道德的、哲学的以及其他的后果为基础的。”俗话说，“世道系于人心”。心理健康教育是与社会关系、时代背景关系最为密切的教育。当前，面对激烈的社会竞争，大学生心理不适的现象日益增多。但问题是，面对大学生的心理现状，一些高校出现了应接不暇、力不从心的局面。这就使高校心理健康教育的改革与创新成为当前刻不容缓的时代和社会要求。而科学发展观揭示的是发展的普遍规律，是发展中国特色社会主义必须坚持和贯彻的重大战略思想，是高校心理健康教育的指南。高校心理健康教育只有全面贯彻落实科学发展观，才能积极回应当前大学生心理健康教育的各种现实问题，教育之路才能越走越宽阔。

（二）把握发展要义，加强发展性心理健康教育

科学发展观的第一要义是发展。贯彻落实科学发展观必须正确认识高校心理健康教育的第一要义，全面认识心理健康教育的目标和方法。首先，创新发展理念——把握“发展性”根本取向；其次，把握发展规律——采用“层级性”有序推进；第三，破解发展难题——坚持社会主义核心价值体系。

（三）坚持以人为本，努力为全体学生谋福利

以人为本是科学发展观的核心。胡锦涛指出：“坚持以人为本的发展，就是要以实现人的全面发展为目标，从人民群众的根本利益出发谋发展、促发展，不断满足人民群众日益增长的物质文化需要，切实保障人民群众的经济、政治、文化权益，让发展的成果惠及全体人民。”这就从本质上要求高校心理健康教育必须以全体学生的心理健康为本，把心理健康作为每个学生的健康福利。首先，坚持以人为本不等同于西方的人本主义；其次，坚持以人为本，要促进全体学生的全面发展和健康成长；第三，坚持以人为本，要加强大学生生命教育。

（四）促进协调发展，实施心理健康教育安全监护体系

高校要建立以课堂教育教学为主要内容的安全预防体系，要充分发挥课堂教学在大学生心理健康教育中的作用，并将其融入思想政治教育之中，发挥哲学社会科学特别是思想政治理论课教学对提高大学生心理素质的主渠道、主阵地作用，建立和完善大学生心理健康教育课程体系。

高校还要建立以心理咨询与辅导为主要途径的案例预警体系，该体系的主要任务是负责心理健康教育中的心理问题疏导、咨询辅导、危机干预、精神疾病学生转介等工作，通过个别咨询、团体咨询、网络咨询、书信咨询、班级辅导、心理行为训练等多种形式，为学生提供及时有效、高质量的心理健康指导与服务。特别要注意的是，心理咨询与辅导要改进以往工作中以个别学生为主、坐等学生上门的方法。要面向全体学生，积极主动地对学生进行咨询和辅导，通过多种方式主动积极地做好新生、失恋学生、违纪学生、性格怪异或言行异常学生的辅导和咨询工作，以克服工作的盲点和空白点。

高校还应该建立以杜绝极端问题发生为首要任务的危机干预体系。首先要建立心理专职教师值班制和异常情况及时报告制度；其次要建立从学生骨干、辅导员、班主任到院系、部门、学校的危机干预应急机制；最后要建立从心理

健康教育机构到学校医院、精神卫生专业医疗机构的快速心理危机转介机制，形成早发现、早评估、早预防、早干预的学校、院系、班级、医院4级防护网络。

三、习近平新时代中国特色社会主义思想

现阶段，各高校应以习近平新时代中国特色社会主义思想为指导，推进大学生心理健康教育体系建设。

习近平新时代中国特色社会主义思想中，“八个明确”清晰阐明了其中心思想，“十四个坚持”是落实习近平新时代中国特色社会主义思想的实践要求，是实现“两个一百年”奋斗目标、实现中华民族伟大复兴中国梦的“路线图”和“方法论”。“八个明确”和“十四个坚持”对大学生心理健康体系构建具有重要的指导意义，高校从中可以探索出构建大学生心理健康教育体系的有效路径。

1. 以人民为中心，开展大学生心理健康教育

习近平指出，必须坚持人民主体地位，践行全心全意为人民服务的根本宗旨。新时代我国社会的主要矛盾是人民日益增长的美好生活需要和不平衡不充分的发展之间的矛盾，必须坚持以人民为中心的发展思想，不断促进人的全面发展、全体人民共同富裕。在教育领域，也要坚持“以人民为中心”的高校思想政治教育思想。因此，我们在开展大学生心理健康教育时也必须以人民为中心，一是从大学生自身入手，运用多种方式引导大学生健康发展；二是从教师的师德及同伴的个人品德建设着手，为大学生树立心理健康的典范。

2. 以立德树人为教育目标和导向，开展大学生心理健康教育

教育是国之大计、党之大计。党的十八大以来，以习近平同志为核心的党中央高度重视培养社会主义建设者和接班人，坚持把立德树人作为教育的根本任务，不断开创我国教育事业发展新局面。党的十九届五中全会指出，要全面贯彻党的教育方针，坚持立德树人。我们要从党和国家事业发展全局的高度，落实立德树人根本任务，推进高等教育事业发展同实现高质量发展相适应，培养担当民族复兴大任的时代新人。

大学生的综合素质涵盖了专业知识水平、人际交往能力、端正的政治方向、较高的专业技能以及健康的身心素质等方面。身心素质是基础，知识技能是核心，思想政治是主导，个人品德是关键。高校辅导员应在党的思想政治教育引导下，以大学生个人的身体健康为基础，以大学生个人品德培养为关键，促进大学生的全面成长成才。国家《高等教育法》明确指出：高校在人才培养的过程中，要认真贯彻国家的教育方针，为社会主义现代化建设服务、为人民服务，

与生产劳动和社会实践相结合，使受教育者成为德、智、体、美等方面全面发展的社会主义建设者和接班人。

高校在人才培养的过程中，应重点强调立德树人的教育目标。高校在育人的过程中，应特别强调高校辅导员在开展心理健康教育的过程中要充分发挥隐性德育教育功能。身心健康是大学生综合素质提升的物质基础，大学生的心理健康无法保证，那么大学生更无法顺利完成学业，对国家、社会的贡献更无从谈起，所以说大学生心理健康教育直接影响着高校立德树人教育目标的实现，高校辅导员应以立德树人为教育方向指引，积极开展大学生心理健康教育，实现大学生全面成长成才的教育目标。

四、萨提亚理论

萨提亚模式中积极正向的信念，具有体验性、实用性的方法，以及贴近人性的理论，对大学生心理健康教育起着一定的理论指导作用。

（一）萨提亚模式介绍

萨提亚模式又称萨提亚沟通模式，是由美国首位家庭治疗专家维琴尼亚•萨提亚女士所创建的理论体系。维琴尼亚•萨提亚是美国最具影响力的首席治疗大师，被美国著名的《人类行为》杂志誉为“每个人的家庭治疗大师”。她一生致力于探索人与人之间以及人类本质上的各种问题，她在家庭治疗方面的理念和方法备受专业人士的尊崇与重视。她发展出许多生动创新的技巧探索家庭关系，这些技巧被治疗师广泛运用。

萨提亚模式，又叫联合家庭治疗。家庭治疗是心理治疗的一种新方法，是从家庭、社会等方面着手，更全面地处理个人身上所背负的问题。萨提亚建立的心理治疗方法的最大特点是着重提高个人的自尊、改善沟通及帮助人活得更“人性化”，而非只求消除“症状”，其治疗的最终目标是个人的“身心整合，内外一致”。

在萨提亚模式中，我们会学习和体会到许多不同的技巧，如家庭雕塑、影响轮、团体测温，以及用一条白色绳索展现出的家庭关系图，显示出个人与家庭之间的心理脐带关系。这些技巧均灵活地融合了行为改变、心理剧、当事人中心等各派心理治疗技巧。

萨提亚模式极富魅力的原因还包括萨提亚具有“凡事皆以人为本位，以人为关怀”的信念。在注重“你和我”的同时，更关心“我们”，在这样一个被充分尊重和关心的过程中，我们对事业、家庭、婚姻、健康以及个人成长都有了更深层次的感悟，重获并掌握了生命的意义，成为一个身心一致的人。

萨提亚模式是一种心灵体验过程。在这一过程中，我们认识到，每一个生命都有着独特的成长脉络，无论旧有的成长模式带给我们什么样的经历和感受，都值得尊重。

萨提亚模式是关于“我自己”——内在和谐、做自己的主人，“我”与“另一个人”——关系和睦，“我”所处的人际系统（家庭或组织）——社会和谐、家庭或组织成员之间和谐、协作、有凝聚力等的学问。萨提亚模式在深邃广博的心理学与人们的日常生活之间搭建起一座桥梁，使每一个人都有机会得到萨提亚温暖而有力的心理支持，达到全新的生命境界。

（二）影响轮与原生家庭图

1. 重要他人的影响

你还记得你的小时候吗？

谁曾经给你力量，让你以他为榜样？

谁曾经给你安慰，温暖过你的脆弱心房？

谁曾经让你害怕，给你造成了不可修复的创伤？

谁又曾经出现在你的生活中，给你留下了难以泯灭的印象？

当你想起的时候，会有怎样一种记忆不断在你的脑海里流淌？

从出生到童年，从童年到少年，又到今天，在我们的生命中出现过很多人和事影响过我们，或曾给予我们力量，或曾让我们痛哭，或曾给予我们希望，或曾让我们感到无比恐慌。但无论经历过什么，此刻，我们已经长大。曾经都已成为过往，被封存在记忆的匣子里，偶尔想起，更多的已被遗忘。

但有些影响却一分钟都没有减淡。

有些人、有些东西、有些事在时间上成了过往，在我们的心灵上却烙下了持续存在的烙印，对我们今天的生活依旧产生作用，像曾经钉进心里的钉子一样。

那些给过我们重要影响甚至决定我们人格形成的人和物，就是重要他人。重要他人的概念最初由美国社会学家米尔斯提出，重要他人可能是父母长辈、兄弟姐妹、老师同学、萍水相逢的路人、重要的朋友、想象中的玩伴、宠物或玩具、心目中真实或虚构的英雄。

重要他人的影响有些是正向的，他们给过我们资源，带给我们希望，让我们成长。在我们的一生中，我们无数次想感激他们。也有一些，给过我们负面的东西，让我们委屈、害怕、受伤，同样让我们一直记得。也可能，有些人既给过我们正向的影响，又给过我们负向的影响，但他们都曾经是我们的支持网中的访客。其实他们都是我们的资源，在我们长大的过程中，越多的人影响过我们，我们就会有越丰富的资源。

2. 影响轮

萨提亚创造了“影响轮”工具，帮助我们来觉察这些重要他人对我们的影响。影响轮包括 18 岁以前，任何在情感上、生理上支持我们的人和物。

现在，可以拿出一张空白的纸，来画出你的影响轮，如图 2-1 所示。

给自己一个安静的环境和充足的时间，确保你不会被打扰。这一刻，只有你自己，让你去感受，供你去回忆，看看过往。

静静冥想 5 分钟，然后开始。

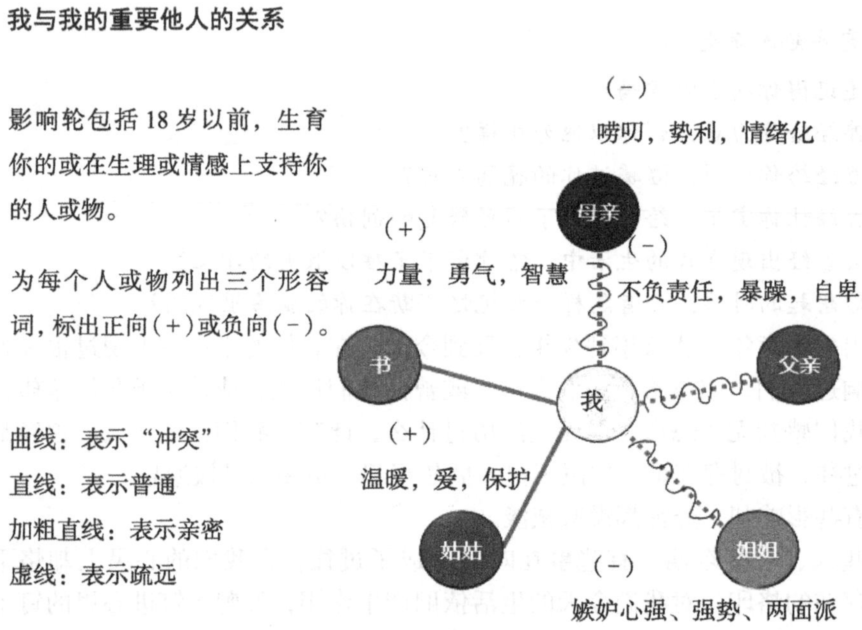

图 2-1　影响轮示意图

第一步，在纸的中央画一个小圈，并写下自己的名字。记得，你永远都是世界的中心。

第二步，在这个圈外开始画圈，每个圈都代表一个给过你影响的人或物。影响圈与自我圈的距离，是你感觉到的对你影响的程度，影响越大越靠近自我圈，影响越小则越远离。

当然这里面肯定要包括你的爸爸妈妈，如果他们与你亲密，或者你感觉你对他们比较亲密，你就把他们画得离你更近一些；如果你感觉他们对你疏远，影响较小，他们的圈就距离你的稍远点。

画出圆圈代表曾经影响过你的其他人或物。

第三步，用线画关系。你跟他们的关系又是怎样的呢？现在，在你的自我圈和他人圈中间开始画线来代表你们的关系。用线的粗细、长短、形状来描述你们之间的关系，是疏离还是亲密，是纠缠还是冲突，如图 2-1 里表示的那样。

例如小 A 和妈妈意见不一致的时候，他们就会打架，小 A 就画上曲线，表示有冲突，妈妈指责小 A，小 A 也指责妈妈。再例如小 A 的音乐老师跟小 A 说："无论你做什么，如果值得做的话，就把它做好。"这对小 A 来说很重要。但他们并没有太多的联系，她只不过是一个老师，所以小 A 就不用在这上面画太多太近的线，但是也对小 A 有影响。

第四步，以你的感觉，给每个人加 1 到 3 个形容词，并为每个形容词标明是正向的或负向的，正向用"+"，负向用"-"。

例如，想几个词来形容一下小 A 的妈妈，小 A 可以这样描述：她是很有原则的，对我来说这是一份非常正向的品质；她又很大方很慷慨，对我来说这也是正向的；她同时也很有控制欲，对我来说这是负向的。于是小 A 在妈妈的圈旁边写下：有原则 +、慷慨 +、控制欲 -。

第五步，现在去看你做完的这个图，去看看曾经对你产生影响的重要他人。萨提亚说，我们不能改变过去，但是我们能改变过去对我们现在的影响。现在你可以重新去选，你怎样看待这个影响？

今天再去看看这些影响，看看在你生命里出现的这些人，你从周围的这些人身上学到了什么东西呢？你会不会告诉自己，你绝对不会像妈妈那样掌控欲强，因为那曾经伤害过你？你可以决定以她为教材，选择自己的人生。

第六步，给一个人写一封信。在你画的这个图里面选择一个你最想写信倾诉的人，然后写一封信给他。告诉他他是怎么影响你的，你从他那里学到了什么，今天你是怎么运用的，如果你已经变得更好，用一封信的形式，对这个人表达出你的感谢。

例如对小 A 来说，小 A 写信给他的妈妈。她对小 A 的一个影响是，她告诉小 A 怎么去做一个掌控他人的人，小 A 就用这个来掌管他的员工，结果小 A 的员工都变得很累。今天，小 A 改变了，他希望自己掌控得更少一些，希望更多地激励他的员工，赋予他们更多的自主性。所以小 A 对妈妈很感激，想对她说她教了小 A 这些事，她教了小 A 其他的一些事，小 A 就把这些都写下来。

当你写完这封信，你可以把信留给自己，保留它；或者把这封信寄给这个人，如果他能收到的话。这由你来决定。

3. 原生家庭图

原生家庭图在家庭重塑中非常重要，家庭重塑是萨提亚最著名的治疗工具之一。现在个人和家庭会谈也经常使用原生家庭图。我们将从以下两个角度来看一个人的原生家庭图。

事实层面：用以提供家庭的情境。

观点层面：用以探索家庭对人的冲击。

绘制原生家庭图最好的方式是三人组的会谈。由一个人讲述自己的家庭，另一个人提问并引导，第三个人绘制。或者在两人对话或咨询中使用，扮演咨询师的一方提问并引导扮演来访者的人，然后绘制出来访者的家庭图。

在事实层面上原生家庭图比较容易绘制。但是进入第二阶段观点中的过去的时候，则需要我们家庭图的主角去体验，回到感受里感受那份影响，而非停留在大脑里思考。我们不提倡不建议一个人完成，倘若必须一个人完成原生家庭图的时候，我们也要提醒我们的主角，回到体验里去体验，不要在大脑里旋转。

原生家庭图示例，如图 2-2 所示。

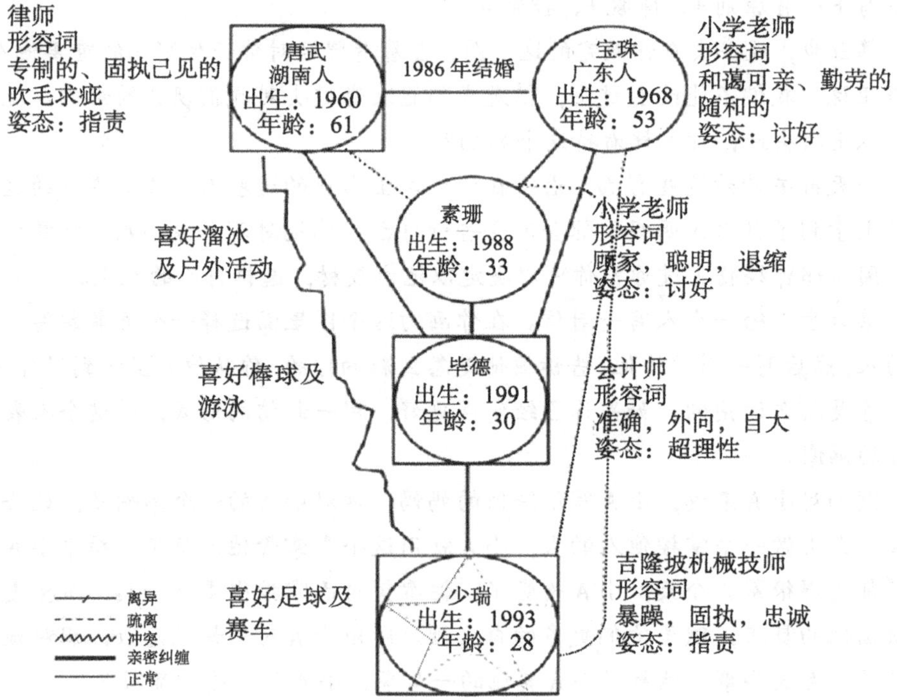

图 2-2　原生家庭图示例

（三）萨提亚理论指导下的大学生心理健康教育

大学生具有感情丰富、对未来充满憧憬、个性突出、更加关注自我等心理特征。在大学生心理健康教育工作中，大学生所提出的心理健康问题较多，其中最为突出的是大学生在人际交往方面存在的困扰，这是大学生产生心理障碍与心理疾病的主要因素，进而影响大学生未来的工作与生活。

1. 萨提亚理论中的冰山理论

萨提亚理论最为重要的一项就是冰山理论，如图 2-3 所示。萨提亚用了一个非常形象的比喻：人就像一座漂浮在海上的巨大冰山，能够被外界看到的只是露在水面上很小的一部分，可以看到一个人的行为、沟通方式和他的人生故事。而在水面之下更大的山体，则是长期压抑并被我们忽略的“内在”，是人们不了解的部分，甚至根本看不到。揭开冰山的秘密，我们会看到生命中的观点、感受、渴望和期待，看到真正的自我。

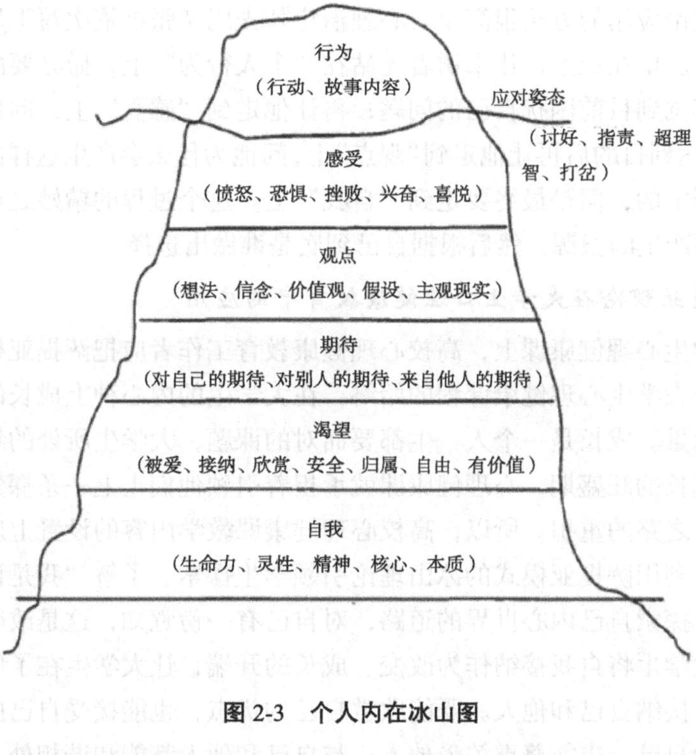

图 2-3　个人内在冰山图

一般来说，我们看见的都只是冰山一角，那就是外在行为的呈现。萨提亚理论注重研究人际关系，她提出“人人平等，人人皆有价值”，她认为我们在与人交际、与人沟通的时候，都只注重冰山可见的一部分，而忽视了对方冰山隐藏的一部分，有时甚至没有察觉到属于自己冰山下的那一部分。冰山理论将我们的内在隐藏的一部分暴露出来，目的是让我们更清晰地了解自己。

一个人之所以感受到痛苦就是他们没能够一致性地表达自己。萨提亚冰山理论的独到之处是它很清晰地描述出产生每个问题的较深层问题，如同楼梯一样，它能让你沿着这楼梯找到你的问题的答案。当然，走这些楼梯的步骤也灵活的，我们每个人可以根据自己的情况决定是迈一步还是几步。管理学中用 6 次追问来发现问题的根源，由此我们可以发现，学问是互通的，它们应该有共同的根源，这大概就是哲学了吧。宇宙中的这种“共性”在萨提亚冰山理论的“渴望”里也有深刻的表述：人的渴望是共有的，如被爱、被接纳、被认可、有目的的、有意义的、自由的等。也就是说在本质上人们共同的部分有很多，但是表现出来的差异却很大。假如每个人都是一杯水，往里面加点酒精就是酒，加点糖精就是糖水，加点醋精就是醋……这类本质上的共性是我们理解他人的基础，也是萨提亚家庭重塑理论的基础。

冰山理论应用的方法很简单。心理治疗师先用 7 张纸依次写下那些根源问题，然后依次摆在地上，让来访者先站在“个人行为”上，做必要的放松后让他清晰地感觉到目前困扰自己的问题；再让他走到“感受”上，问他这样做有什么感受；达到目的后再让他走到“观点”上，问他为什么会产生这样的观点……步骤不是固定的，但是最终要走到“自我”上。这个过程的精妙之处是能让人了解到问题产生的根源，然后根据自己到底是谁做出选择。

2. 萨提亚理论在大学生心理健康教育中的应用

在大学生心理健康课上，高校心理健康教育工作者应把萨提亚模式的基本理论贯穿于大学生心理健康课程的始终，在大学生的内心种上成长的种子，赋予成长的力量。成长是一个人一生都要面对的课题，大学生所处的年龄段正是探索内心成长的旺盛期，心理健康课就承担着引领他们走上一条探索、整合、改变、成长之路的重担。所以，高校心理健康课教学内容的设置上应以自我觉察为基础，利用萨提亚模式的冰山理论引领学生探索、了解“我是谁”，走上一条联结、探索自己内心世界的道路，对自己有一份觉知，这是改变、成长的基石；让大学生将自我接纳作为改变、成长的开端，让大学生在了解自己的基础上，学会接纳自己和他人。既能欣赏自己的优点，也能接受自己的缺点；既能尊重关爱自己，也能尊重关爱他人；与自己和他人都能和谐相处，生活态度乐观，内心没有持久的冲突；更加开放，也愿意改变、成长。一个悦纳自己的人，对自己更加负责，更加关爱。高校心理健康教育工作者应教给大学生自我关爱的方法，让大学生学会管理自己的身体、情绪、观点，学会满足自己的渴望，滋养自己，做自己的充电器，内心永远充满能量，有自尊意识，成为自己的主人。

高校心理健康教育工作者在讲授大学生心理健康课的过程中应积极传播撒萨提亚模式积极正向的理念，让大学生联结到内心的正向资源。每年高考后都会有部分大一新生与自己理想的学校失之交臂，来到大学后内心都贴上了“失败者”的标签，填满了挫败和无力感。低落的情绪、沮丧的内心使他们欲学而无力。而萨提亚被称为积极心理学的先驱，萨提亚模式所奉行的信念都是正向导向的，充满了积极的能量。萨提亚理论向人们传递了这样的信念：每个人都是独特的，都是美好的，每个人内心都有自己的宝藏，有着旺盛的生命能量。有时我们的美好、我们的宝藏被覆盖了尘土或泥巴，让我们看不到、联结不到它们，这会使我们处于无力和无助的状态。但这些宝藏、这些能量是一直都存在的，只要移除覆盖在上面的尘土或泥土，我们就能发现它们。心理健康教育工作者应将这些积极正向的理念贯穿大学生心理健康教育课程的始终，让学生看到各种可能性，心存美好和希望，发现自己的价值。

高校心理健康教育工作者还可以在大学生心理健康教育课上利用萨提亚的“冰山”图让大学生对自己和他人有更深的了解和认识，提升自我价值感。我们往往通过一个人的行为层面认识、了解、感受他， 比如，他做了什么，说了什么，拥有了什么，失去了什么……而在行为的下面却涌动着巨大的暗流，隐藏着一个人真正的自我部分。外在的行为是内在的外显，要想真正认识自己，了解他人，就需要每个人能学习做一名“深海潜水员”，潜到一个人内心的底层。而萨提亚模式的“冰山”图就给我们提供了一张潜入人内心世界的地图。比如，教师经常会遇到班里有个别学生不爱学习而翘课的问题，教师会说这个学生出了问题。萨提亚说：问题本身不是问题，应对问题的方式才是问题。那么我们利用“冰山”图，透过他的行为去看他真正的问题是什么。我们先潜入“冰山”的最底层去看他“自己”（这是一个人的生命力或叫生命能量的部分）。上述学生来自国内一所重点大学，能够就读这所大学的学生多数都来自各省的重点高中而这个翘课的学生智商高，学习积极努力，有着优秀的学习能力和方法，经过高考的锤炼，有着顽强的意志力，拥有良好的品质，拥有丰富的内在资源。那是什么让他处于无心学习的状态？ 因为我们每个人都需要被爱、被认可、被接纳、有归属感、有意义、有价值和有自由等。而当一个大学生因人际关系出现了冲突或学业遇到压力时会感到不被认可，不被接纳，没有价值，认为自己是个失败者。所以他的内心很沮丧，有挫败感，很害怕周围的人看不起他，就会比较自卑。一个人自我价值感低的时候，就会期待自己各方面都要表现突出，得到别人的欣赏、夸奖，但往往这时对自己和别人的期待都会脱离现实，得到的反而是更大的失望。失望使这些大学生陷入更加挫败、无力和无助的状态，这些感受就像一块石头压在一个人的心上，也压住了一个人成长的能量。所以，我们看到了有的大学生用逃避的方式来处理自己面临的心理问题。

高校心理健康教育工作者应用萨提亚理论进行大学生心理健康教育，不能直接告诉大学生应该做出怎样的选择，但是可以指引大学生学会发现更多的选择，帮助大学生学会为自己的选择负责。高校心理健康教育工作者要能够让大学生树立“人人平等，人人皆有价值”的思想。大学生要能够在人际交往过程中学会互相尊重，改变自己的沟通方式，学会从对方的角度来看待问题，看到对方的内在。在人际交往过程中，大学生要能够理智地看待对方的行为表现，学会维持良好的人际关系，这样有利于大学生以后的工作与生活。

萨提亚理论凸显出积极的人性观，这与高校教育人才的目标是一致的，二者都是为了培养大学生保持良好的心理状态，树立积极的人生观。每个人都具有闪光点，都有各自的魅力和美好品质，但是这种内在的因素大多时候都被隐藏起来了。人们之间必须要加强了解，才能够发现这种闪光点。萨提亚理论的重点就是让人们相互发现自己与对方的闪光点，要能够让人们发现自己有改变的希望，要能够学会欣赏、关怀自己与他人。高校心理健康教育工作者要能够引导大学生说出自己的心理问题，要能够从正面来引导大学生，以此来提高大学生对自我价值的认识，要能够让大学生学会肯定自我价值，树立积极的人生观。当大学生提出自己的心理问题时，高校心理健康教育工作者要能够利用心理学知识，帮助大学生出谋划策，帮助大学生解决心理健康问题，让大学生走出困境。高校心理健康教育工作者在对大学生进行心理指导教育时，要富有责任心，要对大学生负责。

3. 萨提亚理论在大学生心理健康课程中的应用

在大学生心理健康课程中运用萨提亚模式，可以有效帮助大学生产生更多的自我觉察，了解自我改变与完善的路径，看到选择并为自己的选择负责。高校心理健康教育工作者可在课程中运用冰山、雕塑、隐喻、案例讨论和角色扮演等方法，最终达到提升大学生心理健康水平的目标。

在教学上，高校心理健康教育工作者可以将萨提亚模式中关于人、关系以及改变的一些理念当作开展教学工作的基本信念，同时，也可以通过这些理念将学生带入课堂教学之中。

萨提亚模式中的重要理念主要包括以下几种。

①改变是可能的。即便外部的改变非常有限，内部的改变仍然可能存在。

②在任何特定的时间，父母都要尽其所能地做到最好。

③我们所有人都拥有让自己成功应对和成长所需的内部资源。

④我们拥有很多选择，特别是在对压力而不是对情境做出反应的时候。

⑤治疗需要关注健康和可能性，而不是病理学的方面。

⑥希望是变化的一个极其重要的因素或是成分。

⑦人们在彼此相似的基础上建立联结，而在各具差异的基础上得以发展和成长。

⑧治疗的一个主要目标就是成为我们自己的决策者。

⑨我们所有人都是相同生命力量的展示。

⑩大部分人会选择熟悉而不是舒适的方式，特别是在面对压力的时候。

⑪问题本身并不是问题，应对问题的方式才是问题。

⑫感受属于我们自己。我们每个人都拥有它们。

⑬人们在本质上是好的。我们要想与我们的自我价值感相联结并确认它们，我们就需要找到自己的内部财富。

⑭父母通常会重复他们在成长过程中熟悉的家庭模式，即便这种模式是功能不良的。

⑮我们不能改变过去的事情，但是可以改变它们对我们的影响。

⑯欣赏和接纳过去可以提高我们管理现在的能力。

⑰迈向整合统一的一个目标就是接纳我们的父母亦是普通人。在他们本身具有的个性水平上与他们交往，而不是仅仅与他们的父母角色沟通。

⑱应对是在我们自我价值水平上的展示。我们的自我价值越高，我们的应对方式也就越健康。

⑲人类的过程具有普遍性和共通性，因此它可以发生在不同的情境、文化和环境当中。

⑳过程是通往改变的途径。内容形成了改变得以发生的情境。

㉑在萨提亚模式中，表里一致和高自尊是最主要的目标。

㉒健康的人际关系是建立在价值平等的基础上的。

第二节　大学生心理健康教育的现实依据

一、开展大学生心理健康教育符合社会发展的需要

21 世纪对人才的心理素质提出了更高的要求，大学生要想在 21 世纪取得成功，不仅要有良好的思想道德素质和科学文化素质，还要有创新的精神、进取的态度、竞争的意识、应变的能力、沟通的技巧、充分的自信、积极的思维、乐观的态度、健康的情绪、成熟的人格。因此，大学生要想在未来的社会中生存和发展，没有良好的心理素质做保证是不行的。

大学生是承载着社会、家庭、自身高期望值的一个特殊的群体，他们的素质如何，将直接影响着社会的发展和进步。高校是为社会培养符合社会发展需要的高素质专门人才的场所，社会需要具有良好的思想道德素质、科学文化素质、专业技能素质、身体素质、心理素质的人才。高校责无旁贷地要为社会培养这样的人才。

目前我国大力倡导践行社会主义核心价值观，这是我们党从全面建设小康社会、开创中国特色社会主义事业新局面的全局出发提出的一项重大任务。我们的社会主义核心价值观的内涵主要是富强、民主、文明、和谐、自由、平等、公正、法治、爱国、敬业、诚信、友善。大学生是社会建设的中坚力量，是社会主义核心价值观的推动者、实践者，因此践行社会主义核心价值观必须重视大学生的健康发展， 大学生要获得全面健康的发展，就必须具备优良的心理素质。大学生心理健康教育以提高全体学生的适应能力、促进大学生个性的发展和完善为目标，具有全面提升大学生心理素质的功能。因此，必须加强大学生心理健康教育，为践行社会主义核心价值观奠定基础。

从世界范围来说，开展大学生心理健康教育是时代的要求，也是世界人才培养的大趋势。对未来研究极具权威的罗马俱乐部的总裁奥尔利欧·佩西在《世界的未来：关于未来问题一百页》的报告中指出“无论从哪个角度揭示未来，有一点是首肯的，未来是以个人素质全面发展为基础的社会”。佩西进一步指出，未来社会是“一场人的革命”。所谓“人的革命”就是人类自身在思想、道德、心理素质等方面的改善与变革，而在这场“人的革命”中，心理素质逐渐占据重要位置。随着人类历史的发展和社会的进步，社会对人的心理素质的要求将越来越高。只有把大学生心理健康教育作为高校教育的重要环节，才能培养出

更能适应时代发展的优秀人才。世界的竞争在一定程度上是人才的竞争，因此，大力开展大学生心理健康教育，也能满足我们国家参与国际竞争和振兴中华民族的需要。

二、开展大学生心理健康教育符合全面推进素质教育的需要

全面推进素质教育是党中央、国务院从我国社会主义事业兴旺发达和中华民族伟大复兴的大局出发做出的重大决策。高校作为培养社会主义建设者和接班人的重要阵地，全面推进素质教育是其必然的工作目标。

所谓素质教育是依据人的发展和社会发展的实际需要，以全面提高全体学生的基本素质为根本目的，以尊重学生主体和主动精神、注重开发人的智慧潜能、注重形成人的健全人格为根本特性的教育。

心理学家认为，素质是指人的身体和心理发展的客观基础。人的发展是从量的积累到质的变化的连续不断的过程。每一个阶段人的新质的出现，都为下一个阶段的发展奠定一定的基础，进而促成其在新的水平上生长。人的可教育性，就是在不断提高基础水平的变化中体现出来的。素质是一个人处于不断发展中的“基础条件”。

个体的素质结构，主要包括生理、心理两大基本要素，无论是古希腊时期的“身心既美且善”，还是现代社会提出的“个体和谐发展”，无一不认为个体素质结构包含身心两个基本方面。

生理素质主要指人的身体发育、机能成熟和体质的增强。心理素质则指人的认识、情感、意志及人格的发展与完善。素质教育可相应地分为身体素质教育和心理素质教育。

心理素质教育通过有目的、有计划地对受教育者的心理施加影响，使其提高心理健康水平，全面发展人格，注重受教育者潜能的开发和各种优秀心理品质的培养和发展，同时预防各种异常心理和心理问题的产生。

近年来，我国大学生心理健康教育工作虽然得到较大的推进和加强，在推进大学生素质教育中发挥了重大作用，但是，我们还应该看到，我国大学生心理健康教育工作还有些不能适应新形势的发展，特别是还不能满足全面推进素质教育的需要，还存在着对新形势下大学生心理健康教育的任务、对象、特点和规律认识不够、研究不深的问题，尤其还存在着对心理健康教育认识上的不到位，还没有把这项工作放到应有的位置上。因此，我们要通过开展大学生心理健康教育活动，引导和帮助大学生提高对心理素质在人的整体素质中的作用

的认识，引导和帮助大学生正确处理好心理素质与其他素质的关系，引导和帮助大学生了解和掌握心理健康的必要知识，引导和帮助大学生优化人格品质、增强心理调适能力和社会适应能力，为大学生全面发展和协调发展创造相应的条件。

三、开展大学生心理健康教育符合新形势下高校德育工作的需要

近年来，中共中央、国务院及其教育行政部门逐渐将大学生心理健康教育纳入学校德育范畴，使高校德育工作的外延和内涵有了新的拓展。教育部在《普通高等学校大学生心理健康教育工作实施纲要（试行）》中明确要求把大学生心理健康工作纳入学校德育工作管理体系中。中共中央、国务院《关于进一步加强和改进大学生思想政治教育的意见》中进一步把大学生心理健康教育作为对大学生进行思想政治教育的重要内容，其明确提出，在高校“要建立健全心理教育和咨询的专门机构，配备足够数量的专兼职心理健康教育教师，积极开展大学生心理健康教育和心理咨询辅导，引导大学生健康成长”。由此可以看出，加强大学生心理健康教育不仅是高校德育的重要组成部分，而且是加强和改进德育工作的重要保证。随着我国社会改革的深入开展，社会情况发生复杂而深刻的变化，高校德育工作面临的形势更复杂，任务更繁重，工作更艰巨。面对新情况、新特点，增强高校德育工作的时代感及针对性、实效性，不但迫切需要马列主义的强有力指导，也迫切需要心理健康教育、思想政治教育等多方位、多形式的强有力的配合。

四、开展大学生心理健康教育符合大学生自我发展的需要

大学生要想成为出类拔萃的人才，不仅要有良好的身体，还要有健康的心理，并且两者还要有机地结合在一起。

有人说“未来世纪的残疾人不再是肌体上存在某种缺陷的人，而是那些心理素质低的人”。大学生正处在迅速走向成熟但又未完全成熟的过渡时期，在这一时期，大学生的各种心理活动异常活跃，同时也充满了矛盾与困惑。在这一年龄阶段，大学生的自我调节能力还不完善，当面临新的环境、学习压力、人际关系等一系列问题的时候，常常会因为遇到挫折、困扰而引起情绪波动，心烦意乱。大多数大学生在面临这些问题或冲突时，通过朋友的帮助、书籍的影响、教师的指导、家长的协助等能及时地进行自我调整而保持健康的心理状态，能愉快地进行生活、学习、交往。但是，也有一少部分大学生无法依靠自

己的力量改善这种状况，久而久之，就会发展为程度不同的心理困惑或心理疾病，以致影响正常的学习和生活。开展大学生心理健康教育，可以使那些心理比较健康的大学生尽快缩短适应期，提高学习、生活的效率；也可以使有心理障碍的大学生及时得到矫治，尽快恢复到健康的状态。

大学生是一个特殊群体，经过多年的刻苦学习和层层选拔，他们具备了成才所必需的智力素质，大学阶段是他们实现智能飞跃的关键时期。大学生成才的欲望非常强烈，但是由于家庭与社会对大学生整个群体都存在较大的期望，而大学生本身的心理发育尚未完全成熟、稳定，因此他们往往无法对自身做客观的估计和定位，对于自身的能力和潜质没有全面的了解，这一切使以脑力劳动为主的大学生无法将自己的聪明才智运用到学习和工作中，不能以最佳的状态来完成学习任务，这不仅对于个人的成长极为不利，对于家庭和社会来说也是一种人才的浪费。

心理健康的大学生，经常会表现出思维活跃的特点，其神经活动的灵活性、强度、平衡性都比较强，分析综合能力也较强。他们以愉快的心情投入学习，有强烈的求知欲望，乐于学习，积极参与各种学习活动，学习的效率也很高。发展性心理健康教育能够培养大学生较强的意志品质，使他们主动去克服困难，从而取得良好的学习成绩。以发展性心理健康教育为主模式实施大学生心理健康教育，有助于大学生更好地发掘自身的智力潜能，真正发挥自己的实力，实现自己的人生价值。

高校只有通过良好的心理健康教育的实施教导大学生如何更好地认识自我、把握自我，从而以较好的状态来面对环境适应、自我管理、理想现实、学习成才、交友恋爱、求职择业和情绪调节等一系列适应和发展的问题，才能全面提高大学生的心理素质，促进大学生的心理健康发展。

第三章　大学生心理健康教育的发展背景及历程

第一节　大学生心理健康教育的发展背景

一、国际背景

早在古希腊时期，西方国家就有不少思想家、教育家开始注意到心理健康这一问题。但是人们真正开始系统、科学地研究心理健康源于20世纪初。1908年美国人比尔斯成立了世界上第一个心理卫生组织——康涅狄格州心理卫生协会。1930年，国际上第一届心理卫生大会在美国召开，并正式成立国际心理卫生委员会，这标志着心理卫生研究在国际上有了正式的研究机构。1959年到1960年，世界卫生组织与联合国教科文组织共同举办国际心理健康年，呼吁全人类注重心理健康的培养和保持。20世纪70年代，学校引入了心理健康教育这一颇具生命力和实用价值的新兴学科，多数发达国家的大、中、小学都设有专职或者兼职的心理健康工作者，为学生提供心理咨询或者心理辅导服务，帮助他们认识心理发展上的不足，解决他们心理发展上的困难。

二、社会背景

20世纪80年代的中国正处在初步对外开放的时代。1978年底，邓小平提出改革开放政策。改革开放不仅仅是开放几个沿海城市，吸引外资企业投资，引进国外设备这些表面功夫，更重要的是解放思想、开放思想，这也是改革开放的理念精髓。在改革开放和经济全球化的思想影响下，人们生活节奏加快，社会竞争日益激烈，心理压力不断加大，高校作为培养生产力大军的场所在认识到西方各国思想文化的基础上，必须正视我国社会发展现实，顺应时代发展潮流，注重大学生心理健康教育，以期能顺利实现大学生身心的全面、自由、健康的发展，适应社会发展方向，推动社会稳定发展。

三、教育背景

在改革开放的浪潮和经济全球化的带动下，我国的教育界也开始反思中国教育的现在和未来，国人充分认识到教育发展的力量。改革开放和社会主义现代化建设给教育的发展目标和发展方式提出了更高的要求，国际交流和文化交融也逐渐使人们认识到教育不再是单纯的知识传递，更应该注重学生的人生观、价值观、世界观的健康、正确发展。20 世纪 80 年代中期，“素质教育”被提出，从此掀起了教育界的改革大浪潮，越来越多的教育者认识到人的全面发展的必要性和重要性。

四、我国古代的心理学思想

中国历史上一直重视心理健康，许多思想家在个体心理形成和发展上提出了自己独特的观点，并在教育途径和方法手段上提出了许多具有科学性的见解，而这些见解在科学心理学诞生之后，为许多心理学实验所验证。

如春秋之初，管仲在《管子·内业》篇中，将人的心理状态分为善心、定心、全心、大心等不同层次，并提出了相应的养心之术。早在两千多年前，我国古代医学对心身关系就十分重视，对心身关系问题有较为精辟的论述，如“形神合一”的身心统一学说，认为人的生理现象与心理现象是不可分割的统一体，人的心理活动和生理活动是相互作用的，即“形盛则神旺，形衰则神惫”。《内经》中还提出了“得神者昌，失神者亡”。在情绪与疾病的关系方面，提出了情绪能治病也能致病的观点，即“以情胜情”“怒伤肝，悲胜怒，喜伤心，恐胜喜，思伤脾，怒胜思”等。古人的这些论述说明，人们当时就意识到了健全的精神宿于健康之身体，初步形成了心、身、物相统一的健康观。

再如教育方面，孔子认为“性相近也，习相远也”（《论语·阳货》），指出后天环境对个人成长的作用；而孟子则进一步指出人性本善，生来就有 4 个“善端”，即“恻隐之心”“羞恶之心”“辞让之心”“是非之心”。这“四端”是否能“扩而充之”，关键在于后天环境的影响。《礼记·学记》中提出了不同学习阶段的不同要求，虽然未明确指出年龄划分，但已初步具有了发展心理学的思想，如“比年入学，中年考校。一年视离经辨志，三年敬业乐群，五年视博习亲师，七年视论学取友，谓之小成；九年知类通达，强立而不反，谓之大成”；进而提到学习迁移的作用，“不学操缦，不能安弦；不学博依，不能安《诗》；不学杂服，不能安礼；不兴其艺，不能乐学”。在教育手段上，中国古代的教育思想家非常重视音乐的作用，在《礼记·乐记》当中，开宗明义就阐述了音乐的产生与人心理的关系，“凡音之起，由人心生也。人心之动，物使之然也。感于物而动，故形于声。声相应，故生变；变成方，谓之音；比音而乐之，及干戚羽旄，谓之乐”，其意思是，音乐的产生在于人的心理活动，人的心理活动是由外在客观事物引起的；进而提出音乐对于培养人的情感、锻炼人的意志、塑造人的性格等方面都有重要的作用。

中国在历史发展过程中，虽然没有直接产生科学心理学，没有对心理学和心理健康教育进行系统和理论性的总结，没有提出系统性的关于心理和心理教育的理论成果，但不同历史时期的各种思想中都包含了极其丰富的心理学思想，重视强调根据受教育者的发展阶段和个性特征进行教育。各不同历史阶段的教育思想家，从先秦的孔孟到宋明时期的朱熹和王守仁，再到清代的王夫之、颜元都重视心理健康教育，如孔子的“习性说”和孟子的“四端说”；朱熹对“心、思、虑、意”等认识形式的探讨，对“情”“欲”所做出的既区别又联系的对待，以及他的幼儿教育思想；王守仁对儿童年龄特点和学习兴趣的重视；王夫之关于“情”“欲”的叙述；颜元的“性情”思想。上述思想中都包含了关于心理健康教育的合理因子，值得我们后人去仔细推敲，从中攫取有利于当代大学生心理健康教育的精华，推动民族心理学的发展。

应当承认，在漫长的历史长河中，中国虽有众多富含心理学和心理教育的因子，但真正在心理科学指导下对受教育者进行心理健康教育，却是近现代的事情。1916 年，北平清华学校首先实施了职业辅导，重点在于让学生了解自己的个性，从而选择适合自己的职业学科。1917 年，伍廷芳、梁启超等人发起成立了“中华职业教育社”。1922 年，国民政府教育部颁布教育改革令，确立职业教育的地位，并实施各种职业辅导措施。1936 年 4 月 19 日，中国心理卫生协会在南京成立。20 世纪 30 到 40 年代，国内一些著名大学开设了心理卫生课，一些中小学也开设了儿童训练课程。可以说，这正是心理健康教育发展的起步。

第二节　大学生心理健康教育的发展历程

从 20 世纪 80 年代中期大学生心理健康教育课程诞生以来，至今已经走过了 30 多年。这 30 多年，是我国社会、政治、经济、文化深刻变化的阶段，是高等教育快速发展的时期，是高校思想政治教育深入改革的阶段，也是我国高校心理健康教育大发展的时期。大学生心理健康教育课程由一门个别学校开设的选修课发展到今天成为每个大学生的必修课，其背后折射出来的是社会的变化、教育对象的变化、教育理念的变化。

一、高校咨询兴起

大学生心理健康教育在国内兴起，是社会主义建设发展的客观要求，同时又是高等教育与心理科学自身建设的需要。其契机是1984—1989年，大量留学人员归国，宣传心理健康教育，开展心理咨询活动。1985年6月，北京师范大学成立了国内第一个心理测量与咨询服务中心，之后，清华大学、浙江大学、同济大学等高校也陆续成立了心理咨询中心。到1986年底，全国有30多所高校建立了心理咨询中心。1987年2月，浙江大学第一个开设大学生心理卫生课。此后，国内心理健康教育开始迅猛发展，取得了巨大的成绩。1990年11月，中国心理卫生协会大学生心理咨询专业委员会在北京成立，推动了我国大学生心理咨询工作不断发展完善。但当时大学生心理咨询工作的科学化和专业化水平不高，心理咨询机构的数量和质量都存在一定问题。到1998年，全国1080所普通高校有60%~70%的学校开展了此项工作。1999年全国大学生心理咨询网站在北京航空航天大学的牵头下建立起来，这不仅加大了心理咨询的覆盖面，也提高了心理咨询的科学性。

进入21世纪以后，国家对高校心理咨询工作愈加重视，更多的高校也开展了此项工作。2004年，教育部部署在教育部直属高校中开展心理健康测评工作，全国有相当多的高校开展或积极筹办大学生心理健康教育研究。在制度的保障下，我国高校心理咨询工作迅速发展。多数高校都成立了以“预防为本，发展为主，治疗为辅”的专门机构负责心理咨询工作，聘请心理学方面的权威专家及校内外专职教师为大学生提供更专业更科学的发展性心理咨询服务。

二、专业组织建立

1990年，高校心理咨询研究会成立。同年11月，大学生心理咨询专业委员会成立大会在北京师范大学举行，近40所学校的代表与会，会上成立了中国大学生心理卫生与心理咨询专业委员会，这是我国首个关于大学生心理咨询的全国性专业学术组织。这次会议的召开使原本自发、散乱的大学生心理健康教育进入一个新的阶段——探索发展阶段。这次会议与会代表提交的论文主要涉及大学生个别咨询和心理测查等方面。此后，该委员会的学术年会持续举行，参与研讨的高校逐年增加，研讨的问题涉及大学生心理咨询的案例分析，大学生心理卫生状况调查，大学生心理档案的建立，大学生心理健康状况分析，大学生心理咨询的理论与方法，大学生中常见的心理障碍和心理疾病的干预研究，心理健康教育模式和内容的探讨，高校职业咨询的理论与实践，市场经济条件下大学生人格特征的分析，大学生心理咨询本土化，心理健康教育课程的教学方法、课程体系、课程定位，心理咨询员成长等问题。1993 年，经中国科协批准学校管理心理学专业委员会改为学校心理学专业委员会。

三、学术刊物涌现

1990 年,《青年心理咨询》在武汉创刊。之后又有不少关于大学生心理健康、心理咨询研究方面的研究成果在不同类型的刊物上发表,如《中国心理卫生》《中国临床心理学》《心理卫生》《健康心理学》及青年研究类杂志和教育研究类杂志，以及各院校学报（人文社科版）。一批以“大学生心理健康”“大学生心理咨询”为内容的著作、教材、读物也先后问世。据不完全统计，从 1993 年至今，有关大学生心理咨询、心理健康教育、心理卫生、心理调适方面的著作已出版百余部。如，1992 年马建青主编的《大学生心理卫生》、王益民的《大学生心理与成才》、王登峰的《大学生心理卫生与咨询》等，1993 年张小乔主编的《心理咨询治疗与测验》，1994 年钱源伟主编的《大学生心理指导教程》，1995 年陶国富等主编的《当代大学生心理健康与调适》、王萍等主编的《大学生心育导论》，1998 年江立成、孔燕等主编的《大学生心理健康教育》，2000 年刘玉华等主编的《大学生心理发展与健康》，2002 年姚本先编著的《学校心理健康教育导论》，2004 年赵文杰主编的《大学生心理卫生》，2008 年李江雪编著的《大学生心理咨询技术与案例》,2011 年唐宏编著的《大学生心理》,2017 年刘新民主编的《大学生心理健康的维护与调适》,2020 年桑标主编的《大学生心理健康》等。这些著作、教材的出版是广大高校心理卫生工作者多年进行大学生心理健康教育研究和实践的结晶，不仅提升了该领域的学术水平，也推动了我国大学生心理健康教育工作的发展。

四、政府政策支持

改革开放之初，我国首先恢复了心理学的名誉及相关专业。1978 年在河北保定召开了中国心理学会，为心理学相关学科恢复了名誉。1978 年，北京大学申请恢复心理学专业，第一届招收本科生 20 名。其次，教育部的重视也为大学生心理健康教育的重建提供了重要支撑。1980 年《教育部、共青团中央关于加强高等学校学生思想政治工作的意见》体现了对学生心理发展的关注和重视。1994 年《中共中央、国务院关于进一步加强和改进学校德育工作的若干意见》和 1995 年《中国普通高等学校德育大纲（试行）》这两个文件对大学生心理健康教育提出了具体的要求，推进了我国大学生心理健康教育的发展进程。最后，各高校陆续恢复了包括心理咨询及心理健康教育等与大学生心理相关的课程及活动。

20 世纪 80 年代中期，上海、北京、浙江、陕西、四川、湖北、山东等地的一些高校自发地尝试开展大学生心理咨询活动。心理学的名誉、专业及活动等迅速恢复及教育部文件的出台等都为我国大学生心理健康教育的发展和重建提供了肥沃的土壤。

20 世纪 90 年代后，心理健康教育逐步受到政府的重视，这在政府颁布的一系列文件中得以体现。如《中国教育改革和发展纲要》提出："面向全体学生，全面提高学生的思想道德、文化科学、劳动技能和身体心理素质，促进学生生动活泼地发展。"1993 年后，为了进一步加强心理健康研究工作、提高学术水平、宣传普及心理卫生知识，由国家教委牵头，北京、上海、武汉、大连等地先后举办了各种形式的心理咨询培训班，为各地高校培训了一批大学生心理咨询和心理健康研究工作者。1995 年 11 月，《中国普通高等学校德育大纲（试行）》明确提出，要把心理健康教育作为高等学校德育的重要组成部分，大学生应具备良好的个性心理品质和自尊、自爱、自律、自强的优良品格，具有较强的心理调适能力。1999 年 6 月召开全国第三次教育工作会议，《中共中央国务院关于深化教育改革、全面推进素质教育的决议》中指出，以培养学生创新精神和实践能力为重点，造就四有新人的素质教育中，要针对新形势下青少年成长的特点，加强学生的心理健康教育，培养学生坚忍不拔的意志、艰苦奋斗的精神，增强适应社会的能力。2001 年出台了《教育部关于加强普通高等学校大学生心理健康教育工作的意见》，这一针对大学生心理健康教育的专门性文件，开启了大学生心理健康教育的全面推广时期。2005 年教育部《普通高等学校大学生心理健康教育工作实施纲要（试行）》的出台意味着心理健康教育工作成为推进大学生素质教育的重要力量和途径的地位的确立。2010 年，《中共中央国务院关于进一步加强和改进大学生心理健康教育的意见》中更明确而具体地提出大学生心理健康教育的要求和措施：要重视心理健康教育，根据大学生的身心发展特点和教育规律，注重培养大学生良好的心理品质和自尊、自爱、自律、自强的优良品格，增强大学生克服困难、经受考验、承受挫折的能力；要制订大学生心理健康教育计划，确定相应的教育内容、教育方法；要建立健全心理健康教育和咨询的专门机构，配备足够数量的专兼职心理健康教育教师，积极开展大学生心理健康教育和心理咨询辅导，引导大学生健康成长。这一系列的文件标志着我国大学生心理健康教育走向制度化，不断在全国各高校推广，致力于实现大学生心理健康教育的全覆盖。

2011年《普通高等学校学生心理健康教育工作基本建设标准》和《普通高等学校学生心理健康教育课程教学基本要求》都强调了我国高校都应开设与大学生心理健康教育相关的必修课或者选修课。2016年，国家卫生计生委、中宣部、中央综治办、民政部等22个部门共同印发《关于加强心理健康服务的指导意见》，可见我国心理健康工作的重要性日益攀升，不断成为党和国家的方针、政策。

政府的重视对高校心理健康教育工作起到了巨大的推动作用。我国高校心理咨询工作由不足到完善、由落后到科学、由业余到专业，不断取得质的飞跃。各省市陆续成立了省级大学生心理咨询心理健康教育专业委员会，大学生心理健康教育研究工作在全国进一步展开。

2016年11月，四川省委教育工委、教育厅认真学习贯彻习近平系列重要讲话精神，特别是在全国卫生与健康大会上的重要讲话精神，从组织领导、工作载体、危机管理、队伍建设、社会服务等环节入手，加强和改进大学生心理健康教育。汶川地震和芦山地震发生后，又及时为灾区群众进行心理干预和团体辅导，为灾区教育、医疗机构培养骨干人员。西南交通大学先后编辑出版《震后压力应对与心灵重建》等书籍，填补了国内本土化灾后心理教育的空白。各高校还积极组织专家和师生，在留守儿童、农民工、艾滋病和孤独症患者等人群中开展形式多样的活动，为特定人群带去温暖，提振他们对生活的信心。

2018年7月，中共教育部党组印发《高等学校学生心理健康教育指导纲要》（以下简称《纲要》），明确了教育教学、实践活动、咨询服务、预防干预“四位一体”的心理健康教育工作格局。第一，推进课程教学。课程是心理健康教育的主渠道。《纲要》强调，要健全心理健康教育课程体系，结合实际，把心理健康教育课程纳入学校整体教学计划，规范课程设置，对新生开设心理健康教育公共必修课，大力倡导面向全体学生开设心理健康教育选修和辅修课程，实现大学生心理健康教育全覆盖。第二，开展宣传活动。《纲要》强调，通过举办心理健康教育月、“5·25”大学生心理健康节等形式多样的主题教育活动，组织开展各种有益于大学生身心健康的文体娱乐活动和心理素质拓展活动，不断增强心理健康教育的吸引力和感染力。第三，强化咨询服务。《纲要》要求各高校要优化心理咨询服务平台，加强硬件设施建设，设立心理发展辅导室、心理测评室、积极心理体验中心、团体活动室、综合素质训练室等，积极构建教育与指导、咨询与自助、自助与他助紧密结合的心理健康教育与咨询服务体系。第四，加强危机预防。《纲要》要求各高校要健全心理危机预防和快速反应机制，建立学校、院系、班级、宿舍四级预警防控体系，畅通从学校心理健康教育与咨询机构到校医院、精神卫生专业机构的心理危机转介绿色通道。

2020 年 4 月，教育部、中央组织部、中央宣传部、中央政法委员会、中央网络安全和信息化委员办公室、财政部、人力资源社会保障部、共青团中央联合印发了《教育部等八部门关于加快构建高校思想政治工作体系的意见》，提出要健全立德树人体制机制，加快构建目标明确、内容完善、标准健全、运行科学、保障有力、成效显著的高校思想政治工作体系。为加强典型宣传，营造狠抓落实的工作氛围，教育部思想政治工作司特开设专栏，专题介绍各地各高校在落实文件要求、加强思想政治工作体系建设中的经验做法，推动工作部署落地见效。

五、政府资金投入

与此同时，一批大学生心理健康教育的国家级、省级课题研究也陆续展开研究。全国教育科学、国家教委人文社科规划课题指南中都有心理健康、心理咨询研究课题。

20 世纪 90 年代以来，一些高校先后承接了一系列国家级、省级研究课题，如 1992 年西南师范大学(2005 年，西南师范大学与西南农业大学合并组建为“西南大学”）黄希庭主持的国家哲学社科重点课题《当代大学生心理特点与教育对策》、1993 年马建青主持的国家哲学社科基金课题《心理咨询对加强思想政治教育的价值及两者相互影响的研究》、1994 年清华大学樊富珉主持的国家教委优秀青年教师基金课题《高校心理咨询与跨世纪人才培养》。2003 年 12 月，教育部社政司下发《关于征集“教育部人文社会科学研究重大课题委托攻关项目”选题的通知》，“大学生心理健康教育理论与实践体系构建研究”在 341 个应征课题中位列第三。一大批国家级、省部级课题以及众多的其他渠道包括自列的有关课题研究的展开，为开展大学生心理健康教育工作提供了丰富的资料，使我们对中国大学生心理健康状况有一个科学的认识，对建立适合中国国情的大学生心理健康教育体系、模式具有重要的参考价值，对中国当代高级专门人才的培养具有重要的意义。

2009 年，上海市建立了每年向社会通报高校和中小学学生安全情况制度，编制了《大学生安全教育大纲》，明确了安全教育的教学目标、内容和方式，加大了学生心理健康教育与咨询中心建设力度，且连续4年资助了25个高校心理健康教育与咨询中心进行达标建设。

江苏省教育厅在“十二五”期间重点建设了20个省级大学生心理健康教育与研究中心（基地）和大学生心理健康教育与研究示范中心，充分发挥其示范与辐射作用，带动全省高校心理健康教育工作均衡发展。通过推荐优秀高校心理健康教育专职教师申报中国心理学会注册督导师、注册心理师和助理心理师以及划拨专项经费资助专职教师参加国内外心理健康教育培训项目等措施，培养了一批专业过硬、业务精良的心理健康教育骨干教师；充分依托省内心理学学科优势和心理健康教育骨干教师力量，对全省专兼职心理健康教育教师、辅导员等开展专业督导和专题培训。每年投入300万元专项经费用于省级大学生心理健康教育与研究中心和示范中心建设，并力争逐年有所增加。要求全省各高校保障心理健康教育工作经费并纳入学校年度预算，其中本科院校生均每年不低于15元，高职高专院校生均每年不低于10元。要求高校根据大学生心理健康教育工作的特点和要求设立数量足够、布局合理、设施完备的办公室、预约等候室、个体咨询室、团体辅导室以及相关功能室，逐步做到在院（系）及学生宿舍设立心理晤谈室。

专业的师资队伍建设是我国大学生心理健康教育发展的重要保障，一直备受国家的重视。改革开放40多年来，我国不仅成立了教育部普通高等学校学生心理健康教育专家指导委员会，还不断增加大学生心理健康教育者数量，壮大师资队伍，提高教师的综合素质，健全师资队伍的培训体系，致力于建立一支以专职教师为主、专兼职结合、专业互补的大学生心理健康教育的师资队伍。有学者的调查研究结果显示，“目前，基本所有高校都配备了心理教室、心理辅导室，高校心理健康教育工作人员近2万人。且各高校创新培训模式，为专职教师提供专业培训和督导，并不断加强兼职队伍力量，重视并充分发挥辅导员的重要作用”。由此可见，我国大学生心理健康教育师资队伍在不断壮大，队伍的工作能力水平和业务水平都在不断提升。

为了不断提高高校从事心理健康教育工作教师的业务素质和工作能力，截至2007年初，教育部思政司先后举办了10期高校大学生心理健康教育骨干教师培训班，培训采用课堂讲授、专题讲座、临床实践、现场观摩、实际操作、参观考察、经验交流和专题研讨相结合的方式进行。10期培训班共培训骨干教师660多人，为全国高校输送和培养了一批骨干力量，为建构全国性的大学生心理健康教育网络体系发挥了重要作用。

2011 年 7 月，湖北省教育厅出台了《湖北省普通高等学校学生心理健康教育工作基本建设标准实施意见（试行）》，要求高校必须配备专职心理健康教育教师，同时学校要开设心理健康教育公共必修课。高校还要保障心理健康教育工作的经费，并将其纳入学校经费预算，按照每年生均不少于 10 元至 15 元的标准划拨专项经费。

2017 年，四川各高校把大学生心理健康教育纳入学校总体规划，与教学、科研等工作同部署、同检查、同考核，主要工作内容如下。①定期召开高校学工部长会议、宣传部长会议和安全稳定工作会等，研究部署相关工作。②按师生比 1 ∶ 3000 ～ 5000 标准配备专职心理健康教育教师，每校至少配备 2 名专职教师。③组建大学生心理健康教育专家指导委员会和心理健康教育专业委员会，将大学生心理健康教育相关课题列入高校思想政治工作专项，定期举办高校心理健康教育骨干教师培训班和高校心理健康教育课程比赛。

近年来，陕西省认真贯彻落实习近平关于教育的重要论述，全面贯彻落实党中央和陕西省关于加强改进思想政治工作的文件精神，坚持“抓基础促达标、抓队伍促效能、抓规划促引领”，将育心与育德相统一，积极构建教育教学、实践活动、咨询服务、预防干预、平台保障“五位一体”的心理育人工作体系，为全省大学生健康成长保驾护航，主要工作内容如下。①成立了陕西省高校心理素质教育研究会，设立了 2 个省级高校心理健康教育培训与研修基地、5 个省级辅导员示范工作室，为心理健康教育科学发展提供智力支持。②修订了《陕西普通高校心理健康教育与咨询中心建设标准》，设立了“陕西高校心理健康教育与咨询中心标准化建设项目（2020—2025 年）”，为心理健康教育提供了制度保障。③加强心理健康教育师资队伍建设，基本形成了以专为主、专兼结合、结构合理、素质优良的工作队伍，全省高校专职教师师生比达到 1 ∶ 3918。④近 60% 的高校心理健康教育工作经费已达到生均 10 元标准。⑤优化了心理中心功能部室建设和场地环境，全省 50% 的高校已建立二级院（系）心理辅导站。

第四章　大学生心理健康教育的内容、方法及发展趋势

第一节　大学生心理健康教育的覆盖内容

一、现代新健康观

健康一般被定义为在既定的生命周期内没有疾病。传统的健康观是“无病即健康”，而从卫生经济学的视角来看，现代健康观则是整体健康。整体健康涉及生理、心理和道德三大因素，诸多的社会和环境因素会对人的健康产生重要影响，而健康本身就是一种个人财富或社会财富的代表，它是人生幸福指数的决定因素之一。

现代观点认为，人既有生物学方面的特征，又有社会学和心理学方面的特征。人是生物人与社会人的统一。作为生物人，人有身体结构是否健全、躯体功能是否完好的问题。作为社会人，人又有人格发展是否健全、社会适应能力是否良好的问题。因此，对人的健康考察就应该做两个方面的判断——生物学的判断和心理学的判断。这两个方面的判断是互相联系、互相影响的，是统一的，而不是彼此孤立的。首先，躯体健康为心理健康提供物质基础。没有健康的体格，人的心理健康就失去了物质凭借。其次，心理健康又对躯体健康产生重要影响。精神因素的心理刺激在许多情况下会直接导致躯体疾病的发生和发展。事实证明，心理刺激会引发焦虑、忧伤、消沉或剧烈的愤怒等情绪反应。这些反应属于人的保护性反应。它一般都伴随着出现血压升高、手心出汗、呼吸加快等神经系统功能的变化。如果情绪反应过强或者情绪反应时间过长，则会导致自主神经系统功能的持久和严重的改变。也就可能发生像弹簧受力超过了一定的度

而导致弹性失灵那样的变化。一旦出现这种情况，自主神经系统便再难恢复其原有的正常功能状态。于是，躯体的内分泌系统和免疫系统就会发生紊乱，进而使相应的脏器产生器质性的变化。相关资料显示，20世纪末的一次实验证明，癌症、高血压、糖尿病等当代危害人类最严重的几种疾病，70%是由心理原因引起的。现代许多国家的分析得出一个共同的结论是，在各种致死因素中，心理因素所占的比重约为1/2~2/3。

许多大学生囿于传统的和习俗的观点，片面地从躯体结构和功能的角度来理解健康。这些大学生的心理健康意识模糊而薄弱，这妨碍了大学生的全面发展。进行现代新健康观教育，能使大学生了解躯体健康和心理健康的关系，这也是帮助大学生提高心理健康意识、提高维护心理健康的自觉性的基本要求。高校应通过对大学生进行健康、心理健康知识的教育，使大学生正确认识什么是心理健康及其重要意义；通过心理自测，让大学生了解自己的心理健康现状，从而激发大学生维护心理健康的意识。

二、接纳自我与心理健康

高校心理健康教育工作者可以通过对大学生进行自我意识的心理知识的教育，让大学生从“我是谁？”这个古老的哲学问题入手，通过自我反省、他人评价、测验检验等方式使大学生重新全面认识自己。通过自信心、自我控制能力的心理知识学习和技能指导，使学生克服自卑，增强自信，减少冲动，增强自律，做到真正接受自己、悦纳自己、完善自己。

接纳自我亦称为自我认同。它指的是正确地肯定自己，接受自己。既要肯定和接受自己的优点和长处，也要坦然地承认和重视自己的缺点、毛病和短处。不因自己的优点和长处而趾高气扬，也不因自己的缺点和毛病而畏首畏尾、自惭形秽。

首先，进行自我接纳教育就要培养大学生的自爱意识和自爱精神。天生我材必有用。不论个头高的，还是个头矮的；不管容貌漂亮，还是相貌平平；不论能力强，还是能力弱；也不论个性内向，还是个性外向：每个大学生都应该坚信自身存在的价值，敢于表达自己的真实想法，敢于表达自己的真情实感，敢于显示自己的个性。在任何情况下，大学生都应该去除自卑自贬、畏葸不前的心理和行为。

其次，进行自我接纳教育还要教育学生坦然地面对自己的缺陷和不足。一个人如果总是担心和害怕别人知道和发现自己的缺陷，因而处处着意加以藏掖，与人交往总是考虑如何掩饰、遮盖、伪装或回避自己的某一方面，这就不是接纳自己的态度了。这样做的结果实际上是随时随地置自己于紧张、焦虑的心理状态。这是一种自己加于自己的沉重的精神枷锁和心理负担。它对人的心理健康的影响不容低估。

在进行自我接纳教育时，应该让大学生懂得，金无足赤，人无完人。任何人都难免会有这样或那样的弱点和短处，重要的是怎样对待它。正确的做法应该是，对于那些可以克服的缺点，一旦认识到它的存在，就毫不迟疑地加以克服。而对于个子矮小、头上有疤痕、反应不如别人敏捷等无法改变的事实，则应以坦然的态度接受客观现实，用不着整天想着它，用不着为它而烦恼和忧伤。

接纳自我的前提是认识自我。认识自我的途径有两条：一是内部自省；二是环境反馈。前者指的是，个人在独处的情况下检讨自己，反省自己。俗话说，知人难，知己更难。要做到认识自己，必须排除自卑感和自我保护倾向的影响，客观地和公正地看待自己的言论和行为。后者指的是，依据别人——包括父母、同学、老师等——对自己的看法和反应来认识自己。

人总是在认识自我和肯定自我、接纳自我中不断增强自信心的。能否建立起正确的自我认同，对于心理健康起着决定性的作用。

三、人际交往与心理健康

高校心理健康教育工作者可以通过对大学生进行有关待人接物、交往交友的人际关系心理知识的教育，让大学生从亲子、同伴、师生 3 个方面来体会人际交往的原则，养成乐群、合群、益群、友群等心理品质，成为一个充满爱心、值得信赖、善解人意、团结协作的人。

人是社会化的动物。生活在世界上的任何一个正常的人，无不需要同周围的其他人发生一定的相互联系、相互影响、相互作用和相互制约关系。发展社会交往对于人生的重要功能和意义在于：首先，人们通过社会交往才能实现思想交流和信息共享。交往的实质是思想交换。思想交换不同于商品交换。商品交换是物物交换，或以货币为媒介的物物交换。思想交换则是通过交谈而实现的信息资料共享。它可以不断地丰富和激活人们的内心世界。其次，社会交往有利于心理保健。正如培根所说，当你遭遇挫折而积愤于心、抑郁于情之时，向知心挚友的一席倾诉，可使你的愤懑和抑郁得以疏导和消散。那沉重地压在你心头的重负，通过友谊的肩头而被分担了。事实说明，个体在生活过程中，总是自觉或不自觉地存在着合群的需要。通过合群而互相交往，互诉衷肠，喜怒哀乐得以分享和宣泄，同时又增进了相互的感情共鸣，进而在心理上获得了一种归属感和安全感。当人处于孤寂、焦虑或危难境遇时，特别需要与他人交往，也特别看重这种交往的价值。最后，社会交往有助于自我意识的发展。人的自我意识是在社会交往过程中，即在与他人的互相联系、互相影响和互相作用过程中发生和发展起来的。人们总是从对别人的认识中来形成自我表象和认识自己的。一个自己把自己封闭起来的人，无法形成比较，也就无从认识自我。

对大学生进行人际关系教育，不仅要使他们懂得人际交往的功能和意义，还要使他们懂得正确处理人际关系、顺利实现社会交往的一般原则。其中，最重要的是交互原则、互利原则和自我价值保护原则。交互原则指的是，在人际交往中，尊重与轻慢、喜欢与厌恶、亲近与疏远都是按照相互原则而发生和发展的。人际关系的基础是互相重视、互相接纳、互相支持。良好的人际关系是在互相重视、互相接纳、互相支持中建立和发展起来的。互利原则指的是，人际交往本质上是一个社会交换过程。在这个过程中，所有的参与者都希望这种交换对自己来说是值得的。人们无不倾向于建立和保持那些他们认为值得的人际关系。相反，凡是被认为不值得的人际关系，人们一般都倾向于逃避或终止。自我价值保护原则指的是，在人际交往中，一般说来，人们心理活动的各个方面都有一种防止自我价值遭到否定的自我支持倾向。人们一般都喜欢接纳那些喜欢和支持自己的人，疏远和拒绝那些否定自己的人。

在现实生活中，大学生因人际关系不良而导致不同程度的心理障碍者屡见不鲜。开展正确的人际关系教育是帮助他们接纳他人和消除心理障碍的有效途径。

四、学习与心理健康

高校心理健康教育工作者可以通过对大学生进行记忆、思维、想象、注意、观察等智力因素与动机、兴趣、情绪、意志等非智力因素的心理知识的学习和技能的指导，使大学生迅速适应大学的学习生活，掌握相关的学习技能，端正学习态度，从单纯的“学习知识”向“学会学习”转变，为以后的终身学习打下良好的基础。另外，根据21世纪对人才的要求，高校应开设学习潜能、创造潜能培养的专题课程，培养学生的创新思维，提高其创造力。

（一）大学生的学习特点

大学生学习的特点包括：专业性（学科）、计划性、探索性、多样性。这些特点表明大学生的学习活动是复杂的、紧张的，需要很多的心智能量、良好的心理素质、多方面的能力特征及健康的身体来保障。

（二）学习与大学生心理健康状况的关系

1. 学习对大学生心理健康状况的影响

积极影响：积极的内容有助于提高素质，带来满足创造力的愉悦感。消极影响：由于诸多方面的要求和目标会给大学生带来心理负担，再加之诸多方面的不当，如内容不适当、时间量不当、学习方法不当、劳逸结合不当、学习环境不当等，会给大学生的心理健康状况带来消极的影响。

2. 心理健康状况对大学生学习的影响

我国心理学家曾说过："心理健康的学生学习成绩必优于心理不健康者；心理健康的成人，其工作效率必胜于心理不健康者。"

（三）大学生中常见的学习心理障碍

1. 学习动力缺乏

学习动力缺乏的具体表现，如图 4-1 所示。

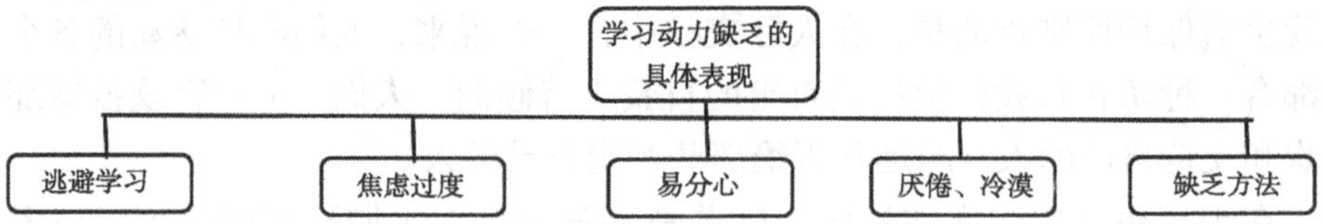

图 4-1　学习动力缺乏的具体表现

学习动力缺乏的原因：①学习动机不明确；②对专业缺少兴趣；③缺乏自我效能感（自我效能感指自己能够成功地执行产生结果所需行为的信念）；④错误归因（不能正确评价失败或成功的原因）。

增强学习动力的对策包括社会、学校和大学生个体 3 个方面。前两者如尊重知识和知识分子的社会氛围，创造良好的条件，设置学习纪律的奖惩条例等。对大学生来说要了解学习对人的生活的意义，培养学习的能力，发掘学习兴趣，开阔视野。

2. 学习动机过强

学习动机的作用：对学习活动起着发动、推进、维持的作用。缺乏学习动机则不能专注学习，学习行为就不会发生。学习动机过强，不论内部的抱负期望过高还是外部奖惩诱因过强，都反而会影响学生，在实际上阻碍学习。

学习动机过强的表现：成就动机过强，对成就做过高估计，树立的抱负与期望远远超过自己的实际水平，多半会导致失败，挫伤自信心和自我效能感。

学习动机过强的对策：对自己的能力有正确的评价，使抱负切合自己的实际，不好高骛远，不操之过急，制定切实可行的目标，淡泊名利。

3. 严重的学习焦虑

过度焦虑产生的原因：①不适当的学习目标和抱负所致，希望通过学习保护自己的自尊心不受损害，而自信心又不足，心理压力很大，就会产生严重的学习焦虑。②个性偏敏感，易焦虑的大学生更易陷入此种状态。

有严重的学习焦虑者在行为上表现为采用不适当的学习方法，使学习效率降低，或采取回避的退缩的方式，放弃努力。

严重的学习焦虑的对策：正确认识自己的能力，确立合乎自己实际的目标；增强自信和毅力；保持适度的自尊心，降低对失败的敏感度；探索出适合自己的学习方法。

4. 学习疲劳

学习疲劳是一种学习效率逐渐降低并伴有渴望停止学习活动的生理和心理现象。

学习疲劳主要表现在两个方面。①生理疲劳：麻木，眼球发疼，腰酸背疼，打瞌睡。②心理疲劳：大脑得不到休息。

学习疲劳会引起诸多不良反应，如错误增多、效率下降、动机行为改变、注意力涣散、思维迟钝、情绪躁动、忧郁、厌烦、易怒、生理失去平衡等。

造成学习疲劳的原因包括：缺乏学习兴趣、学习时间过长、学习内容难度过大、睡眠时间不足。

学习疲劳的防治方法：①善于科学用脑；②注意劳逸结合，保证充足的睡眠时间；③遵循人体的生物节律；④培养学习兴趣；⑤创造良好的学习环境，如改变屋内的布置、营造安静的氛围、灯光柔和等。

5. 习惯性自暴自弃

习惯性自暴自弃指个体连续经受失败，体验到行为结果与行为无关而产生的一种无助心理和从此放弃努力的行为缺陷。它的产生与所经历的失败的次数和一个人的控制点的特征有关。

心理学家一般将控制点分为两类。一类是内控，具有内控特征的人相信自己的行为结果与自身内部因素有关（命运掌握在自己手里）。一类是外控，具有外控特征的人认为，自己主要受命运、机遇和他人控制，外部因素控制会主宰自己的一切。一般人都处于两者之间的某一位置上。

习惯性自暴自弃的对策：正确看待成功与失败，提高挫折承受力，改进学习方法。

（四）考试的心理卫生问题

1. 考试焦虑与考试怯场

考试焦虑是担心自己考试失败有损自尊的高度忧虑。考试焦虑的表现：紧张恐惧、喜怒无常、无精打采、注意力不易集中等。

考试怯场是过度考试焦虑的急性反应。考试怯场的表现：心跳加速、呼吸急促、满脸通红等。

2. 考试焦虑的危害

考试焦虑的危害包括以下 3 点。

①危害认知过程：注意力不集中，干扰识记和回忆，思维呆滞凝固。

②危害心理健康：会转为慢性焦虑，甚至会导致焦虑症。

③危害身体健康：导致心律不齐、高血压、冠心病、消化系统功能衰退。

3. 考试焦虑的原因和防治

考试焦虑的原因：①把分数看得过重，对以往考试失败疑虑重重；②过分自尊，但对自己缺乏自信，担心因考试失败影响自己的形象；③担心考试失败影响自己正常毕业；④性格内向拘谨。

考试焦虑的防治方法：①端正对考试的认识；②认真学习、复习，制定合适的目标；③保证身体健康；④怯场的处理——出现问题时应立即停止答卷，进行积极的自我暗示（“我很安静”“我很放松”）；⑤寻求心理咨询师的帮助。

（五）潜能的开发

1. 智力潜能的挖掘

从心理卫生的角度看，充分开发和利用人的潜能，追求自我实现，达到人的全面发展，是心理卫生最高的体现。

2. 发挥智力潜能

开发智力潜能的途径：①掌握更多知识（有选择地掌握），使个人知识积累以几何级数增长；②进行探索性学习；③给大脑提供适当的负荷；④发挥整个大脑的机能，眼看、口读、手写、心想；⑤保持良好的情绪。

3. 挖掘创造潜能

创造力有两个基本特征：首创性，新奇独特；有社会意义，有社会价值和个人价值。

创造力与智力既有联系又有区别，二者的关系主要表现如下。

①一定水平的智力是创造力发展的必要条件。

②智力不是创造力的充分条件，智力高的人不一定具有高的创造力。

③两者是不同的能力，有不同的层次结构。

大学生一般有三种类型：高创智型——创造力、智力皆高；高智能型——智力高，但缺乏创见；高创造型——创造力高，与众不同，但显得不是特别聪明，智力表现不突出。

4. 培养创造力的途径

①激发求知欲和好奇心，培养敏锐的观察力和丰富的想象力，特别是创造性想象，以及培养善于进行变革和发现新问题或新关系的能力；②重视思维的流畅性、变通性和独创性；③培养求异思维和求同思维。

对于人来说，创造力不仅是天赋和才能，而且还是一种责任。创造力不是解决难题的一个出乎意料的方法，也不能呼之即来。由创造力富有成果的表现来看，创造力是教育、培养和实践的结果，重点在于洞察创造活动的全过程，为促进创造力培养创造先决条件。

五、人格与心理健康

高校心理健康教育工作者通过对大学生进行需要、动机、能力、气质、性格等反映人格特征的心理因素的教育，让大学生了解什么是健康的人格，从而使他们自觉地矫正自己的不良个性，确立正确的世界观、人生观、价值观，培养高尚情趣，适度调节自己的气质，成为一个有着健全人格的人。

（一）人格与心理健康的关系

人格影响心理健康，心理健康反映一个人的人格。两者密切联系，相辅相成，是不可分割的。

保持心理健康的状态有利于塑造美好人格，同样地，美好人格的塑造对于心理健康的促进也起着至关重要的作用。

（二）心理健康的人具有的人格特点

心理健康的人具有高稳定性的人格特点。心理健康水平高者往往有情绪成熟、稳定的特点，能面对现实，做事不慌忙等。

心理健康的人具有高兴奋性的人格特点。心理健康水平高者，通常有愉悦、健谈、热情的特点。

心理健康的人具有低忧虑性的人格特点。心理健康水平高者，通常安静沉着，有自信心等。

心理健康的人具有低紧张性的人格特点。心理健康水平高者往往平静松弛，生活愉快，不颓丧等。

心理健康的人具有自立的人格特点。心理健康水平高者能够自觉、及时地解决个人生活问题，主动与人交往，待人有诚信。

心理健康的人具有自信的人格特点。心理健康水平高者不仅具有高水平的自信，而且自信品质稳定，有着清晰度高、波动性小的自信。

心理健康的人具有自尊的人格特点。心理健康水平高者也具有高水平的自尊。

六、情绪与心理健康

焦虑、抑郁、恐惧、紧张是困扰大学生的主要情绪问题，通过情绪、情感的心理知识的学习，大学生可以学会表达自己的情绪，学会有效控制自己的情绪，合理宣泄自己的消极情绪，能体察与理解别人的情绪、情感，成为一个积极、乐观、开朗、快乐的人。

（一）正常情绪的功能

在正常的情绪下，情绪反应符合下列几个条件：第一，它是由适当的原因引起的，该原因并为当事者本人所觉知；第二，情绪反应的强度应和引起它的情境相称；第三，当引起情绪的因素消失之后，反应会视情况而逐渐平复。

正常的情绪反应，不论是积极的（愉快的）还是消极的（不愉快的），都有助于个体的行为适应。

愉快而平稳的情绪，能使人的大脑处于最佳活动状态，保证体内各器官系统的活动协调一致，使得食欲旺盛，睡眠安稳，精力充沛，充分发挥有机体的潜能，提高脑力和体力劳动的效率和耐久力。

愉快的情绪还能使整个机体的免疫系统和体内化学物质处于平衡状态，从而增强对疾病的抵抗力。据说英国著名化学家法拉第，在年轻时由于工作紧张，神经失调，身体虚弱，久治无效。后来，一位名医给他做了详细检查，没有开药方，只留下一句话：“一个小丑进城，胜过一打医生。”法拉第仔细琢磨，觉得有道理。从此以后，他经常抽空去看滑稽戏、马戏和喜剧等，并在紧张的研究工作之后，到野外和海边度假，调剂生活情趣，经常保持心境愉快，结果活了76岁，为科学事业做出了很大贡献。有人调查发现，几乎所有长寿老人平时都非常愉快，并且长期生活在一个家庭关系亲密、感情融洽、精神上没有压力的环境中。

达观快乐的积极情绪还能使别人更喜欢接近自己，从而有助于建立良好的人际关系。美国心理学家杰·列文甚至认为："会不会笑，是衡量一个人能否对周围环境适应的尺度。"此种说法虽不免有些夸张，但真诚的笑，确能感染别人，消除隔阂。来了陌生的客人，相视一笑，即可握手言欢；打扰伤害了别人，歉然一笑，便能得到谅解；遇到异国朋友，投之一笑，彼此的心就通了。一个面孔阴郁、从来不笑的人，很难说其心理是健康的。无怪乎莎士比亚说："如果你一天之中没有笑一笑，那你这一天就算是白活了。"

焦虑、忧愁、恐惧、愤怒等不愉快的情绪，只要适当（符合前边讲的情绪反应的3个条件），也是正常而有益的。个体在适度的焦虑情绪之下，大脑和神经系统的张力增加，思考能力亢进，反应速度加快，因而能提高工作效率和学习效果。人们常说，生于忧患，死于安乐，革命者要忧国忧民，先天下之忧而忧，这说明忧愁也有好的一面。过分的恐惧，固然反常，但对一切都不知惧怕，也是不正常的。适度的惧怕，可使人们小心警觉，避免危险，预防失败。恐惧使个体进入紧张激动状态，此时个体由于交感神经兴奋，肾上腺素分泌增加，呼吸、心跳、脉搏加快加强，血压、血糖和血中含氧量升高，血液循环加快，把大量营养输向大脑和肌肉组织，血小板较平时增加很多，因而血液较易凝固，而消化器官的活动将会减低，甚至完全停止，这种应激反应的作用，使身体有较多的能量来应付当前的危险。人在发怒时也有类似反应，面对敌人的挑衅，革命战士义愤填膺，"天兵怒气冲霄汉""横扫千军如卷席"，对这种积极的怒，不但不要遏制，相反还要激发。对坏人坏事就是要敢怒、敢言、敢斗争。麻木不仁，无动于衷，一锥子扎不出血来是不好的。

（二）不良情绪的危害

所谓不良情绪是指两种情形：一是过于强烈的情绪反应；二是持久性的消极情绪。二者对于人的健康和社会适应都是有害的。

1. 过于强烈的情绪反应

人的情绪虽然主要受皮层下中枢支配，但是当这一部分活动过强时，大脑皮层的高级心智活动，如推理、辨别等将受到抑制，使认识范围缩小，不能正确评价自己行动的意义及后果，自制力降低；引起正常行为的瓦解，并使工作和学习效率降低。国外有人做过这样一个实验：让几个大学生进入实验室，该实验室有四个门，其中三个门是锁住的，只有一个门可以打开，实际上只要按顺序将各门试一下，便能很快找到出路。但当实验者用冷水、电击、强光、大声等强烈刺激同时加之于受试者，使之趋于紧张状态时，好几个被试者呈现慌乱现象，不知道按顺序找出路，四面乱跑，已经试过是被锁住的门，会重复地去尝试，显然是给弄糊涂了。像这一类因情绪激动而失去理智的现象，在日常生活中是屡见不鲜的。有好些学生平时成绩不错，到了考试时，由于过分紧张，成绩反而降低。有些运动员在重大比赛中，也常常因心情紧张而临场发挥不好。过度的精神紧张，还可能引起超限抑制，一个人吓得呆住或气得说不出话来就是这种表现。在盛怒之下心脏病猝发而突然死亡的事例，在临床上也时有所见。即使高兴的情绪也需要适度，“乐极生悲”并不是耸人听闻。心肌梗死患者大笑容易发生意外，重症高血压病人过度兴奋可能诱发脑出血。一位外国作家曾举出过许多由于高度愉快而引起死亡的例子：有一个人得知3个儿子在奥林匹克运动会上同时夺得金牌后突然死亡；当一位哲学家去世时，他的侄女因为在他的床头找到了6万法郎，就快活地死掉了。《儒林外史》中屡试不第的穷书生范进，在突然听到自己中了举人的消息后，喜极发疯，患了癫狂病。

2. 持久性的消极情绪

当人在焦虑、忧愁、悲伤、惊恐、愤怒、痛苦时，会发生一系列生理变化，这是正常现象，当情绪反应终了时，生理方面又将恢复正常。通常此类变化为时短暂，没有什么不良的影响，但若情绪作用的时间延续下去，生理方面的变化也将延长。久而久之，就会通过神经机制和化学机制引起心血管系统、消化系统、泌尿生殖系统、呼吸系统、内分泌系统等各种躯体疾病。

有人用动物做了这样一个实验：将A、B两只猴子的身体固定在相邻的铁架上，只让前肢自由活动，下肢均有导线相连，可由一个自动控制的仪器通电给以电击。两只猴子面前各置一个弹簧开关（放松即自动弹回），不同的是，A猴面前的开关可用于切断电流，使两只猴都解除痛苦，B猴面前的开关虽可操弄但无效用。实验开始前，先让猴子学会操纵开关。每次实验时间为6个小时，然后休息6个小时。实验中每隔20秒电击一次，在通电之前先亮灯为信号。由于A猴要时刻警觉，每隔20秒操纵一次开关（倘若疏忽，两猴会同时受到电击），因而比“坐以待击”的B猴加倍紧张。实验持续23天后，A猴便不治身亡，经解剖发现其肠胃中已产生溃疡，而B猴的肠胃却安然无恙。

还有学者曾对五百多人进行调查分析，结果表明，人们在经历一系列紧张事件后，各种疾病的患病率都有所升高。据美国耶鲁大学医学院的报告，在所有门诊病人中，属于情绪紧张而患病的占76%。这些病人因为长期陷于某种情绪状态，对那种紧张心情已经习以为常，所以往往把注意力集中到身体的症状上，而不觉得它和情绪有关了。

（三）情绪的自我调节

人是有感情的，但更是有理智的。一个心理健康的人能用理智驾驭情感，而不做情感的俘虏。

1. 合理宣泄

情绪既然是健全心理中不可缺少的一面，我们对正常的情绪就不能过多压抑，而要加以宣泄。

当情绪发作时，人体内潜藏着一股能量，须借助情绪的发泄来加以释放，否则积聚起来，将有害身心。如果我们的情绪表达经常受到压抑或禁制，便易引起身心疾病。在身体上常见的有胃病、高血压和心脏病等；在心理上常见的是神经症及精神病等。

情绪上所受的抑制太多或所承受的心理压力太大，还能引起心智障碍，影响记忆、思维等心智活动的效率。如家庭或学校的气氛过于严肃，加于儿童的限制太多，或对他们的好奇心不予满足，都会导致“心智的僵固”，有碍智能的发展和创造性的发挥。

一个在情绪上受到过多限制的人，个性通常不够开朗，而且可能产生不合作、不合群，甚至反群体和反抗权威的行为，这自然会使他在社会适应和人际关系方面大受影响。

情绪的宣泄有直接和间接两种方式。直接宣泄就是直接针对引发情绪的刺激来表达情绪。当直接发泄对于别人或自己不利时，则可用间接发泄使情绪得到释放。

心中有了不平之事，可以向组织和领导汇报，向周围同志或亲友倾诉，并接受他人的批评，通过自己感情的充分表露与从外界得到的反馈，增加自我认识而改变不适当的行为。

与人闹了矛盾，要开诚布公地与对方交换意见，解开疙瘩，消除误会，千万不要让怒气积压在胸中。

万不得已时，在至亲好友面前大哭一场，述说心中的委屈和痛苦，得到安慰和同情，心里也会好过一些。痛哭本身作为纯真的感情爆发形式，是人的一种保护性反应，是释放积聚的能量用于排出体内毒素、调整机体平衡的一种方式。这好比洪水暴涨时，水库即将决堤，打开溢洪道，便可避免一场灭顶之灾。

体育锻炼和文化娱乐活动也是消除心中郁结、宣泄情绪的好方法。

情绪应该宣泄，但宣泄必须合理。有的人不分时间、地点、场合，对着引起自己不快的对象大发雷霆，甚至采取违反道德和法律的攻击行动，这种直接发泄，常常引起不良后果。还有的人将不良情绪胡发乱泄，迁怒于人，找替罪羊。如，在工作中不顺心的丈夫回家拿老婆孩子出气，在爱情上受到挫折的服务员把火发在顾客身上。还有的人，不管什么事，只要不合自己的意，便发牢骚、讲怪话，以此发泄不满情绪。这些泄愤方法不但于事无补，而且会影响团结，妨碍工作，因而是不可取的。

2. 适当控制

对正常情绪应当宣泄，对不良情绪则要适当控制。要控制情绪，首先，必须承认某种情绪的存在；其次，要弄清产生这种情绪的原因；最后，对于使人产生不愉快情绪的挫折情境要寻求适当的途径去克服它或是躲开它。适当控制情绪的方法包括以下几种。

（1）保持理智

在挫折面前，人应当以对事物的理性认识来控制个人的情绪。当忍不住要动怒时，要冷静审察情势，检讨反省，以判断发怒是否合理，发怒的后果如何，以及有无其他较为适当的解决办法，经过如此“三思”，便能消除或减轻心理紧张，使情绪渐趋平复。具有辩证观点的人往往是比较理智的，很多表面看上去令人悲伤的事件，如果从另外一个角度去看，常可发现某些正面的积极的意义。塞翁失马，安知非福，坏事、好事是可以转化的。与人发生争执时，倘能设身处地地站在对方的立场上想一想，也就可以心平气和了。

（2）适当转移

在发生情绪反应时，头脑中有一个较强的兴奋灶，此时如果另外建立一个或几个新的兴奋灶，便可抵消或冲淡原来的优势中心。当火气上涌时，有意识地转移话题或做点别的事情来分散注意力，便可使情绪得到缓解。在余怒未消时，可以用看电影、听音乐、下棋、打球、散步等正当而有意义的活动，使紧张情绪松弛下来。有的人生起气来会拼命干活，这既是一种转移，也是一种宣泄，不失为一种行之有效的制怒方法。但此时需提醒他注意安全，因为人在被激怒的情况下，其动作往往不够准确协调。

（3）幽默

高尚的幽默是精神的消毒剂，是极有助于个人适应环境的工具。当一个人发现一种不调和的或对自己不利的现象时，为了不使自己陷入激动状态和被动局面，最好的办法是以超然洒脱的态度去应付。此时，一个得体的幽默往往可以使一个本来十分紧张的情况变得比较轻松，使一个窘迫的场面在笑语中消逝，使愤怒、不安的情绪得以缓解。一个幽默的人，不开庸俗的玩笑，更不随便拿别人寻开心，而是以机智的头脑、渊博的学识，巧妙诙谐地揭露事物的不合理部分，既一语破的，又使人容易接受。在一些非原则问题上，幽默感强的人宁可自我解嘲，也不去刺激对方，激化矛盾。

（4）自我升华

将不为社会所认可的动机或欲望导往比较崇高的方向，使其具有创造性、建设性的过程，叫作升华。这是对情绪的一种较高水平的宣泄，是将情绪激起的能量引导到对人、对己、对社会都有利的方面去。据说歌德年轻时曾遭受失恋的痛苦，几次想自杀，但他终于抑制了这种轻率的行为，以自己破灭的爱情作为素材，写出了震撼欧洲的名著——《少年维特之烦恼》。遇到不公平的事情，一味地生气、憋气，或颓唐绝望，都是无济于事的，做出违反法律规定的报复行为更是下策，这无异于用别人的错误惩罚自己。此时正确的态度应该是有志气、争口气，将挫折变成动力，做生活中的强者。

（5）自我安慰

当一个人追求某种事物而得不到时，为了减少内心的失望，常为失败找一个冠冕堂皇的理由，用以安慰自己，就像吃不到葡萄说葡萄酸的狐狸一样，所以自我安慰也被称作“酸葡萄心理”。与此相反的是“甜柠檬心理”，即用各种理由强调自己所有的东西都是好的，以此冲淡内心的不安与痛苦。这种自欺欺人的方法，偶尔用一下作为缓解情绪的权宜之计，对于帮助人们在极大的挫折面前接受现实，接受自己，避免精神崩溃，不无益处。但若用得过多，成为个人的主要防卫手段，则是一种病态，会妨碍自己去追求真正需要的东西。

（6）自我放松

通过训练，人们还可以用自我放松法控制情绪。即按一套特定的程序，以机体的一些随意反应去改善机体的另一些非随意反应，用心理过程来影响生理过程，从而取得松弛入静的效果，使紧张和焦虑的情绪解除。我国的气功、印度的瑜伽、日本的禅宗等均属此类。

七、挫折与心理健康

“人生逆境，十有八九”。由于当代大学生多是“00后”，他们大部分都拥有顺利的成长历程，这使他们的许多心理问题都与挫折有关。高校心理健康教育工作者可以通过对大学生进行挫折心理、意志等心理知识的教育，使大学生形成良好的挫折承受力、顽强的意志品质，进而有效地预防大学生自杀行为。

（一）挫折的含义

在生活中，挫折有挫败、阻挠、障碍的意思，“兵挫而地削”（《管子》），最开始常用于兵家失利。

心理学上的挫折指一种情绪状态。即人在从事有目的的活动中，遇到干扰或阻碍，致使预定目标不能实现、与之相应的需要得不到满足时产生的一种心理紧张状态和情绪反应。

（二）挫折的内涵

①挫折情境，即阻碍个体行为的情境，如高考失利、受讽刺打击。

②挫折认知，即个体对挫折情境的认知、态度和评价，如“失败乃成功之母”“第十名已经不错了”等。

③挫折反应，即伴随挫折认知而产生的情绪体验和行为反应，如焦虑、紧张、愤怒、攻击等。

（三）产生挫折的条件

产生挫折的条件包括：①有行动动机和明确的行动目标；②有满足动机和达到目标的手段或行动；③必须有挫折情境的发生；④行为主体必须对目标受阻有知觉；⑤行为主体必须对知觉和体验产生紧张状态与情绪反应。具体来说，行为主体在受挫后往往有焦虑、恐惧、紧张、愤懑等心理状态。

（四）面对挫折人们的态度

1. 向挫折屈服

其表现包括：①逃避、掩饰、屈服的态度，为自己的失误寻找借口；②一遇挫折便神情沮丧，甚至万念俱灰，完全向挫折屈服。

2. 勇敢地战胜挫折

面对挫折无所畏惧，仍能积极进取，认真寻找摆脱困境的途径，千方百计地去克服困难，使希望得以实现。

（五）挫折对人生的意义

面对挫折人们的两种态度实际上也表明挫折具有两重性。

一方面，挫折是坏事，对人造成身体和心理上的打击和压力，给人带来精神烦恼和痛苦，使生活的道路变得曲折和坎坷。

另一方面，挫折在一定条件下也可以变成好事，它使人经受考验，得到锻炼，积累经验教训，催人振奋精神，重新鼓起勇气再接再厉，变困难为顺利，变挫折为成功。

（六）大学生常遇到的挫折

大学生常遇到的挫折类型主要可以概括为生活中的挫折、学习中的挫折、交往中的挫折。

（七）大学生挫折产生的原因

1. 客观因素

这是指由外界阻碍和限制而形成的挫折情境。

（1）自然环境因素

自然环境因素包括各种非人为力量所造成的时空限制、自然灾害和各种事故，以及人世间的生老病死等。如地震、洪水、交通事故、疾病、死亡等。

自然环境因素造成的挫折每个人随时都可能遇到，如亲人去世、因交通事故致残等。

（2）社会环境因素

社会环境因素是指个人在社会生活实践中受到的各种人为因素的限制与阻碍，包括政治、经济、法律、道德、宗教、风俗习惯以及人际关系等方面的挫折。此外，还包括管理方式的不妥、教育方法的不当，以及缺乏良好的设施等。

（3）学校环境的影响

有的高校校园环境设施简陋陈旧，校园文化品位不高；教育体制的改革带来的冲击，如奖学金和贷学金制度的改革，“双向选择、自主择业”毕业分配政策的实施等。

（4）家庭环境因素

部分大学生的不少心理问题是与家庭生活的不良背景、早期不良家庭生活经历联系在一起的。

2. 主观因素

挫折的主观因素即个人内在原因，是指由于个人在生理、心理以及知识、能力等方面的阻碍和限制，使个人的需要和目标不能满足和实现而产生挫折。

（1）生理因素

生理因素指个体与生俱来的身体、容貌、健康情况、生理缺陷等先天素质所带来的限制。例如：近视眼者想当飞行员或身材矮小者想成为优秀的篮球运动员，必然受到限制；患高血压或心脏病者难以到空气稀薄的高原地带工作；有志于报考医学院的学生因为色盲不能被录取而备感沮丧和无助；人际交往等社会活动中可能由于其貌不扬而处于劣势，往往无法在社交场合中潇洒自如，谈笑风生，展示自己的才能，甚至正常交友也受到影响，使自己陷入孤寂境界等。上述这些情况都可能给大学生带来挫败感。

（2）心理因素

产生挫折的心理因素比较复杂，主要包括以下几种：自我认知偏差；独立精神不够，不适应生活环境；自我期望值过高；人际交往不适；动机冲突；青春期性的困惑等。

从需求动机上区分，大学生的动机冲突主要有4种形式：一是双趋冲突，即“鱼和熊掌不能兼得”；二是双避冲突，即“二者必居其一”；三是趋避冲突，即“进退两难”；四是双趋避冲突，即“左顾右盼，难以抉择”。

（八）提高挫折承受力

1. 挫折承受力的含义

挫折承受力指个体遭受挫折后，能够适应、抵抗和应对挫折的能力，是个体在遇到挫折情境、经受挫折打击和面对各种压力时，摆脱和排除困境而使自己避免心理与行为失常的一种耐受力。这种能力是后天习得的。

2. 影响挫折承受力的因素

①生理条件：健康者更强，体弱者更弱。

②以往的挫折经验。

③对挫折的认知判断。

④个性特征。

⑤个体所意识到的社会支持。

3. 增强挫折承受力的方法

①做事前要有心理准备。

②期望值要适当。

③以积极态度面对挫折：重组知觉判断，减轻挫折感；巧用升华，转移挫折的压力。

④在生活中锻炼自我，增强自信，提高挫折阈。

⑤积极寻求帮助。

（九）挫折疏导的方法

挫折疏导的方法有情绪宣泄法、代偿迁移法、合理认知法、心理咨询法等。

八、性与心理健康

通过性心理知识的学习，可以解决大学生因性认知不足带来的困惑，能使大学生正确认识性冲动。高校心理健康教育工作应努力矫正大学生中一些性变态问题，促进大学生的性心理健康发展。

（一）性心理健康是心理健康的重要构成

世界卫生组织认为，性健康表现为“通过丰富和提高人格、人际交往和爱情的方式，达到性行为在肉体、感情、理智和社会诸方面的圆满和协调”。笔者认为，性心理的实质是主体生理物质条件与社会化环境相互作用的结果，而性心理一旦达到了个体的“成熟阶段”，它就会具有相对的独立性。性心理是指围绕性特征、性欲望和性行为而展开的所有心理活动，是由性意识、性感情、性知识、性经验、性观念等构成的。行为主体的性心理是建立在个体脑组织、内分泌和性器官的成熟以及性法律、性伦理道德、性文化等一系列因素构成的性社会环境基础之上的。个体性心理的发育、演变，要经历性角色、性取向、性价值观念等方面的形成和演变过程。性心理是人格的重要构成部分，性心理健康也是心理健康的重要标志。

因此，每个人都存在性心理健康与否的问题。性心理健康表现为行为主体具有良好的性伦理道德观、性阈限水平适度、面对各种不良刺激和诱惑有较好的自制力、在工作和生活的方方面面能够与异性建立起积极有效的关系、自身性行为和节律符合健康要求。

（二）性心理健康问题不容忽视

性是人类最基本的生物学特征之一，同时，人类的性又是社会的性，人类所有的性行为、性心理无不具有特定的社会属性。

性意识（广义的）又伴随每个人从刚出生的婴儿发展到耄耋老人，直至死亡的整个人生过程。在正常的情况下，在人生发展的不同阶段，人都会产生不同形式和不同程度的性要求。尽管正常的成年人都存在合理的性要求、性冲动，但社会的发展要求人必须将自己的性要求、性冲动纳入社会规范之内。人类对性器官和性行为所产生的私密性是人类进步和两性关系文明发展的结果。正是由于性对于社会和每个人所存在的普遍性、重要性和长期性影响，以及本能的冲动性和秘密性与社会规范之间的矛盾冲突，就可能导致不同的性心理健康问题的发生。

1. 性犯罪所反映的性心理健康问题

性犯罪是侵犯公民人身权利的严重犯罪行为。近年来，尤其是在青少年、流动人口和老年人中间的性犯罪发生率一直令人关注。目前，性犯罪发案率位于盗窃、抢劫之后，居第三位，在侵犯公民人身权利的犯罪中居首位。我们在性犯罪案件中明显地可以看到，犯罪主体缺乏良好的性伦理道德观，自制力和性阈限水平都存在问题。

2. 心理症和心理问题所反映的性心理健康问题

当前，在心理咨询工作案例中心理症、青春期问题、婚恋情感问题大约各占 1/3 的比例。

青春期心理的出现是以脑组织、内分泌和性器官的发展成熟为基础的，尤其性成熟被认为是青春期来临的主要生理界标。女孩子月经的来临、男孩子遗精现象的出现、性意识的出现，这是他们从来未曾经历过的。许多孩子会为此而感到困惑、紧张、焦虑和不安。与此同时，他们认识事物的能力迅速发展，形成了自己的价值观和对事物的评价。可是由于他们阅历、经验、知识水平、能力各方面的欠缺，他们对事物的评价判断和对各种问题的处理总是出现偏差，自我期望值与现实生活的差距，往往会增加一些人的心理压力。虽然青春期问题多数只是过渡性、发展性的问题，许多问题能够很快得到解决，但他们这些问题的解决恰恰又与性心理的健康发展呈密切正相关关系。

心理症又称为神经症。精神分析理论认为，在神经症冲突中，由于自我力量的减弱不能完全抑制无意识的冲动，自我便使用精神防御机制这个特别技巧对急于要表现的性冲动加以化装，两种冲突中的力量取得妥协，以神经症的形式表现出来。神经症就是妥协的产物，这里神经症代替了直接的性变态，以达到性本能冲动的幼稚的满足。神经症症状的出现等于免除了幼稚性欲的直接表现，用神经症症状代替了变态的性行为。所以弗洛伊德说："神经症是性变态的否定。"有些学者不同意或部分地不赞成精神分析的上述理论，但这并不妨碍在心理咨询实践中感受到心理症咨询者所存在的性心理健康问题。

（三）开展性教育提高全社会性心理健康水平

由于人生来就具有性的差别和性的要求，并且保持终身，因此，如何认识和对待性的问题，不仅与一个人的道德的形成和发展有密切的关系，而且与其一生的生活质量休戚相关。性教育既不是单纯的性知识传授，也不是杂乱的信息渗透，而是指用有关人类性问题的科学态度和科学知识武装人们的头脑，使人们在性问题上有高尚的感情，保持正常的两性交往；有正常的性生理和性心理发育；懂得恋爱、婚姻的真正意义。性教育是人格教育的重要内容。

开展性教育，提高人们的性心理健康水平，是全社会的工作，应当包括：家庭性教育、学校性教育、媒体性教育、各种专业机构（心理咨询和性治疗门诊）性教育、各种群众团体（共青团组织和妇联组织）性教育、社区组织等支持系统性教育等。其中，家庭和学校性教育尤为重要。只有综合、立体、积极地开展正确的性教育，才有助于人们形成正确的性认知和性伦理道德观，保持性心理的健康。

九、恋爱与心理健康

通过恋爱心理知识的传授与分析，可以帮助大学生认识和掌握与异性交往的知识及技巧， 处理好各种由于恋爱而带来的困扰，培养大学生爱的能力和道德责任感，使他们成为自立、自爱、自尊、自强的人。

（一）正确对待恋爱

大学生要正确处理好恋爱、学业、事业三者之间的关系。恋爱是人生的一件大事，但并不是人生的全部。大学生应该以学业为重，因为学习是大学生的主要目的。事业高于爱情，大学生应以事业为重，不宜过早地恋爱。但也不要认为爱情是事业的绊脚石，处理得好的话，爱情也能对事业起到催化作用。

（二）培养爱的能力

爱的能力包括以下几种。

1. 迎接爱的能力

如果一个人心中有了爱就要敢于用正确的方式表达；面对别人的示爱要能够正确取舍，并及时做出接受或拒绝的选择，能够承受求爱被拒或拒绝别人的求爱的心理困扰。

2. 拒绝爱的能力

大学生对于自己不愿意接受或认为不值得接受的爱情应有勇气拒绝。拒绝时应注意两点：①如果不希望爱情到来，拒绝的语气要果断坚决，容不得半点优柔寡断，否则对对方造成的将是更大的伤害。②要掌握恰当的方式，要掌握说话的方式和度。虽然每个人都有拒绝爱的权力，但是也要做到对别人起码的尊重。

（三）正确处理恋爱挫折

1. 正视现实

失恋之苦在于一个“恋”字，爱情是双向的、相互的，是以双方的爱情为基础的，失去任何一方，爱情都会失去平衡。这时失恋的一方无论对另一方爱得有多深，都是不现实的了，理智的大学生应该学会正视现实。

2. 换位思考

要设身处地地为对方着想，这样做有助于自己理解对方终止爱情的原因，有助于自己接受失恋这一痛苦的现实并及早走出失恋的阴影。

3. 感情上的宣泄

不要过分地隐藏或压抑失恋带来的痛苦，要找适当的方式进行宣泄。通常宣泄的方法有以下两种。①眼泪缓解法。在悲痛欲绝时大哭一场，可以使情绪平静。心理专家认为，眼泪能把有机体在应激反应过程中产生的某种毒素排出去。②向他人倾诉。可以向信任的师长、同学、朋友等诉说自己心中的烦恼，也可以写日记或写信将自己的情感宣泄出来。如果感觉心中的积郁实在太深，自己实在无法排解，也可以找心理咨询师进行心理咨询。

（四）端正恋爱动机

爱情是人类永恒的话题，而爱情观则是一个人面对爱情应有的态度、观点和方法论。一个人，特别是大学生如何树立正确的爱情观呢？在以往，这个问题较少被论述，甚至很少被提及。然而，随着社会的进步，大学生恋爱已经变得十分普遍，他们不可避免地要面对如何看待爱情、如何处理爱情的问题。爱情从根本上说，是一种精神层面的活动，即一种意识活动。与其他人类意识一样，它起源于物质，爱情从根本上源于人类男性与女性之间为生育后代而进行的物质性活动。爱情出现之后，就用来指导物质层面的活动。也就是说爱情超越了两性为生育后代在纯粹肉体上的那种物质性交流，而是使得男性和女性在精神层面进行进一步的接触、交融和交汇，最终实现两性关系整体的和谐。从这个结论来说，只有真正实现了意识层面之上的精神交流才能称之为爱情。其目的如果用经济学的话来讲，就是物物交换、市场交易。作为大学生就应该树立积极的爱情观，不要将爱情观定位为以物质为基础的情感，那样的情感称不上情感，只是一种交易行为。

十、网络与心理健康

21 世纪的中国已全面进入网络社会，而大学生又是网民的主力军，他们中的大多数抱着求知、学习、交友的心态投身网络虚拟世界。通过开展网络心理健康教育，大学生能把握好虚拟与现实的关系，使用网络时能够保持积极的心态，离线时能够保持心理的平衡，有正常的人际交往，而不会沉迷其中。

（一）网络对大学生心理的积极影响

1. 网络对大学生学习心理的积极影响

网络的发展引起了教育方式的历史性变革，对大学生学习产生了巨大影响。一方面，网络激发了大学生的好奇心和求知欲，满足了他们探索和了解外部世界的需求。大学生处于青年期，对知识如饥似渴，有着积极探索外部世界的心理倾向。网络世界是一部百科全书式的资源平台，它以广阔的空间、丰富的信息资源、方便快捷的搜索方式、轻松自由的氛围，激发了大学生对新生事物的好奇心，满足了他们探索和了解世界的需求。另一方面，网络产生的虚拟学习行为改变了学习行为的时空概念。网络教育学习平台是学生与教师的另一个交流场所，其实质是一个新型、动态、开放的网络教育交互式学习平台。如医学专业的学生可在虚拟实验中进行解剖，弹药工程专业的学生在网络上做爆破实验绝无危险，金融专业的学生可通过虚拟股市学习股票交易知识等。学生在教师的协助和指导下，从学习实践中自主发现问题、探究问题并解决问题。

2. 网络对大学生人际交往心理的积极影响

进入大学校门，大学生远离了昔日熟悉的老师、同学和家人，来到一个全新的环境，这既让他们感到新鲜，又让他们对这陌生的环境感到无助。渴望与人交往、渴望获得友谊，是大学生的普遍心理。但只注重文化知识教学的中学教育，忽视了对学生社交技能的培养，使其社会交际能力欠缺，这与他们渴望与人交往的心理相冲突。而虚拟的网络给大学生提供了一个安全的平台，在这里他们可以敞开心扉，通过与网友的交往，可以使他们隐藏于内心深处的交际需要得到满足。调查显示，有39.7%的学生曾与网友见过面，其中，11.2%的学生常与网友见面。在大学生的各类朋友中，网上认识的占57.6%，老同学占28.3%，生活中结识的占14.1%。在网上，他们可以突破时空的限制，和天南海北的甚至地球另一端的网友聊天，扩展了他们的交往范围，满足了他们渴望交友的心理需求。

（二）网络偏差行为

网络的使用是一把双刃剑，网络带来的种种便利具有积极的影响，但是面对这个利器，还有很多问题是需要引起大家关注和急待解决的。网络导致诸多大学生的行为产生偏差，诱发了大学生生理、心理疾病，严重影响了大学生的身心发展。上网时间过长，会使大脑神经中枢持续处于高度兴奋状态，引起肾上腺素指标异常增高，交感神经过度兴奋，血压升高。这些改变可引起一系列复杂的生理和生物化学变化，尤其是自主神经紊乱、体内激素水平失衡，会导致免疫功能下降，诱发多种生理疾病，如心脑血管疾病、胃肠神经官能症、紧张性头痛、神经衰弱等。同时，由于眼睛长时间注视电脑屏幕，视网膜上的感光物质视紫红质消耗过多，未能及时补充其合成物质维生素A和相关蛋白质，会导致视力下降、眼痛、怕光、暗适应能力降低等。此外，长时间受到电脑的辐射也会对身体造成伤害。长期沉迷于网上冲浪、网络游戏，有可能导致大学生思维能力的弱化，同时也占用了大量学习时间。近年来，大学生因长时间沉湎于网络而导致旷课，甚至挂科过多的现象，使得因此而退学的人数比例占到退学人数的50%以上。同时，大学生长期处于网络虚拟环境中，容易罹患网络性心理障碍，出现网络行为偏差。

1. 网络成瘾综合征

“网络成瘾综合征”，也称为网络性心理障碍、网络综合征、网络依赖，是指“网络使用者在线达到一定的时间量且反复使用互联网，其认知功能、情绪情感功能以及行为活动甚至生理活动已偏离现实生活，受到严重伤害，但其仍不能减少或停止使用互联网”。网络成瘾是重复地使用网络所导致的一种慢性或周期性的着迷状态，并且带来难以抗拒的再度使用欲望，同时对上网带来的快感一直有生理及心理依赖。也就是说，因为网络的许多特质带给使用者快感，同时又因为很容易重复获得这些愉悦的体验，使用者便在享受这些快感时渐渐失去了时间感，一方面逐渐对网络产生依赖，另一方面导致沉迷和上瘾。据悉，中国青少年网络成瘾综合征发病率高达15%，人数多达244万，互联网已成为部分青少年的“电子海洛因”。他们对网络的使用有强烈的渴望或冲动。当减少或停止上网时，他们会出现周身不适、烦躁、易激动、注意力不集中、睡眠障碍等戒断反应。

根据心理学测试统计结果，所有服食毒品的人都存在不同程度的心理障碍，如焦虑、忧郁等。而迷恋网络游戏的人经过测试后，其结果也无一例外地显示其具有心理障碍问题。网络游戏往往都含有血腥、恐怖、枪战、搏杀、色情等内容，很容易使沉迷其中的人产生性格孤僻、不合群的心理缺陷，轻者染上网络成瘾症，重者甚至走向犯罪。上海心理学专家郭莲舫指出，沉溺于网络游戏难以自拔，其危害等同于毒品成瘾。

2. 网络焦虑症

网络焦虑症主要是指使用者在触网后由于缺乏网络知识，对于五花八门、眼花缭乱的电脑书籍和软件不知从何学起，担心被他人嘲笑或被社会淘汰而造成的紧张和焦虑的不适应状态。畏惧感和无所适从的焦虑心理在网络使用者中也很普遍。

3. 网络孤独症

网络孤独症是指，上网未能消除孤独感，反而因为触网而引发或加重了原有的孤独感等不良的心理状况。有些大学生终日在网上漫游，减少了现实中人与人之间的交流，其社会交往程度被大大地削弱了，于是与周围人群的感情联系日渐减少，生活的情趣也开始被消磨，内心枯燥而空虚，慢慢失去了对快速变动而丰富多样的现实生活的感受力和参与感，堕入了情感交往的“网络漂移”症旋涡，出现了“精神真空”。网络孤独往往导致人们患上“社交恐惧症”，若不克制，持续发展下去将会演化成自闭症。

4. 网络身份迷失和自我认同混乱

在现实生活情境中，大学生一般都始终如一地扮演着自己的角色，但在网络交往中则不然，网络所提供的是各种虚拟情境。长期沉溺于网络的大学生会迷失身份，逐渐迷失现实生活中的“真实自我”，角色混淆，变得无所适从。但在网络里，个体表现可能和现实生活中截然不同，现实生活中一个内向、不善言辞的人在网络中可能变得异常幽默风趣，一个胆小怕事的人可能在网上“叱咤风云”。美国心理学家艾里克森指出，青少年面临的是“同一性与角色混乱”的矛盾。同一性混乱是指个体不能正确选择适应社会环境的角色。角色混乱是指个体不能正确选择适应社会环境的生活角色。自我同一性对个人的社会化起着很重要的作用。如果没有形成自我同一性，就会导致同一性混乱或形成消极同一性。消极同一性，即与社会目标相背离的同一性。其危害不言自明。

（三）网络心理障碍调适

互联网对人们的生活、学习特别是人们的心理产生了重大的影响。我们应积极理性地认识网络，科学地使用网络。大学生应当积极参加校园文化及健康有益的活动，合理安排上网时间；增强交流沟通的信心，体验现实中人际交往的快乐，从而重建自信，摆脱“瘾症”。此外还要培养网络道德，自觉做到遵纪守法，文明上网。

1. 正确认识、了解互联网的心理影响

网络的出现克服了时空距离的障碍，使得人与人之间的沟通更加便利，网络的虚拟性在一定程度上让人们获得了平等和自尊；网络的发展使得人们能够更加直接、便捷地获得大量而有效的信息，足不出户就可以遨游浩瀚的知识海洋。但是网络的虚拟性、随意性和隐匿性导致了现实生活中非道德现象的滋生和人与人之间的信任危机。虚拟化的交往最终会导致人们对社会现实感到悲观失望、道德情感冷漠和个体责任感缺失。网络中不同的文化形态和思想观念很容易使大学生陷入迷茫的境地，从而导致价值观的倾斜。如一些不良思想很容易使人迷失自我，对未来丧失信心。只有真正清楚、全面了解了互联网才能趋利避害。面对光怪陆离、真真假假、充满诱惑的网络世界，大学生应该树立正确的世界观、人生观、价值观，提高明辨是非的能力，增强对网络糟粕的识别和警觉能力，对网络信息能进行有效的选择和接收。

2. 信任自我、掌控自我、摆脱依赖

过分依赖网络的大学生，常常是在现实中比较自卑、缺乏自我价值感和成就感的人，他们或者不敢与他人交往，或者不会与他人交往，内心十分孤独，他们渴望交到知心朋友。网络给他们提供了这样一个平台和机会，他们在网络上通过虚拟的自我来获得平时在日常生活中缺少的东西。比如自己不漂亮却说自己漂亮，这样就能寻求到自尊的满足。但是网络并不是避风港，从网络中获得的心理满足只是暂时的，快乐也是暂时的，因为问题并不会就此消失。当回到现实时还是要重新面对真实生活中的自己。

外界很难改变，也是无法操控的，但是自己的心理世界是可以建设、可以操控的。一个人要融入社会，要在社会中找到自己的立足之地，需要主动做出努力，而不是逃避。作为大学生，只有信任自我，增强自信，以积极的态度去面对现实生活中的困难，才是解决问题的根本途径。充分信任自我是必要的，

大学生本来就是天之骄子，是同龄人中的佼佼者。大学生可以通过参加各种自己感兴趣的社团或者课余活动，发挥自己的长处，在学习和活动中不断磨炼自己，提高自身的综合素质。首先，大学生要提醒自己，网络只是一种资讯工具，上网也可以成为一种娱乐方式，但是不应该成为光阴悄然的谋杀者。所以大学生应该给自己制订一个上网计划，使上网具有时间性和目的性。具体的做法是，当面临上网与否的选择时，拿出自己的计划表，提醒自己今天的学习任务有没有完成，还有没有更重要的事要去做；需要上网前明确目标，把具体要完成的学习任务列在纸上，估计一下时间，并附上自己的座右铭对自己进行监督。以保证有针对性地浏览信息，避免成为"网络上的迷途羔羊"。其次，大学生还要控制上网操作时间。每天操作累积时间不应超过 2 个小时，连续操作 1 小时后休息 10 分钟左右，有效地控制自己的上网时间。最后，应设定强制关机时间，准时下网。通过规划自己的学业生活，合理安排上网时间，不断提高自己的自制力，做网络的主人。

3. 打造良好的人际关系，享受真情、超脱虚空

大学生都渴望自己成为最受欢迎的人，网络打破了传统的时空观，创造了一个有利于交往和建立友谊的环境。但网络交友只是人们传统交友方式的一种延伸和补充，它无法完全替代现实中的人际交往。因此，在热衷于网络交友的同时，大学生应该清醒地区分虚拟世界和真实生活的不同，提醒自己不要忽略了与同学、朋友的相处。大学生要多参加集体活动，积极参加有利于提高沟通技巧、改善人际关系的培训课程，多与同学沟通，尤其是同寝室的同学、同专业的同学，真诚地敞开心扉，提高自身的交往沟通能力，拓展人际交往圈，打造良好的人际关系网；要学会在现实中从同学、朋友那里寻找信任和支持，充分体会现实世界的意义。在遇到困难挫折的时候，首先向周围的同学、朋友、老师求助。大学生要建立和谐、亲密的人际关系还应当注意以下几点：①必须尊重他人，尊重他人的人格、习惯和价值观，只有尊重他人才能赢得他人的尊重。②与他人交往时要保持真诚的态度，只有这样才能相互理解、接纳、信任，彼此在情感上才能产生共鸣，才能使交往关系得到巩固和发展。③不要对小事斤斤计较，要忍让和宽容。④尽量设身处地为他人着想，多关心和体恤别人。⑤人与人之间的交往要讲求诚信，与他人交往时要做到言必信、行必果，言行一致，遵守诺言。人际交往的技巧是后天习得的，没有人是天生的交往高手。所以在交往过程中，大学生要抱着积极学习的态度，认真体会；要不断完善自

己的性格，使自己变得更加主动、大方、热情和真诚。只有这样才能使自己的人际关系变得和谐起来。

4. 提高心理素质水平，培养成熟的心理防御机制

生活的主旋律是磨难与成长，每个人的成长都不会是一帆风顺的，挫折和困难总是和我们不期而遇。面对生活中的种种失意与挫折，我们要学会辩证地看待问题，积极调节自我心态，提高心理承受能力，敢于面对困难并克服它。

有研究表明，网络心理问题与人格因素有关，一定的人格倾向容易导致个体网络成瘾。因此，大学生要不断完善自己的个性，提高自己的心理素质水平。学会合理宣泄情绪，提高适应能力，只有这样才会形成成熟的心理防御机制。宣泄即找一个对象进行酣畅淋漓的倾诉，把心里的痛苦一吐为快。只要能把心里的不快说出来就能达到一定的调适目的。学着用转移和替代的方式摆脱对网络的依恋，用自己的爱好和其他休闲方式转移自我的注意力，游泳、爬山、打球、下棋等方法都可以有效地转移注意力，培养积极健康的生活方式。升华是替代作用的一种表现形式，对调节因挫折引发的心理不适具有良好的作用。在个人需要不能得到满足而遭遇挫折的情况下，大学生应尽快设立一个新的目标，使受挫后的压抑心理转化成为新目标奋斗的动力，从而使不良的心理反应得到升华。

5. 增强抗体，远离“黄毒”

“性”本来是人的天性之一，是人间美好的东西之一。人类的繁衍生息都有赖于它。大学生对性知识的渴求与需要本无可厚非，对于异性的追求也是自然的现象。但是在面对网络林林总总的性解放观念与信息时，大学生如何维护好性心理健康，防止“黄毒”显得尤为重要。

首先，大学生应当对“性”有一个科学的认识。性不仅具有生理性、心理性，同时也具有社会性。除了生理特征，性还包括角色认同、恋爱婚姻等诸多心理方面的特性。大学生首先应该系统而科学地学习性知识，这样才能消除自身的性禁忌，减少性的神秘感，降低性抑制。其次，大学生要培养健康的人格。大学生在两性交往中要树立自信心，勇于接纳自己的外貌和生理特征，发挥自己的个性品质，展现自身独特的魅力。作为大学生还应当正确对待手淫、性梦等正常的生理现象，通过健康有益的文体活动和适度的两性交往来缓解自身的性压力，正确调控性冲动，自觉抑制“黄毒”侵害。

6. 向心理咨询中心主动求助

据了解，沉迷网络或网络成瘾的大学生，往往因为自己承受很大的心理压力，大多比较敏感，对现实抱有退缩和逃避的心理，不愿主动寻求他人或心理咨询中心的帮助，因此，网络成瘾的大学生大多是被老师和周围同学发现后带到心理辅导中心接受咨询。心理咨询老师会根据他们的成瘾程度，从专业角度采取必要的心理咨询和干预措施。帮助他们分析上网的动机和情结所在，让他们充分认识上网的诱因，并制订改变的计划。因此，沉迷网络或网络成瘾者要鼓起勇气，不要逃避，积极主动向心理咨询中心求助，尽快摆脱“瘾症”，回归积极健康的大学生活。

网络能带给我们丰富的知识和信息，带来愉快和欢乐，让我们的生活多姿多彩。然而，它也可以使我们沉沦，使我们虚度光阴，使我们消磨意志而受到“病毒”的威胁和毒害。网络本身无所谓好坏，关键是我们如何利用它、驾驭它，为我所有。

十一、择业与心理健康

高校心理健康教育工作者通过对大学生进行职业生涯规划知识的教育，让大学生从入校第一天开始就致力于探索自己的职业定位，结合自己的兴趣、能力、性格、专业等情况，不断地评估、反馈、修正自己的职业设计，等到毕业择业时，他们便能顺利地向社会过渡，找到一个与自己能力相匹配的工作。

（一）生涯的含义及特性

生涯一词，对应的英文为“career”，牛津词典解释为“职业、事业”和“生命的历程”。在希腊语中，“career”一词最早为动词，意为驾驭赛马，隐含疯狂竞赛之意。可见，在西方，“生涯”意味着比赛，是一个充满了“未知、冒险、克服困难”的历程。因此，“生涯”最基本的含义是某种行业由下而上的晋级，即所谓狭义的“职业生涯”。

随着人们对“生涯”理解的深入，目前，生涯的意义已经超出了工作或职业的范围。美国著名生涯教育专家唐纳德·E. 舒伯对生涯的看法得到了人们的普遍认同，他认为：生涯是生活里各种事态的连续演进方向。它统合了人一生中依序发展的各种职业和生活角色，由个人对工作的投入而流露出独特的自我发展形式。它也是人生自青春期直到退休之后，一连串有酬或无酬职位的综合。除了职业之外，还包括任何和工作有关的角色，如学生、受雇者、领退休金者，甚至也包含了副业、家庭、公民的角色。美国国家生涯发展协会对生涯下了一个简明的定义：个人通过从事工作所创造出的一个有目的的、延续一定时间的生活模式。这个定义基本概括了舒伯对生涯的认识。

综合以上看法，我们可以看出生涯具有如下特性。

1. **发展性**

生涯的发展性意味着在一定的时间和空间内，生涯处于变化和发展的动态中。首先，纵观人的一生，生涯可以看成个体在一个个不同位置上彼此影响的依次前行，具有一定的发展方向和时间秩序。其次，在某一时间段，个体的生涯呈现出不同角色的组合。比如，作为一名大学生，主要的角色是学生，但同时也是父母的孩子、同龄人的朋友、社团中的工作人员等。这些角色的组合变动不居，会随着时间的推移表现出发展的特性。

2. **独特性**

生涯的独特性是指具体到每个人，其生涯发展是独一无二的。即使两个相同大学、相同专业的学生，毕业后从事着相同的工作，他们的生涯也必然呈现出不一样的特色。这种独特性在于人本身具有独特性，即便其在种族、性别各方面一致，也会因为遗传、性格、气质的不同而创造不一样的生涯。

3. **现象性**

在著名生涯辅导专家金树人看来，“生涯”与每个人“如影随形”，却又“视而不见”。之所以“如影随形”，是因为它与人们的发展经验密不可分；之所以又“视而不见”，是因为一旦我们想去清晰地勾画它的轮廓，又觉得影像模糊。所以生涯是个人主观意识的认定，只有个体有意识地觉知了自己生涯的状态，生涯才显示了它的存在。

4. **主动性**

生涯不是一个被动的、自发的过程，生涯的主动性意味着人是生涯的主动塑造者。尽管社会变迁、技术发展、经济水平、政策倾向等外在因素无不影响个人生涯的发展，但人的主动行为，依然是创造个体满意的生涯所必备的条件，且这一内因具有决定性作用。

（二）生涯规划的含义及特征

什么是生涯规划？在生涯理论发展的不同阶段研究者有不同解读。在美国“生涯辅导之父”弗兰克·帕森斯看来，生涯规划就是职业选择，经过以下3步后即完成了生涯规划：①认真地自我评估；②考察所有可选择的机会；③仔细推敲做出选择。

随着生涯理念的转变，人们对生涯规划的认识也出现了变化。在舒伯的理论中，生涯规划是个体自我概念确立的过程，即个人通过职业选择来寻求自我概念的实现。在生涯规划的认知信息加工理论看来，生涯规划是大脑的认知信息加工过程，个体收集了“自我知识”“职业知识”之后进行加工，在元认知监控下，决策技能帮助个体做出合适的选择。

整合以上看法，我们认为，生涯规划是个人在实践中认识自我，结合外在条件，逐步确定生涯发展方向、设计生涯发展路径，并在行动中反馈、修正，最终达成目标的过程。

从上述定义可以看出，生涯规划不是人们通常理解的一成不变的计划，它具备以下特性。

1. 现实性

生涯规划的现实性告诉我们，生涯规划不能随心所欲，必须紧密结合现实情况。比如毫无电视主持经验的曾子墨，一开始主持的就是财经新闻节目，播报当天股市情况。这不仅和她原来所学的金融专业密切相关，也因为新闻多以事实播报为主，不必临场发挥，对人的应变能力要求较低，这使得她能很快适应，并为她后来主持社会访谈节目打下了基础。

2. 动态性

生涯规划需要与时俱进，在有所坚持的前提下适时调整，是生涯规划动态性的最好体现。一成不变的规划必然会被“计划赶不上变化”的现实所淘汰，这本身就远离了生涯规划为人服务的本质。当然，生涯规划的动态性也不是鼓励大家“一天一个主意”，其中有所坚持的部分被称为“职业锚”，由美国著名的职业指导专家埃德加·H. 施恩提出，是指人们选择和发展自己的职业时所围绕的中心，是无论如何也不会放弃的价值取向。前述案例中曾子墨前后职业变动看似差异巨大，但其中有一点未变，那就是“专业性”。运用专业知识、成为专业人才，这就是职业锚的体现。大学生生涯规划的过程也就是发现自己职业锚的过程。

3. 整合性

从对生涯的最新认识可以知道，生涯规划是以职业规划为核心的人生的整体规划，除了职业，还需要涉及学习、休闲、家庭、人际交往等各个方面，因而具有整合性。成功的生涯规划意味着需要具有统合的思考能力，任何偏废都可能影响生涯整体的发展。比如，职业健康心理学家通过研究工作与家庭的平衡，发现无论是哪个领域发生冲突，都会对另一个领域的发展造成难以逾越的障碍。

（三）大学期间生涯规划的制定

大学，作为生涯发展的重要阶段，大学生如何对这一阶段的学习和生活进行规划，是其生涯规划任务中首先面临的问题。然而，并非所有大学生都有这个意识。因此，学习如何规划大学生活，是大学生首先需要掌握的重要技能。

（四）大学生求职择业的心理准备

择业的心理准备是指求职者在就业前对求职择业目标的自我定位，对择业过程中可能出现的各种情况所做的估计与评价，以及为了解决这些问题而建立的思想观念和心理活动。许多大学生求职择业及个人发展的经历、经验告诉我们，良好的心理准备是一种平衡器，它可以使求职者坦然面对各种择业机会并能充分发挥自己的智慧和能力，是大学生走向成功的基石。择业的心理准备不同于其他心理准备，它需要一个漫长的过程，贯穿于整个大学生活，是一个全方位、全过程的准备，具体包括健康的心理素质和良好的择业心态。

1. 健康的心理素质

大学生要适应社会未来的需要，就应当提前做好择业的心理准备，具体应从以下几个方面着手。

（1）勇于竞争的意识

竞争已成为现代社会的主旋律，在市场经济的大潮中，竞争给生活注入了无限的活力。大学生应增强竞争意识，不是坐等工作找上门，而是凭自己的实力和勇气去参与竞争，为自己谋取一份合适的工作。因此，大学生要有意识地培养自己的竞争意识，摆脱被动依赖、消极等待的状况，树立“爱拼才会赢”的观念，做好多方面的竞争准备。

首先，培养自己的竞争能力。竞争能力的培养取决于竞争意识的确立。对大学生而言，求职并没有一个固定的模式，要想在激烈的竞争中脱颖而出，就要不畏强手，发挥潜能，敢于竞争，敢于胜利。

其次，培养有利于竞争的良好性格。性格是一个人对事物所表现出来的经常性的、比较稳定的心理倾向。对于刚走出校门的大学生来说，良好性格的培养应着重在社会倾向上，即培养个人的独立性和进取性。

（2）较强的适应能力

人的本质是社会关系的总和，任何人不能脱离人群而单独存在和发展。尤其是进入21世纪以来，多变的未来环境需要大学生具备良好的应变能力和适应能力，在面临新的工作环境、学习环境及人际环境和生活环境时，大学生要能积极地投入其中并尽快地适应。具体地说，也就是对环境的适应，对职业选择的适应，对他人的适应。

（3）愈挫愈勇的精神

有竞争就有风险，参与竞争就难免要遭遇挫折。大学生在择业准备和择业过程中会面临受挫的考验，要有愈挫愈勇的精神。遭遇一次求职的失败就灰心丧气是意志薄弱的表现。郑板桥有一首名诗《竹石》说得好："咬定青山不放松，立根原在破岩中。千磨万击还坚劲，任尔东西南北风。"

2. 良好的择业心态

在求职择业过程中，除了具备健康的心理素质外，大学生还应找准自己的职业定位，即树立正确的职业理想。俗话说："尺有所短，寸有所长。"每个人都有优势和劣势，重要的是找准定位。每个大学生对自己的自身能力都应有客观的和正确的认识，只有这样，才能树立良好的心态，在求职中抓住机遇，从而避免盲目和减少失败。

（1）确定适当的职业目标

一个人的择业目标与本人具备的实力相当或接近有利于增强自信心，从而使自己在择业中处于优势地位。研究目标、扬长避短是成功择业的钥匙。

①自我评估。大学生可以根据家长、老师和同学们的评价，借助职业兴趣测验和性格测验，发现自己的性格特点及就业趋向。如自己是一个外向开朗的人还是内向稳重的人，自己对经济问题还是管理问题更感兴趣，自己擅长哪些技能，数字分析能力还是语言表达能力更突出等。

②确定短期和长期目标。长期目标一般是职业生涯的终极目标，就是梦想，但是我们要将其细化为具体的目标。如某个大学生的长期职业目标是进入国际知名管理顾问公司从事研究分析、咨询工作，具体的短期目标设立则是提高素质能力，考取一定的证书等。甚至有些目标，从一进入大学就要规划，并从自己的具体规划出发，提高自己相应的能力。

③分清楚就业、职业和事业。新东方教育集团董事长俞敏洪把工作分为3个步骤，即就业、职业和事业。就业就是找一份工作，不管你喜不喜欢干，但是，有了这份工作，可以自己赚钱，不再花父母的钱，这就是就业。就业可以是临时工作，它和你的未来发展方向可以相关也可以不相关。职业是你选择的行业，可能干一辈子。事业则是职业的更高境界，是职业对外的扩展和延伸。但其前提是，就算事业失败了，但是你依然能够回到你的职业上去。现在很多学校提出"先就业再择业"的口号，其本质就是如此。

（2）避免从众心理

大学毕业生处在择业洪流中，一些大学生的自我期望水平会受到其他择业者的影响。如果认为“大多数人钟情的一定是好工作”，其结果是人云亦云，不假思索，盲目跟从大多数人走，忽视了自己的特长，丧失了机会。同时，虚荣心、侥幸心理会使某些人改变原有的自我期望而采取不切实际的从众行为，到头来，求得一时的心理平衡，却不利于自身价值的实现和长远发展。

（3）避免理想主义

近几年来，大学毕业期望值居高不下，已经影响到大学毕业生的顺利就业。有些大学毕业生由于刻意追求最满意的结果，如高工资、优福利，而错过了就业机会，有的甚至造成就业困难。尤其是那些条件好的大学毕业生，在择业过程中，脚踩几只船，这山望着那山高，不能及时调整择业期望值，以致后来就业困难，追悔莫及。

（4）克服依赖心理

有些大学毕业生在择业过程中缺乏自信，把希望寄托在拉关系、走后门上，有的甚至由家长出面与用人单位洽谈。殊不知这样做的结果恰恰让用人单位对大学毕业生产生缺乏开拓能力、独立生活和工作能力差的印象。当今社会，挑战与机遇并存，只有在择业之初就树立自信心，敢于竞争，才能在众多的求职者中脱颖而出。美国著名人际关系学大师戴尔·卡耐基曾经说过的一段话颇有意蕴：你若不能做一条大路，那就做一条小径；你若不能做太阳，那就做一颗星星；不能以大小来确定你的输赢，但要做，就要做最好的你。

（5）培养良好的职业道德

从事一定的职业，就必须扮演一定的社会角色，承担相应的责任和义务，就不可避免地与自己在社会中的其他角色、其他方面发生关系，甚至是矛盾和冲突。职业的社会性使从业者的职业活动不仅仅是为自己的生存而劳动的单一活动，还体现着以社会分工为纽带的社会关系，必须对社会承担相应的责任。因此，遵守职业道德、敬业爱岗有重要的社会意义。敬业是职业道德最基本的要求，也是我国传统职业道德的重要内容。其基本含义是热爱本职工作，恪尽职守，讲究职业信誉，钻研本职业务，对技术和专业精益求精。

（五）消除认识自我的障碍

认识自我是一个由浅入深、由片面到全面、由感性到理性的认识过程。对于每个求职择业者而言，能否正确地认识自己至关重要。造成认识的失误和偏差的原因是多种多样的，但是最主要的原因还在于认识者自身。由于这些因素是存在于认识者的潜意识和思维之中的，因此具有隐蔽、不易被觉知的特点，成为认识自我道路上最严重的障碍。

1. 角色障碍

所谓角色障碍，是指在认识自我时，认识者受角色意识所困，太多地考虑角色的社会性，而无法顺利进行自我评价，从而影响自我认识的正确性。简而言之，角色导致个性意识萎缩。在求职择业时，角色障碍体现在无法进行自主的选择，缺乏主见，有盲从心理。最佳的角色并不是社会普遍趋同的角色，而是适合自己的特长和个性的角色。大学生在求职择业以前，必须摆脱角色障碍，进入最佳角色。

2. 心理障碍

心理障碍是指对社会现实不能正常接受与适应的心理疾病。有一些心理障碍往往是由于对现实生活的消极适应而长期积累形成的。比如，由于承受了他人不公正评价的无形压力，而自己又缺乏自信心，日子一久就会产生自卑心理，使思维、行为方式产生消极变化。又如由于连续失败的打击，而自己心理承受力比较低，随时间的推移而形成了颓废心态。大学生在求职择业时，尤其要注意克服以下几种心理障碍。

（1）自卑心理

自卑心理在认识自我的过程中会导致对自己能力估量过低，结果会使日后工作中自身的发展受到抑制。某些人就是由于自卑心理，缺乏对自己能力的自信心，因而在工作中碌碌无为，但求无过。而成功总是钟情于自信的人。被称为“世界旅店帝王”的美国希尔顿饭店创始人希尔顿曾说过：“决心成功的人，已经成功了一半。”克服自卑心理最有效的办法是“让事实来证明”，把一切怀疑、恐惧抛在脑后，立刻动手去做自己不敢做的事，经过一点一滴的成功积累，自信便会慢慢地增长，自卑的心理也就逐渐消失了。

（2）僵化心态

心理学上把这种心态称为“约拿情结”。约拿情结是自我实现的严重的心理障碍。有些人终日忙碌而成就不大，不在于自身的潜能不够，而在于意志力不够坚强。要打破这种僵化心态，必须积极地投身于新事物的创造中，同时，培养自身的竞争意识和进取意识，打破旧有的心理定式的束缚。

（3）盲目心态

对于一个不知自己将要驶向哪个港口的船员，风是不会随他所愿的。有些人雄心勃勃，这也要干，那也要干，结果难于落实，甚至一事无成。一个人无论有多大的能力，如果分散在许多目标上，难免顾此失彼；相反地，即使一个人能力很小而能集中在一个目标上，也会创造出惊人的成绩。要克服盲目的心态，首先要建立一个坚定的目标，目标一旦确定下来，就要坚定不移地朝着这个方向努力，而不要朝三暮四、见异思迁；其次要善于条理化地做事情，做到有始有终、胸有成竹，而不要瞎忙一气、不知所措。

3. **实践障碍**

实践障碍是指在实践的过程中实际工作能力与个体自我评价相背离的现象。实践障碍大致可分为纸上谈兵型、消极自卑型、依赖型等。第一种类型的人过高地评价自己，因为学了某种专业技能便自以为了不起，夸夸其谈，给人一种纸上谈兵、华而不实的感觉；第二种类型的人则是过低地评价自己，对自己的能力存在怀疑和顾虑，对社会的阴暗面则无限制地夸大，消极失望，因而在求职过程中不能清楚地表达自己的长处和想法，自然受到冷落；第三种类型的人则缺乏独立意识，过分依赖他人意见，缺乏社会实践能力，这种类型的人在竞争激烈的求职斗争中是难有立足之地的。要克服这些实践障碍，必须加强自身的实践意识，积极参加社会实践活动，将理论和知识转化成实践能力。

以上所说的几种障碍都是导致认识自我失败的因素。因此，要正确认识自我，必须在实践中不断总结学习，排除各方面障碍。只有这样，才能正确认识现实中的自我，挖掘出自己的内在潜力，在求职时获得成功。

（六）大学生就业与心理健康

1. **就业心理压力**

当前激烈的就业竞争环境使就业问题给大学生带来了较大的心理压力。据教育部统计，2020 年全国普通高校毕业生达 874 万人，同比增长 40 万人，再加上往届没有实现就业的，需要就业的毕业生数量之大可想而知。

近年来，中国的高校毕业生数量一直呈现走高的趋势。从 2011 年到 2020 年，毕业学生从 660 万增加到 874 万。由此可见，当前就业形势的严峻，使得“就业”成为当代大学生最大的压力来源。压力过大会妨碍大学毕业生的顺利就业，不利于他们的身心健康，可能会出现抑郁、失眠等症状。

2. **就业心理期望失落感**

许多大学生都有一种“十年寒窗，一举成名”的心理，因此，对择业的期望相当高。大学生大多希望到生活条件好、福利待遇高的大城市、大机关、大公司工作，而不愿到急需人才但条件艰苦的中小城市和基层小单位，过分地考虑择业的地域、职位的高低和单位的经济效益。高期望驱使他们总是向往高薪水、高职位、高起点，渴求高收入、高物质回报率，并一厢情愿地对用人单位提出种种要求，将自己就业的标准定得很高，即使找不到合适的单位也不肯降低就业期望值。

3. **就业观念不合理**

大学生的择业观念虽然在总体上倾向于务实化与理性化，但由于处于择业观念的转型过程中，因此，各种不良观念也存在着，并影响着大学生的健康、顺利就业。这些不良观念主要表现在以下几个方面：①只顾眼前利益，忽视职业发展。一些大学生的择业标准中只有工作条件、收入等眼前实在利益，而对自我的职业兴趣、职业能力、职业发展前景等因素不做考虑，因而极易选择并不适合自己的职业。②职业标准过于功利化、等级化。一些大学生过分强调职业的功利价值，甚至还将职业划分为不同的等级，而不考虑国家与社会的需要，不愿意到条件比较艰苦的地区和行业去工作。③求安稳，一次到位的传统观念根深蒂固。一些大学生仍然喜欢稳定、轻闲、福利保障好的单位，希望一次就能选定理想的职业，而不愿意选择有风险、有挑战性的职业，更不敢自己去创业。④过分强调专业对口，学以致用。一些大学生在求职时只要是与自己专业关系不密切的职业就不考虑，这样人为地增加了自己的就业难度。⑤职业意义认识不当。有相当数量的大学生仅仅把工作当成一种谋生的手段，没有充分认识到职业对个人发展、社会进步的重要意义。

4. **就业人格缺陷**

（1）自我同一性混乱

有许多大学生尚未达成自我同一性，对自己的职业目标、需要、价值观及自身特点等没有明确的认识。在就业时不能正视自己的能力、素质，不能对自己有一个客观、清醒、全面的评价。因此，在职业选择时常常是茫然、犹豫不决、反复无常、见异思迁、躁动不安的，不能主动、独立地获取职业消息、筛选目标、规划职业生涯，也不能做出正确的决策。

自我同一性混乱在就业中的两个突出表现就是盲目从众与依赖。盲目从众是指在求职时不考虑自己的兴趣、专业等特点，盲目听从或跟随别人的意见以及盲目寻求热门职业的现象。持有这种心理的大学毕业生往往脱离自己的实际状况，跟在别人的后面走，如在就业市场中哪个摊位前人多他们就往哪里去，别人说什么工作好他们就寻求什么样的工作，而全然不顾自己的能力和现状，不会扬长避短。依赖是指在就业中不愿承担责任，缺乏独立意识，没有个人独立的决策能力，没有进取精神，只是依赖父母或老师、学校，甚至只等职业送上门而不去积极争取。

一些大学毕业生自己不去找工作，只等着父母和亲朋好友出面四处奔波，到处找关系、托人情，甚至还怀恋过去那种统包统分的制度，希望学校解决就业问题。有的大学毕业生当别人为自己找的工作不合心意时就大发脾气，抱怨父母或学校。还有不少毕业生由家长陪着参加供需见面会，职业的好坏完全由父母判断，缺乏自主择业的能力。

（2）就业挫折承受力差

一些大学生在求职时只想成功，一旦遭受挫折就会像泄了气的皮球，一蹶不振，陷入苦闷、焦虑、失望的情绪之中不能自拔。他们对求职中的挫折既缺乏估计，也缺乏承受能力，不能很好地调节自己的心态，也不会通过总结求职中的经验教训来获得下一次的成功。

自主择业给大学生提供了就业的自由及通过竞争获得理想职业的机会。应该说这也是大多数大学生所期望与认可的。但当大学生真正面对激烈的竞争环境时，也有许多人表现出缺乏信心、缺乏勇气，求职时战战兢兢、顾虑重重、畏首畏尾，不敢大胆自荐。结果是有压力没勇气，不能真正向用人单位展现自己的竞争实力，错过机会，在竞争中陷入不战自败的境地。

（3）自卑与自大

一些大学生在求职中常会产生自卑心理，对自己评价偏低，他们总是以为自己的水平比别人差。就业中的自卑心理一般产生于以下一些情况：首先，一些冷门专业的学生看到就业市场寻求自己专业的单位少、待遇差或在求职中遭冷遇，就容易悲观失望；其次，一些性格比较内向、不善言辞的大学生看到其他应聘者口若悬河，自己什么也说不出来也会自惭形秽；再次，一些在校成绩与表现一般的大学生看到别人的自荐书上奖励、证书、成果一大堆，自己什么也没有，也容易自我贬低；最后，一些女大学生在求职时遭受到用人单位的歧视后也会自怨自艾。总之，自卑的大学生不敢正视现实，对自己的长处估计不够，怀疑自己的能力，不善于发现适合自己的职业岗位，在对自己的抱怨、贬低中失去了求职的勇气。

（4）偏执与人际交往障碍

大学生就业中的偏执心理有不同的表现。首先是追求公平的偏执。要求公平的竞争环境，对一些不良的社会风气感到气愤是正常的，但有一些大学生却表现出对公平的过分偏执，以至于给自己的整个求职过程都笼罩上了心理阴影。其次是高择业标准的偏执。大多数大学生对求职有过高的期望，部分大学生固执己见，偏执地坚持自己原来的择业标准，甚至宁愿不就业也不改变。最后是对专业对口的偏执。一些大学生在就业时过分追求专业对口，不顾社会需要，无视专业的伸缩性、适应性，只要是与专业有出入的工作就不问津，只要不能干本专业就不签约，人为地减少了自己就业的机会。

有些大学生缺乏基本的人际交往能力。比如，有的大学生在求职过程中过于怯懦、紧张，不敢在用人单位面前表现自己，甚至连面试也不敢去，常常一开始就面红耳赤、语无伦次。还有的大学生在求职中不会察言观色，不懂得照顾别人的感受，不懂人际交往的礼貌礼仪。

（七）就业心态问题

1. 过度焦虑与急躁

求职择业时许多大学生希望谋求到理想的职业，担心被用人单位拒之门外，还担心自己在择业上的失误会造成终身遗憾，对未来的职业生活感到心中无底。在就业过程中存在一定的焦虑是正常的，但一些大学生焦虑过了头，成天都充满了各种不必要的担心以致造成精神上紧张不宁、忧心忡忡、烦躁不安、意志消沉，行为上反应迟钝、手忙脚乱、无所适从。还有一些大学生在就业时显得过于急躁，整个就业期情绪始终处于亢奋状态，常常心急如焚、四面出击、东奔西跑，希望尽快找到合适的工作，但又缺乏对就业形势的冷静观察及对自我求职的理性思考，做了许多吃力不讨好的事。因此，常常会有一些毕业生在并不完全了解用人单位的情况下就匆匆签约，一旦发现实际情况与自己想象的不一样或发现了更好的工作时，又追悔莫及，甚至毁约，给自己带来许多不必要的麻烦与心理困扰。

2. 消极等待与“怀才不遇”心理

与就业时的急躁心理相反的是一些大学生在就业问题上表现得非常消极，平时也不参加招聘会，有单位来了就看看，如果不满意就等下去，满意时也不主动争取，抱着“你不要我是你的损失”的态度，期待着有单位会主动邀请。还有些大学生这山望着那山高，不肯轻易低就，明明已找到工作单位，但拖着不肯签约，总希望有更好的单位出现。

另外有些大学生自恃条件很好，自认为“满腹经纶”“博古通今”“学富五车”，可以大有作为，但在择业时却常常要么碰壁，要么找到的工作不满意，于是抱怨“世上无伯乐”，抱怨自己运气不好，成天闷闷不乐、怨天尤人。

3. 攀比与嫉妒

在求职中大学生之间“追高比富”的现象时有发生，一些大学生在求职中经常相互吹嘘自己的职业待遇好、收入高，导致职业期望越来越高，求职变成了自我炫耀。还有些大学生看见或听见别人找到了条件优越、效益较好的单位，心理上就不平衡，抱着“他能去，我更能去”的态度非要找一个条件更好的单位，而不考虑自身的条件、社会需要特点、职业发展及就业中的机遇因素。还有些大学生对别人所找的工作心存嫉妒，特别是看到条件不如自己的人也找到很好的工作就更容易产生嫉妒心理，于是有些人故意对别人的工作冷嘲热讽、贬低和挖苦以图打击别人，更有甚者抱着“我得不到，你也别想得到”的畸形心态在用人单位面前造谣中伤、打小报告。

4. 抑郁与逆反

一些大学生在择业中受到挫折后会感到无能为力、失去信心，表现为不思进取、情绪低落、意志消沉，他们常常会放弃一切积极的求职努力，听天由命。严重时还会对外界的环境也漠然置之，减少人际交往，对一切都无所谓，进而导致抑郁症。还有一些大学生对一些正面职业教育、职业信息存在逆反心理。对来自辅导员、班主任、负责就业指导的有关人士以及同学和用人单位的正确信息、善意的批评与建议，不相信、不听从，偏要对着干，按自己的一厢情愿去求职。例如：有些大学生当别人为其推荐某工作单位时，总是抱有戒心，别人讲得越多他越不相信；当求职失败时，不总结自己的问题，甚至明明知道自己失败的原因也不改正，在以后的求职中依然我行我素，听不进任何批评与建议。

5. 说谎、侥幸与懒散心理

有些大学生认为用人单位不可能去查实每个人的自荐书是否真实，而且面试时间比较短不可能对自己做全面的考察和了解，只要自己当时充分表现一下，把工作骗到手，签好协议书就行了。于是一些大学毕业生把别人的获奖证书、成果证明等偷梁换柱地复印在自己的自荐书里，而且自己明明没有当什么干部，也没有参加什么社会实践活动也照着别人的写上，以至于有时在用人单位收到的自荐书中一个班竟出现了五六个班长。还有的大学生在面试时把自己吹得天花乱坠、无所不能，结果经过现场实践考核或试用就马上露出了原形。

6. 不满心理与行为、生理反应失常

由于就业市场上的不公平现象以及某些专业、学校不易找工作的客观现实，一些大学生在遇到就业挫折时就容易出现各种不满心理，如有些大学生认为“学习靠自己，就业靠关系”，还有些大学生出现了对专业、学校的抱怨、贬低。在各种不满与不良就业心态的影响下有些大学生还会出现一些不良行为和生理反应。这些不良行为有故意旷课、夜不归宿、喝酒、起哄、闹事、损坏东西、打架对抗、进行不良交往、行为怪异、过度消费等，严重时还可能导致严重违纪与违法行为的出现。由于刺激和心理冲突强度大，有的大学生会出现一些躯体化症状，如头痛、头昏、心慌、消化系统紊乱、神经衰弱、血压升高、身体酸痛、饮食障碍、失眠。行为与生理反应的失常通常是比较严重的就业心理失常的表现，出现这些问题时要及时进行心理调节或寻求心理咨询专家的帮助。

十二、心理咨询与心理治疗

高校心理健康教育工作者通过对大学生进行心理咨询与心理治疗的知识的教育，一方面能消除大学生对心理咨询的种种误解，另一方面，当大学生出现心理问题时，能主动寻求帮助。对一些轻度的心理不适，可通过心理自助的方式解决，甚至有些大学生还可以运用心理健康知识帮助身边的人解除心理困扰。

现在一般大学都设有“心理咨询室”或“心理辅导与治疗中心”，为确实存在心理问题的大学生提供专业帮助，真正做到“心病还是心治”。大学的心理健康教育以预防为主，心理咨询与治疗也多限于解决一般心理问题，对于严重的心理疾病，多采用与校外专业心理治疗机构相联合的方式。

心理咨询是一门科学、一种技术，同时也是一门艺术，它在维护人的心理健康、提高人的社会适应性方面起到非常重要的作用。笔者在第八章会对“高校心理咨询工作”做详细阐述。

第二节 大学生心理健康教育的方法

对大学生进行心理健康教育是为了帮助大学生全面、健康地发展，高校的心理健康教育工作关系到大学生人格的形成和发展，必须得到应有的重视。新形势下，高校教育工作者要努力完善大学生心理健康教育体系，创新适应时代需求的大学生心理健康教育的新方法、新理论，为推进高校心理健康教育做出贡献。

一、大学生心理健康教育的方法应具有系统性

心理问题总是在心理认知、心理情感、心理意志、心理行为中产生和表现的，当然也应从其中加以干预和教育，而且只有各种方法相互支持配合，发挥系统优势，才能保证教育效果。心理健康教育系统的方法起码应包括：①理论灌输——认知干预法。所有教育的最终目的和最好效果是受教育者不再需要外力强制教育而应自觉自育。当然这是一个过程，要达到这样的效果和目的，必须通过最基本的理论教育灌输。大学生心理健康教育也一样，只有通过有效的理论灌输教育，让大学生了解和掌握心理健康教育方面的理论知识，学会理性地分析与判断，充分认识到心理健康的重要性，树立了较为科学的心理健康意识，掌握了一定的心理健康常识，学会了实现和保持自己心理健康状况的方法与技巧，懂得了对不健康心理的调适方法，才能使大学生的知识结构发生变化，思想观念发生变化，才能改变大学生的认知模式，实现大学生在心理健康教育方面的积极主动自育。②情景创设——情绪干预法。情绪与情感是人们对于客观事物是否符合自己的需要而产生的一种态度体验。情绪参与在人们的一切活动之中，大学生的学习、生活、工作都离不开积极情绪的支持，帮助大学生保持健康愉快的情绪，是实现大学生心理健康的重要方法之一。情景创设——情绪干预法，就是人为地、有意识地创设一定的条件和情景，对大学生的情绪情感体验进行干预与控制，在动态的调节中帮助大学生学会科学地调节自己的情绪。主要做法有：第一，指导大学生根据直觉或经验来判断自己的行为后果，并设计自己的行为方式，培养他们的行为设计与控制能力。第二，指导大学生在创设情景中培养差异性情绪反应能力，学会在相同刺激下做出不同情绪反应，选择有利于解决问题、促进心理健康的情绪反应方式。第三，创设情景，暗示或指导大学生进行自我激励，校园大环境、教室、寝室、一张书签甚至是教师的一句话或一个眼神都可以影响大学生的情绪。③社会实践——行为干预法。大学生的行为既是他们现有心理状况的外化与表现，也是他们新的心理形成的条件和原因。高校心理健康教育工作者要有意识地关注大学生在社会实践中的行为表现，对于大学生表现出的对他们的心理健康有帮助的实践活动或行为应积极给予正向鼓励，有意识地加以重复和强化，给予一定的奖励，可以给予他们想要的东西，也可以取消他们不想要的东西；对于大学生表现出的对他们的心理健康不利的实践活动或行为表现，要尽量给予负向干预，给予一定的惩罚，可以剥夺他们想要的东西，也可以强加给他们不想要的东西。高校心理健康教育工作者通过对大学生社会实践和行为方式的干预，影响他们的认知和情绪情感体验，进而影响他们的行为习惯乃至性格，优化他们的心理，促进大学生的心理健康。

二、音乐治疗法在大学生心理健康教育中的应用

心理学家认为，音乐对缓解人们的情绪、降低压力和消除焦虑有着不小的作用。问题的关键在于在特定的心理状态下选择相应的音乐。如，当精神状态不佳、情绪低落时，多选择明快的乐曲来听；当情绪被激怒或充满敌意时，多选择轻松的乐曲来听。鉴于音乐对心理的效用发展出了音乐治疗法。

（一）不同治疗作用的音乐种类

1. 有催眠作用的音乐

失眠的原因可能是多种多样的，有可能是生理上的，更有可能是心理上的，但不管是哪方面的原因，具有催眠效果的音乐都能把失眠的人们带入安详的梦乡。安详的音乐世界，能让人尽快进入甜美的梦乡，优美的旋律、宁静安逸的音乐世界时刻都有安抚人们心灵的功效。催眠音乐的纯美音质以及和缓节奏能平复心灵，萨克斯的中音和低音，伴随着重复的滑音、颤音，让人内心平静、安详。钢琴曲的叮咚旋律也会有催眠的疗效。

为了起到良好的催眠作用，听此种音乐就要配合身体的全方位放松。首先，听者要全身躺平，闭上双眼，感受一下关闭视觉之后整个人的身心状况。接着，请听者做 3 次比较深长的呼吸，通常在 3 次深呼吸之后，听者会感到整个人更轻松，也更舒服。然后逐步放松身体各个部位，在放松的过程中，会感受到浮动的心慢慢安定下来。身体完全放松后，请把注意力转移到呼吸。把呼吸放慢，拉长，吸气的时候，想象空气好像是一条细长的银线，从鼻子钻进气管，流入肺叶，带来一股清凉的感觉，一点点渗透到全身的皮肤。伴随着催眠音乐，在全身的放松下，相信听者会很快进入梦乡，拥有一个质量很好的睡眠。

催眠音乐有很多，如《摇篮曲》《梦幻曲》《安魂曲》《仲夏夜之梦》《孤独的牧羊人》《阿根廷别为我哭泣》《渔舟唱晚》《回家（萨克斯曲）》《往日情怀》《深海》《思乡》《爱是忧郁》等。

2. 冥想音乐

此类音乐一般显得深悠婉转，静谧而轻缓，听者可以跟随音乐的独特神秘意境，展开冥想，思域泛化。同时也可以通过音乐洗心涤虑，消除人们心中的杂念，从而进入宁静、祥和的境界。

听冥想音乐跟听催眠音乐相似，也要求听者先以自己认为极度放松的姿势坐着或者躺着，闭上双眼，接着，先做 3 次比较深长的呼吸，调整好自己的呼吸频率，然后一直跟随着自己的呼吸节奏，做平缓平和的呼吸。伴随着冥想音

乐的独特旋律，发散思维，发散想象力，以达到极度放松的状态。

这类音乐的代表作包括《梦山》《在最美时分别》《光之舞》《月光奏鸣曲（第一乐章）》《幽灵公主》《虚空之风》等。

3. 使人放松舒适的曲子（纯音乐）

纯音乐一般与轻音乐一样，音质平和，节奏或轻盈或柔和。萨克斯乐轻缓，悠长，悠扬；钢琴曲则乐点清晰流畅，使人听了会感觉精神放松，疲劳得到缓解，达到静心、平缓心境的功效。

这类音乐的典型代表有欧美怀旧金曲《清晨》、欧美经典金曲《午夜情深》（萨克斯曲）、《我心依旧》（萨克斯曲）、《月光曲》、女子十二乐坊的《彩云追月》（二胡曲）、《梅花三弄》、中国古筝经典名曲《出水莲》《平湖秋月》《高山流水》、佛教音乐《云水吟》、《自然之声——雨林深处》、《少女的祈祷》《被遗忘的天使》（钢琴曲）、《萤火虫之舞》、《初恋的地方》等。

4. 经典音乐

古典乐曲一般是每分钟 60 拍的缓慢乐章，当人们听这种音乐的时候，身体就会倾向于按照它的节奏活动，心脏跳动的次数也会放慢到每分钟 60 次，这也是缓冲大脑的理想系数。处在这种状态下的人，身体总是放松的，头脑总是安谧的，情绪总是稳定平衡的。

（1）平缓的音乐

经典的音乐，以平缓安定的 E 调为主，其中的钢琴曲和萨克斯演奏曲最能安抚浮躁的心情，使人趋于平静，也可消减压力。心情急躁时，听亢奋而又舒服畅快的曲式，可以疏通和化解这种情绪；还可以消除紧张不安和郁郁寡欢，对心理健康有积极的效果。

平缓的钢琴曲，如《木星》《变幻之风》《迷雾森林》《风的呢喃》《风的气息》《寂静之音》《童年的回忆》《第二号夜曲》《绿意小夜曲》《梦中的婚礼》《天国的阶梯》《致爱丽丝》《月光水岸》《秋日私语》《爱的协奏曲》《蓝色生死恋》《梁祝》《昨日重现》《梦的星空》等。

萨克斯曲，如肯尼基的《早晨》《永浴爱河》《爱无止境》《勃拉姆兹小夜曲》《如果你现在离开我》，马修连恩的《哭泣的雪特兰》和《宁静的安息》等。

（2）激进的音乐

在消极悲观心理状态下，人们容易缺乏斗志，打不起精神，显得颓丧、没激情。处在这种心理状态下的人们对未来生活丧失希望，悲观绝望，缺乏在逆境中奋起的勇气。相应的音乐处方正应表现不畏困境、勇于抗争的激情与斗志，帮助听者在人生的尽头找到生命的出口，重新踏上前进的道路。此类音乐首选贝多芬的《第五命运交响曲（第一乐章）》《天空之城》《水上音乐》，钢琴曲《月光奏鸣曲》《秋日私语》《蓝色多瑙河》等也是激进音乐的经典之作。

（3）伤感悠扬的音乐

带有明显忧伤情调的音乐，能引起听众的共鸣，伤感悠扬的音乐能直达人的潜意识，因此最有利于宣泄内心积郁。内心苦闷伤心的人，心中有太多的无奈和苦楚，又因为很多原因，不能及时地宣泄自己的情绪，建议听这种伤感悠扬的乐曲，让感伤的人随着充满哀伤的乐调，联想自己的悲伤，宣泄出悲伤之情，甚至大哭出来，情绪宣泄之后或哭过之后，会觉得心里轻快很多，也有助于内心的健康。

此类音乐的代表，有《风姿花传》《秘密花园》《二泉映月（二胡乐）》、《魔鬼的颤音（小提琴奏鸣曲）》《望春风（萨克斯曲）》《葬花吟》等。

音乐治疗是心理治疗的一种。它利用音乐对情绪的巨大影响来改变人的精神状态，进而改变人的思想认识。在音乐治疗过程中，治疗师首先引导被治疗者进入一种非常放松的状态，然后播放根据治疗者的具体情况特别安排的音乐，并引导被治疗者进行各种自由的联想或回忆。比如，情绪悲伤又不能自我宣泄出来的人，首先得让其听伤感的音乐，如肯尼基的《望春风》，通过与音乐的共鸣，联想自身的苦楚及悲伤所在，宣泄出不良情绪，如被治疗者会大哭出来；待其情绪得到很好的宣泄后，就要让其听一些平缓的经典钢琴曲或萨克斯曲子，如班德瑞的钢琴曲等，以平静其心态，缓和心境。有必要的话，经被治疗者同意后，用催眠音乐对其进行催眠，播放《阿根廷别为我哭泣》等催眠曲，让其有个很好的睡眠以助于平稳心境。若被治疗者还是悲观消极，可以放些激进奋跃的音乐，让激励的曲调调动消极悲观的心态，如贝多芬的《命运》，使被治疗者心境开朗明快起来。也可建议被治疗者平时多听些经典的和缓的乐曲，保持好的心境。

音乐治疗可以通过“个体音乐心理治疗、团体音乐辅导”两种形式，帮助大学生缓解不良情绪、解决心理冲突、促进人格完善。良好的政策、条件与广泛的群众基础有利于音乐治疗在大学心理健康教育中的应用。音乐治疗在大学生心理健康领域中的应用也拓宽了音乐的应用领域。

（二）音乐治疗法在大学生心理健康教育工作中的应用

音乐治疗在中国起步较晚，在大学生心理健康教育中应用得更少。实践证明，运用音乐治疗促进大学生的心理健康是可行的。

1. 在团体心理辅导活动中的应用

（1）总体目标

在音乐活动中建立的“安全、温暖”的团体氛围、“接纳、支持”的团体关系，能帮助大学生缓解压力，减少焦虑，促进互动与交流。

（2）工作原则

以“营造良好团体氛围和提供个人成长机会”为目标，而非“艺术水平展示”。

（3）活动内容

①促进相识的热场活动。“熟悉与了解”对于形成良好的团体氛围和促进个人敞开心扉非常重要，所以促进相识的热场活动是团体活动能否有效进行的基础。可以通过《你好歌》《兔子舞》和《阿细跳月》等音乐进行热场。

②促进相互了解的音乐活动。通过分享有特殊意义的音乐能促进大学生的相互理解与尊重。可以通过歌曲讨论——“我最爱的音乐和我”“我的童年、我的歌”，即兴演奏——“乐队中的我”，非引导性音乐想象——围绕同一首音乐进行分享不同的想象力的情景与感受等活动进行。

③增进认同感的音乐活动。在面临共同的成长事件时，围绕一个主题进行“歌曲讨论”。大学生能通过分享歌曲感受，增进认同感，促进相互理解与支持。

用语言回忆往事，比较客观冷静，而与音乐相伴的回忆就富于强烈的情感色彩……聆听、回忆与讨论能促成心理变化，治疗师还能据此迅速地了解病人的“情感历史”。

④增强自信心和领导力的音乐活动。对于不太自信的大学生，治疗师可以创造一些自然的领导团体的机会，可以通过“明星模仿秀”“找领舞”等活动进行。

⑤提高凝聚力的音乐活动。在共同的主题下，要使音乐达到变幻与和谐的统一效果，需要大学生通过关注、参与、调整等多种行为与意识努力，最终实现“自我展示”与“整体和谐”共存。可以通过“教室交响乐”“美妙和声”“齐奏与合奏”“找一找”“森林的门”等活动进行。

2. 在个体心理治疗中的应用

（1）总体目标

通过有针对性的、深入的个体心理治疗，促进大学生的个人成长与心理健康。

（2）工作原则

通过音乐宣泄负面情绪，形成积极体验，从而促进个体自我探索与成长。

（3）治疗方法

①音乐放松减压。对有各种焦虑反应的大学生，治疗师可以通过接受式音乐治疗中的“音乐引导想象”进行“音乐系统脱敏”，促进其放松身体、缓解压力。

②音乐心理治疗。第一，通过即兴演奏或音乐自由联想对当事人做全面了解。人们在即兴演奏时投射更多、阻抗更少，因此更利于心理治疗师了解当事人。治疗师通过分析当事人围绕系列主题进行的即兴演奏，了解当事人的情感表达特点、生命中的重要人物与影响、人生阶段的特点……音乐自由联想也是了解当事人的最佳途径之一。第二，音乐积极想象。通过特定的音乐背景，引导当事人进行积极想象。例如：安全岛、积极资源、光柱、保险箱、大山等。此方法既可以作为阶段性目标，也可以作为终极目标。因为在音乐积极想象与讨论中形成的积极体验能使当事人产生强烈的幸福感、安全感、主宰感和处理生活问题的全新视角。此类积极体验的获得对于进行发展性治疗的当事人来说，其收获已经使其有力量面对生活中的问题，所以“音乐积极想象”可以作为治疗的终极目标。而对于心理伤痕较深的人来说，积极体验可以激发其生命的意义，从而使其有力量与勇气面对心灵深处的创伤与阴影。所以，此法可以作为阶段性目标。第三，音乐创伤治疗。现代研究认为，所有的心理疾病都与当事人的各种创伤经历有关。我们无法改变创伤事件，但我们可以改变当事人对于这些事件的内心体验与认知。“音乐同步脱敏再加工”技术是一项最新发展起来的系统的心理创伤干预技术，对于发生在成年期的孤立创伤事件和发生在童年期的多发性创伤事件均有很好的临床疗效。首先，通过“音乐渐进放松”使当事人进入催眠状态。接着，通过“音乐引导和非引导性积极想象”进行稳定化处理。然后，可尝试着通过“音乐同步脱敏再加工”进行“创伤暴露和干预”。最终解决当事人由各类创伤导致的生活、发展、情感、人格等诸多问题。第四，危机评估。如果当事人在“非引导性音乐想象——安全岛”中对“美、安全”的想象和体验的比例越小，则该对象的危机程度越高。体会不到美的人对生命就没有希望，且求死的人通常会拒绝“美——积极”的探索。治疗实践也印证了以上观点：当事人在“安全岛”环节中想象的内容与其症状严重程度是成反比的。心理问题越严重，“安全岛”想象的内容越消极，甚至无法进行积极想象。因此，“安全岛”技术可以作为危机评估的工具。

三、阅读疗法助力大学生心灵成长

（一）阅读疗法简介

阅读疗法是以文献为媒介，将阅读作为保健、养生以及辅助治疗疾病的手段，使自己或指导他人通过对文献内容的学习、讨论和领悟，养护或恢复身心健康的一种方法。

关于阅读疗法的原理，西方多以弗洛伊德的经典心理学三段论解释之，即共鸣、净化、领悟，就是先施予读者引起共鸣之书，通过学习、讨论等过程，首先实现心灵净化、心态平衡，继而加深理解、领悟真谛，根除困扰。中国多以情志相胜说解释之，即将“五情”（忧、怒、思、恐、喜）与“五脏”（肺、肝、脾、肾、心）和“五行”（金、木、土、水、火）一一对应，利用它们的相克相生关系，挑选与现实情志相克的书阅读之，以协调“五情”，获得心神治理的效果。自《阅读疗法理论和实践的新进展》一文发表以来，关于阅读疗法的原理有一些新的提法，推进了阅读疗法的传播、应用和普及。

“阅读疗法”起源于希腊，由“图书疗法”一词延伸而来。南京大学信息管理系的沈固期教授最先拉开了我国当代阅读疗法研究的序幕，而北京大学图书馆副研究馆员王波 2007 年出版的《阅读疗法》填补了我国阅读疗法领域研究的空白。阅读疗法也叫图书疗法，《图书馆学和情报学百科全书》给出的定义是，在疾病治疗中利用图书和相关资料，亦即将阅读作为一种治疗方式，由医生有引导、有目的、有控制地治疗情感和其他方面的问题。大学生就读期间，广泛读书是缓解大学生心理压力和排除困扰的方法之一。阅读疗法一词虽不一定能够为大学生完全理解，但在图书馆工作推广中确实深受大学生喜爱。国外的研究表明，读书确是自我心理调适的良药。人们在阅读过程中会发现他人存在的压力和困惑在一定程度上类似自身存在的问题，因而能获得感情上的支持；人们对照自身可能存在的世界观、人生观等心理问题，也会在对比中发现自身的潜在问题。阅读能使人们自身扭曲的人生观得以更正和修改。这种预防式心理检测不仅能够给心灵迷失方向的大学生读者带来慰藉，也能使大学生的心灵得到洗礼。阅读能普及心理健康知识，丰富大学生的精神生活，还能起到预防心理疾病的作用。

（二）我国图书馆界对阅读疗法的认识

我国图书馆界学者对阅读疗法理论的认识各有不同，但却有着很多共同点。周青玲认为，阅读疗法是一种心理疗法，只不过其治疗方式发生了变化，一是咨询师成了特定的图书，二是咨询变成了读者的自我内省与学习。强菁、李勇指出，阅读疗法是一种培养心灵的深层次服务，文献内容能够对接受主体产生连续性作用，促使读者改变原有的观念并形成新的思想观点。王丽艳认为，阅读疗法是以文献为媒介，把阅读作为养生保健和预防以及辅助治疗疾病的手段，使阅读者通过对文献内容的学习、讨论和领悟，保持或回归身心健康的一种方法。杨秀云等人的研究认为，阅读疗法的前身是图书疗法，即以书为药品保健和治疗读者心理疾患的一种精神活动，它主要强调文献资源的重要性。宫梅玲认为：阅读疗法包括两层含义，其共同点是强调了阅读文献要有选择性和针对性；图书馆界开展阅读疗法实践工作的重点是通过有指导的阅读帮助读者解决个人问题，难点是针对性文献的选择。吕新惠指出，阅读疗法的心理学原理主要包括共鸣、净化、平衡、昭示、领悟等。

第三节　大学生心理健康教育的发展趋势

大学生是推进我国持续创新和发展的重要力量，他们拥有丰富的知识储备、较强的接受新鲜事物的能力、敏锐的思维能力、坚定的理想和信念、高尚优良的品格、过硬的知识水平。然而，在新时代，我国大学生受到诸多因素的影响，心理健康问题逐步显露出来，并呈现出多样化发展趋势。因此，新时代大学生心理健康教育对于大学生个人发展、民族复兴、国家富强都具有重要影响和积极作用。

改革开放40多年来，我国大学生心理健康教育紧跟时代的步伐，不断发展并日益完善，呈现出下面几种发展趋势。

一、大学生心理健康教育日益普及化

以改革开放为分水岭，我国进入社会转型期，这种新的社会形势对大学生的心理素质提出了更高的要求，因此普及大学生心理健康教育已经逐渐成为我国高校的一项重要任务，其逐渐从注重治疗矫正转向强调发展性，从为少数学生服务向为全体学生服务努力。

改革开放以来，我国高校针对不同层次、不同需求的学生开展了有针对性的心理健康教育工作。首先，根据大学生年级的不同分别开展教育。开展新生入学教育，帮助新生适应新的学习和生活环境，帮助他们了解专业及学习方法，指导学生合理利用时间；开展中高年级关爱教育，引导大二、大三的学生确定

成长目标，培养优势，查找不足，为大学生的成长成才提供指导并解疑释惑；开展毕业生就业心理指导，培养毕业生心理适应能力，减缓其就业的压力，使其树立正确的择业观和就业观。其次，根据大学生家庭状况进行不同的心理指导。虽然我国脱贫攻坚工作已取得卓越成效，但贫困生问题依然存在，高校在采取经济帮扶之外，也十分重视对贫困大学生进行心理疏导，帮助其心理脱贫。最后，根据大学生院校、专业差异进行个性化疏导。如针对高职院校、独立院校学生采取“温馨沟通”“团体辅导”“拓展训练”等方式进行心理健康教育；对理工科、文科学生分别进行调查研究，有针对性地将大学生心理健康教育普及给全体学生。随着大学生心理健康教育的不断普及，越来越多的人认识到心理健康教育对大学生发展的重要意义，关于大学生心理健康教育普及化的学术研究也在不断发展。

二、大学生心理健康教育逐渐本土化

我国心理健康教育的发展历史还不长，经历了从照搬西方心理学及心理咨询来研究中国人的心理问题向本土化转变的过程。我国的文化习俗、社会环境及风土人情等和其他国家存在差异，仅仅靠照搬或者借鉴国外的成果不能满足我国大学生心理健康教育的需要，为此我国大学生心理健康教育不断向本土化发展，在内涵、特点、内容、方法及要求等方面根据我国大学生心理发展的规律和国家特色进行研究和实践，成果也日益完善并显现成效。我国心理学本土化始于 20 世纪 70 年代末 80 年代初，中国现代心理学的奠基人潘菽先生一直关注中国心理学的发展方向与道路这一根本性问题，1979 年他在《面临着新时期的我国心理学》一文中便提出“我国心理学的现代化绝不是简单的向一般意义的世界先进水平赶超，我们还必须坚持社会主义道路”，这表明我国心理学的研究方向开始向本土化发展。自此，大学生心理健康教育的本土化发展不断走进学者的视线，成为研究关注的热点。

在我国，大学生心理健康教育与思想政治教育的结合是具有中国特色的教育模式，更是连接心理健康教育这个西方舶来品融入我国高校的桥梁。二者结合可以发挥巨大的优势，是我国大学生心理健康教育本土化发展过程中不可忽视的重要力量。1988 年“中国高校心理咨询研究会筹委会”的主要负责人和 1990 年“全国大学生心理咨询专业委员会”的委员中，有一半以上的人从事思想政治教育工作。我国大学生心理健康教育与思想政治教育结合的本土化发展并非偶然的巧合，而是历史的必然选择。正是因为国家对高校思想政治教育的重视才使得大学生心理健康教育不断进步和发展，这是改革开放以来我国大学生心理健康教育发展的必然趋势。

三、大学生心理健康教育走向专门化

大学生心理健康教育是一门范围广泛且内容庞杂的科学，为了更为透彻和精细地研究大学生心理健康教育，我国学者及教育者将其进行了细化或与其他学科相结合，形成了不同的门类，其中每一种专题都含有知识系统和研究领域。

积极心理学是比较大的一个研究门类。我国积极心理学运动的倡导者和推动者是清华大学的彭凯平，他创建了清华大学幸福科技实验室。自从积极心理学传入我国，其在高校的理论研究与实践研究中都取得了斐然的成绩，主题为“大学生积极心理学”或者“高校积极心理学”的相关文献的数目也呈上升趋势，研究的相关学者也较多。在实践方面，各大高校关于“积极心理学”的基地也在不断建立。

除了积极心理学这一大门类外，还存在一些专门的研究领域。如安徽师范大学姚本先从“差异心理学”角度着手，基于对个体差异的重视及初步认识进行了大学生学业成就的性别差异、大学生自我认同感差异、大学生人际交往价值观的性别差异等一系列相关研究。渤海大学方鸿志的“挫折心理学”研究，基于先进的教育理念和大学生挫折教育实证进行研究，以“提高大学生抗挫折能力，促进大学生身心全面发展”为目标，结合大学生自身发展规律和成长需要，构建大学生挫折教育——UFEM，是关于大学生挫折教育的一种全新构想。南京师范大学的班华将心育与德育结合，探索了一条中国自己的心理教育之道——“心理—道德教育”，这是在中华民族伟大文明的沃土上形成的一种新的心理教育形态，用以改善我国高校的心理健康教育和道德教育水平，提升教育效益。由此可见，大学生心理健康教育专门化是未来发展的一个重要趋势。

四、大学生心理健康教育日趋网络化

随着科技的发展和时代的进步，互联网技术发展迅猛，网络教育也应运而生，其以便捷、迅速、范围广等优势不断发展，并逐渐走进大学生心理健康教育的视野。

我国关于大学生心理健康教育网络化的研究还处在理论探索和实践摸索的阶段，研究成果相对充足，但实际效果略显不足。相关研究分为两类：一类是在网络环境或网络背景下研究大学生心理健康教育的发展与创新，如沈晓梅从更新教育理念、加强师资队伍建设、充实网络环境下心理健康教育的内容及构筑大学生心理自助互助体系四方面着手，构建了网络环境下的大学生心理健康教育模式。一类是将网络作为一种媒介、方法、工具，用以加强和改进大学生心理健康教育，如陈建文、贺青霞利用网络的便捷性和隐匿性将其与大学生心理健康教育相结合，构建了“键对键”与“面对面”的联动这一大学生心理健康教育新模式；姜巧玲、胡凯根据网络心理咨询的特点和优势，结合现实心理咨询的优点，提出构建高校心理咨询“二元结构”模式，缓解了当前大学生心理咨询的困境。

网络化是大学生心理健康教育发展的一大趋势，这一发展对大学生心理健康教育来说可谓机遇与挑战并存。网络的灵活、便捷拓展了大学生心理健康教育时空，但也导致大学生心理问题日益增多和复杂化，进而增加了开展大学生心理健康教育的难度；网络的个性化教学拓宽了大学生心理健康教育的途径，但同时也使部分大学生沉迷网络，产生认知及交往障碍；网络的匿名互动可以使大学生真实地表达自我，但因缺乏有效监控，网络上存在的一些黄色暴力和反动信息会影响大学生“三观”的树立。当然，大学生心理健康教育网络化发展进程中存在的机遇和挑战不止这些，需进一步探究。

从大学生心理健康教育网络化研究发展的现状分析，可以发现，在网络环境下加强大学生心理健康教育，或是利用网络强化大学生心理健康教育，是当前大学生心理健康教育的一个重要走向。

第五章　大学生常见心理问题的识别与干预

第一节　大学生常见心理问题的表现与识别

一、大学生自我意识

自我意识的确立是大学生心理发展的重要标志之一，对大学生人格的形成、心理发展起着重要作用。大学阶段的自我意识是大学以前的自我意识的延续与深化，同时又与其有着质的不同。这一时期，大学生自我意识从分化、矛盾走向统一，对于大学生的一生有着特别重要的意义。

（一）自我意识的含义

自我意识是指个体对自己作为主体和客体存在的各方面的意识。自我意识是个体通过观察、分析外部活动及情境、社会比较等途径获得的，是一个多维度、多层次的心理系统。平时我们常说，“我觉得我观察问题有点粗心大意”“我觉得我是个急性子的人”“我认为我能完成这项工作”“我觉得我对某某的感情发生了变化”等。这些对自己感知觉、情感、意志等心理活动的意识，对自己与客观世界的关系，尤其是人我关系的意识，以及对自身机体状态的意识，都属于自我意识之列。一般来说，自我意识包括以下三个方面的内容。

1. 个体对自身生理状态的认识和体验

这是指个体对自己身高、体重、容貌、身材、性别等的认识以及对生理病痛、温饱饥饿、劳累疲乏等的感受。如果一个人对自己的生理自我不能接纳，如嫌自己个子矮、不漂亮、身材差、皮肤黑等，就会讨厌自己，产生自卑心理，缺乏自信。

2. 个体对自身心理状态的认识和体验

这是指个体对自己知识、能力、情绪、兴趣、爱好、性格、气质等的认识和体验。如果一个人对自己的心理自我评价低，如嫌自己能力差、智商不高、情绪起伏太大、自制力差等，就会否定自己。

3. 个体对自己与周围关系的认识和体验

这是指个体对自己在群体中的地位、作用以及自己和他人的相互关系的认识、评价和体验。如果一个人认为周围的人不喜欢自己，不接纳自己，找不到知心朋友，就会感到很孤独、寂寞。

影响个体自我意识的因素除了与人的自我态度、成长经历、生活环境有关以外，他人评价，特别是生命中的重要人物，如父母、家人、老师、朋友、同学等的态度和评价，会对个体自我意识的发展产生重要影响。

（二）自我意识的分类

心理学家对自我意识进行了多角度的研究和分析， 一般将自我意识从以下几个方面进行分类。

1. 根据自我意识的结构要素可分为认知自我、情绪自我和意志自我

认知自我包括自我感觉、自我观察、自我概念、自我分析与评价等。比如说“我是高个子”“我很老实”“我的脾气很温和”等，都属于认知自我的内容。

情绪自我包括自尊、自爱、自信、责任感、义务感、优越感等。比如：某个人感到很有自信，因为自己比较有能力；某个人很喜欢自己，因为自己长得帅气（或漂亮）。

意志自我包括自主、自立、自制、自律等，主要表现为个体对自己的行为表现的调节以及个体对待他人和自我态度的调节。比如说“我怎样才能成为一个更有自信的人” “我怎样才能克服自己的惰性” 。

2. 根据自我意识的内容可分为物质自我、社会自我和精神自我

物质自我是个体对自己的身体、衣着、金钱等所有物质方面的一种意识。其中身体包括躯体、性别、体型、容貌、年龄、健康状况等生理方面的意识，如认识到自己是个高个子或体质较好。

社会自我是指个体对自己在一定的社会关系与人际关系中的角色、地位、名望等方面的认识，主要表现为在行为上追求个人的名誉、地位，和他人进行激烈竞争等。

精神自我是指个体对自己的心理活动包括心理过程和个性心理特征的意

识，主要是对自己个性特征的意识，包括对自己的性格、能力、态度、道德、理想和信念以及行为、习惯等的意识。比如说觉得自己比较温和，智商较高。

3. 根据自我观念可分为现实自我、投射自我和理想自我

现实自我是指个体从自己的立场和观点出发，对自己目前的实际状况的评价和看法。比如说认为自己是个有能力的大学生或自己的家庭经济比较窘迫。

投射自我是指个体想象他人对自己的评价和看法。比如说觉得别人看不起自己或认为自己的能力很强。

理想自我是指个体要实现的比较完善的一种自我境界或形象，是个人追求的目标。比如大学毕业后想当科学家、政治家或企业家。

4. 根据自我意识的作用可分为积极的自我意识和消极的自我意识

像自信心、适度的自尊心、一定的责任感和义务感等都属于积极的自我意识，而自卑、自我否定、缺乏自制力等属于消极的自我意识。

此外，自我意识还可分为自我认识、自我辨析、自我监督和自我控制等方面。

健康的自我意识首先应当是积极的自我意识，而健全的自我意识主要表现为认知自我、情绪自我、社会自我和精神自我的协调与统一，表现为现实自我与理想自我的协调与统一，投射自我与他人对自己的实际评价和看法相一致。

（三）自我意识的作用

1. 决定个体行为的持续性与目标性

人是社会的动物，人的行为既受诸多社会因素决定，又在很大程度上与自己的自我意识有着密切的联系。每个人的现实行为并不单是由其所在的情境决定的，而且更重要的是与自我认知、自我意识有着密切的联系。那些自我意识积极的学生，其成就动机和学习投入及学习成绩也明显优于那些自我意识消极的学生。当学生认为自己声名不佳时，他们会放松对自己行为的约束。可以说，个人怎样理解自己，是保证个体如何行为及以何种方式行为的重要前提。

2. 决定个体对经验的解释

不同的人可能会获得完全相同的经验，但每个人对这种经验的解释却可能有很大的不同。解释经验的方式决定于一个人的自我意识。一个自认为能力一般、只该获得平均成绩的学生，对于比较好的成绩会认为是取得了极大的成功，感到十分满足；而对于同样的成绩，一个自认为能力优秀、应当获得出众成绩的学生，会将其解释为遭到了很大的失败，并体会到极大的挫折。事实证明，当个人的既有自我意识消极时，每一种经验都会与消极的自我评价联系在一起；而如果个人的自我意识是积极的，每一种经验都可能被赋予积极的含义。

3. 影响个体的期望水平

自我意识不仅影响到个体现实的行为方式和个体对过去经验的解释，而且还影响到个体对未来事情发生的期待。这是因为，个体对自己的期望是在自我意识的基础上发展起来的，并与自我意识相一致，其后继的行为也决定于自我意识的性质。研究发现，成绩不佳的学生的成绩落后并不是孤立存在的，而是他的整个行为动力系统都出现了角色偏离的结果。成绩长期落后对于普通学生是不正常的，但对于成绩不佳的学生，由于他们的整个行为动力系统都出现了偏离，并在偏离的状况下形成了一个新的自相一致的系统，因而在系统内部一切并没有不正常。换言之，落后的学习成绩正是成绩不佳的学生自己“期待”的结果。

（四）自我意识的形成和发展

美国社会文化学派的人格心理学家埃里克森是现代自我心理学的创始人之一，他认为，人的自我意识发展持续一生，他把自我意识的形成和发展过程划分为 8 个阶段（如表 5-1），这 8 个阶段的顺序是由遗传决定的，但是每一阶段能否顺利度过却是由环境决定的，所以这个理论可称为自我“心理社会”发展阶段论。

表 5-1　埃里克森的人格发展 8 阶段理论表

期别	年龄	心理危机	发展顺利	发展障碍
婴儿期	0~1 岁	对人信赖——对人不信赖	对人信赖，有安全感	与人交往焦虑不安
婴儿后期	2~3 岁	活泼主动——羞愧怀疑	能自我控制，行动有信心	自我怀疑，行动畏首畏尾
幼儿期	4~5 岁	自信——退缩内疚	有目的方向，能独立进取	畏惧退缩，无自我价值感
儿童期	6~11 岁	勤奋进取——自贬自卑	具有求学、做事、待人的基本能力	缺乏生活基本能力，充满失败感
青年期	12~18 岁	自我同一——角色混乱	自我观念明确，追求方向肯定	生活缺乏目标，时感彷徨迷失
成人前期	18~25 岁	友爱亲密——孤独流离	成功的生活，奠定事业、感情基础	孤独寂寞，无法与人亲密相处
成人中期	26−60 岁	精力充沛——颓废迟滞	热爱家庭，栽培后进	自我放纵，不顾未来
成人后期	60 岁以上	完美无憾——悲观绝望	随心所欲，安享天年	悔恨旧事，徒呼抱负

埃里克森认为，人的自我意识发展必须经历这 8 个阶段，每个阶段都是不可逾越的，但时间早晚因人而不同。只要在人生发展的各阶段有效地解决出现的特殊矛盾，就可以发展出积极的人格特征。自我在人生经历中不断获得或失去力量，保证个人适应环境，健康成长，否则，就会形成消极的人格特征，形成不健全的人格。

埃里克森认为，青少年在 18 岁以前应发展自我同一性，因为自我同一性的建立可以使青少年了解自己与周围各种事物之间的关系，既能与客观环境保持积极的平衡，又能在这种联系中发展自我，这对青少年走向社会、走向生活，经受社会的考验，都是至关重要的。大学生自我意识在大学阶段得到了迅速的发展，其自我认识、自我体验、自我控制逐步协调一致。但在自我意识逐步成熟、确立的这一过程中，大学生也品尝到了酸甜苦辣，付出了艰辛的代价，并为解决内心矛盾冲突进行了不懈的努力。

（五）大学生自我意识的发展及类型

1. 大学生自我意识的发展

大学生自我意识的发展主要经历了以下 3 个阶段。

（1）自我意识分化阶段

青年期自我意识的发展是从明显的自我意识分化开始的。原来完整笼统的“我”被打破了，出现了两个“我”，即主观的我（I）和客观的我（me），大学生既是观察者又是被观察者。伴随着主我和客我的分化，“理想我”与“现实我”也开始分化，此时的大学生开始主动、迅速地关注自己的内心世界和行为，产生新的认识和体验，同时，由此引起了种种激动、焦虑、喜悦的情绪，自我沉思增多，要求有属于自己的空间，渴望被理解、被关怀。

（2）自我意识冲突阶段

自我意识分化的出现使大学生开始意识到自己以前不曾注意的许多有关“我”的问题，主体我与客体我的矛盾，理想我与现实我的距离加剧了自我冲突，使得自我不能统一、自我形象不能确立、自我概念不能形成，因此表现出明显的内心冲突，甚至有很大的内心痛苦和激烈的不安感。处于这一阶段的大学生对自我的评价往往是矛盾的，对自我的态度常常是被动的，对自我的控制是不果断的。

（3）自我意识统一阶段

自我意识分化、矛盾带来的痛苦不断促使大学生寻求方法以求得自我意识的统一，即达到自我同一性。自我同一性是指主体我和客观我的统一、理想我与现实我的统一，也表现为自我认识、自我体验、自我监督的和谐统一。自我意识的矛盾冲突常常会给大学生带来不安或心理痛苦，他们总是力图通过自我探究来摆脱这种不安与痛苦。在自我意识的矛盾冲突中，大学生的自我意识也在不断调整、发展。在自我意识的不断调整、发展的过程中，他们极易寻求新的支点，寻找自我意识的统一点，整合自我意识。由于自我意识具有复杂性与多维性，大学生逐渐在多维度中审视自我、调整自我，向理想自我靠近。这也是我们常说的自我同一性的建立。从多维度观察的自我同一性越高，大学生自我意识的发展越好，人格越完善。

2. 大学生自我意识的类型

由于每个大学生在个人的社会背景、家庭教养方式、社会经济地位、生活经验、能力水平、人生志向、目标追求等方面存在差异，大学生自我意识分化、矛盾、统一的途径不同，自我意识整合的结果与类型也不同。从自我意识的性质看，大学生自我意识的统一的结果主要表现在以下几个方面。

（1）自我肯定型

自我肯定，即对自我的认识比较清晰、理性、客观、全面、深刻。这种积极自我的特点是在经过痛苦的选择与调整之后，大学生逐渐成长成熟，使自己的理想自我与现实自我趋于统一，而且正确的理想自我占优势，主观自我与客观自我趋于一致。达成同一性的积极自我不仅了解自己的长处与优势，而且也了解自己的不足与劣势，既适应社会发展的需要又有助于自身成长。自我肯定型大学生在大学生中占绝大多数。

（2）自我否定和自我夸大型

消极的自我意识同一有两种情形，即自我否定和自我夸大，这些都是不健康的同一。其特点是对自我评价不正确、理想自我不健全、缺乏实现理想自我的手段。

①自我否定型。由于失败与挫折经历的累积效应，自我否定型的大学生对现实自我的评价较低，缺乏自信，被理想自我和现实自我的差距所困扰，时常出现无价值感、无助感、自我排斥、自我否定。他们不但不接纳自己，而且自我拒绝、自我放弃、自我摧残，表现为没有活力、没有激情、没有生活目标。理想自我与现实自我无法对接，其结果则是更加自卑，从而失去进取的动力。

②自我夸大型。自我夸大型的大学生与自我否定型的大学生正好相反，他们对自我评价非常高，往往脱离客观实际，虚假的理想自我占优势，常常以理想自我代替现实自我，盲目自大，虚荣心强，心理防御意识强。在行为上表现

为缺乏理智、情绪冲动、自吹自擂、自我陶醉，却不去为实现自我做出努力，因此在学业、友谊和爱情上易于失败。虽然大学生中这种类型的人较少，但是个别有严重倾向的大学生可能用违反社会道德规范或违法犯罪的手段来谋求自我意识的统一。

【案例 5-1】

龙同学认为自己是个难得的才子，平时极为清高，看不起一般的老师和同学，常常独来独往，但只要有在公众面前露面的机会，他总是兴致很高。

大一时，他参加了学院组织的文学创作竞赛，当时他的激情很高，认为展示才华的机会到了，自己要好好露几手。他很投入，几乎到了废寝忘食的地步。最后评奖时，他兴奋极了，心想自己不是特等奖也应该是一等奖，这下大家可以看到才华横溢的他了。谁知大会主席宣布特等奖时没有他，一等奖、二等奖也没有他，三等奖还是没有他，最后，他只获得了鼓励奖。这对他简直就是当头一棒，他当场就要求上台发言，对不公正的评比结果进行批评，最后把自己与凡·高等天才艺术家相提并论，认为真正有才华的有艺术价值的作品不是一般人看得懂的。

大二时，学校选拔参加省级大学生演讲比赛的成员，他代表文学院参加。可能是太紧张了，竞赛时他几次出现失误，不是忘记原来背好的讲稿，就是出现较严重的口吃。结果自然就落选了，这对他来说是不能接受的。他一次次找评委，说他的失误主要是其他辩手造成的，还说轮到他们上场时麦克风出了问题，使他分了心，强烈要求评委老师重新考虑他进学校队的要求。他的英语四级没考过，为此事他大发牢骚，认为这种考试制度本身就得批判，写了《论英语四六级考试之不合理性》《论英语四六级考试之荒谬性》之类的文章投往各种期刊，等一段时间稿件没被采用，他干脆将稿件复印多份分别贴在学校人流比较多的地方。

大三重考四级时，他在考场坚持说他的听力接收器是坏的，两个监考老师检查几次都没发现任何问题，可他坚持说听不到，两个监考老师莫名其妙，轻声议论他的耳朵可能有毛病，他马上就反驳说自己的耳朵非常好，就是接收器不好。老师感到奇怪，马上找了一台备用的机子调换，但他还说是坏的，听不到。监考老师再也想不出办法了。一两个月后成绩出来了，他的成绩是56分，他说是接收器害了他，他本来可以考高分的，是接收器不好影响了听力得分。

【案例分析】

龙同学坚信自己天生优秀，是个奇才，这种错觉是他的精神支柱。他夸大的自我形象一次次被事实修正或粉碎时，他总是用有利于自己的理由歪曲事实以减轻实际体验到的紧张和焦虑感，缓解事实对自我形象的打击。

自我夸大型的人在遭受挫折时，无意识中会通过文饰作用，为自己的失意、失败找到借口、托词；虽然这些借口、托词不真实，却娓娓动听，很有说服力。通过文饰作用，他既为自己的失败找到了“真实的理由”，又保护了他们赖以生存的非理性的自我形象和自信心。

龙同学看不到自己人格上的缺陷，又不能接受自己英语四级考试失败的事实。为了维护他天生优秀，是个奇才的形象，为了自信，他任意想象、妄想，为自己的失败寻找外部的原因。启动这种心理防御机制的结果是使长期处于逆境中的人出现偏执障碍。

自我夸大型的人，当面对失败时，会否认自己能力上的不足，从别人身上找原因，通过责备别人，减少潜在耻辱事件的影响。他们从不愿对失败负责任。

（3）自我萎缩和自我矛盾型

自我意识难以同一，主要表现为自我认知或高或低，自我评价动摇不定，自我体验或好或坏，自我调控时强时弱；各类自我难以协调整合；心理发展非常不稳定、不平衡，有时自信而成熟，有时又自卑而幼稚，令人难以把握。其主要表现为自我萎缩和自我矛盾。

①自我萎缩型。自我萎缩型的大学生缺乏理想自我，对现实自我深感不满，可又觉得无能为力；消极放任，得过且过；麻木冷漠，自卑自弃；消沉自堕，丧失信心；退缩归隐，闭门隔世；孤独寂寞，沮丧失志；严重的还可能导致精神分裂症或绝望轻生。

②自我矛盾型。自我矛盾型的大学生，内心自我冲突激烈，持续时间长；理想自我和现实自我难以同一；自我认知、自我体验、自我控制不稳定；缺乏“我是我”的统合感觉，而易于产生“我不是我”“我不知我”的分离倾向。因此，新的自我无法同一。如有的大学生可能是既自信又自卑的人，有的可能是既诚实又虚伪的人。

二、大学生的不良自我意识

有时我们会发现自己很敏感，容易情绪化，心理容易受到伤害。有时我们又会发现自己很容易自卑，总是感到自己无能、没用，得不到很好的关注和尊重。其实，这是我们的自我意识出现了矛盾和偏差。

（一）大学生自我意识的矛盾

由于心理尚未成熟，大学生自我意识的发展也不是一帆风顺的。在“矛盾—

统一—新矛盾—新统一”的转化发展过程中，大学生的自我意识不断发展、变化。由刚进校的“依赖性”和“盲目性”，渐渐变为“想入非非”，到毕业前的沉稳、理性。在这样一个矛盾统一的过程中，大学生自我意识的矛盾冲突主要表现在如下几个方面。

1. 主观的我与客观的我之间的矛盾

“主观的我”是个人对自己的认识和评价，“客观的我”是社会上其他人对自己的认识和评价。大学生远离具体的社会现实生活，大量的时间是生活在相对单纯的大学校园中，“主观的我”和“客观的我”存在着不合拍、不一致的现象。大学生往往根据书本对自己做出不符合实际的估价，要么过高，要么过低，一旦接触社会生活、接触现实生活中的其他人，便发现自己并不像自己想象的那样高明或低能，容易自我失落或沾沾自喜。这种矛盾可以通过适当的社会实践来化解。

2. 现实的我与理想的我之间的矛盾

大学生是富有理想的，这种理想在头脑中的形象化即构成了大学生的理想自我，而本身的现实经历又构成了现实的自我。大学生作为同辈人中的佼佼者，步入大学殿堂后在脑海中即设计出自己的完美未来（包括学习、爱情、就业），然而现实社会中的种种障碍会阻碍“理想自我”的实现。大学生对自我缺乏客观认识，往往会在对现实自我不满的情况下否定自己。

3. 自尊心与自卑感之间的矛盾

大学生多有浓厚的优越感和很强的自尊心，对自己的能力、才华和未来充满信心。有些大学生发现“人外有人、天外有天”，他们就会怀疑自己、否定自己，产生自卑心理，在他们的内心深处，自尊心和自卑感常常处于矛盾状态。

4. 自立和依附他人的矛盾

进入大学以后，大学生的独立意识迅速发展，希望能在思想、学习、生活甚至经济等诸多方面自立，希望摆脱家庭和学校的约束，自主地处理自己遇到的一切问题。有些大学生错误地认为，独立就是不需要任何人的帮助和指导，或者没有任何依赖别人的需要。事实上，即使是一个独立性很强的人，也会产生依赖他人的需要。独立并不意味着独来独往、独当一面，而是指个人对自己负有全部的责任。大学生不仅要分清两者的区别，而且还要认识到独立性的培养需要一个过程，对这一过程的认识不足和过分苛求都会阻碍自身的正常发展。

（二）大学生自我意识过弱的特点与表现

自我意识过弱是相对于自我意识过强或自我意识过剩而言的。自我意识过弱的大学生，并非没有自我意识，而是在自我评价、自我接纳及自我控制中采取否定、消极的态度，具体表现为自我拒绝、过分自卑和随波逐流。

自我拒绝的大学生对自己采取否定的态度，不喜欢自己的一切，讨厌自己的缺点，常常抱怨和指责自己，希望自己变成另外一种人，但又无力改变自己的现状，严重的会发展为自暴自弃，失去生活的乐趣。他们一般也不喜欢与别人交往，很少有朋友。这种自我拒绝产生的原因与个人生活经历有关，如从小得不到赞许和肯定；父母过于严厉和要求太高，都会使儿童产生内疚感和自我挫败感。有的学生是由于自我期望值太高，当目标不能实现时，由自责发展到自我否定。

自卑感是在和别人比较时，由于低估自己而产生的情绪体验。个体心理学认为，人类普遍存在着自卑感，因为每个人都有不如人的一面。过分的自卑感则往往使人孤独、离群、缺乏信心和成就感。由于大学是个人才济济、高手如林的地方，不少大学生在学业、能力、经济等方面感到不如他人，自觉处处矮人一截，十分自卑。过分的自卑往往与过分的自尊有关，可以说是一种畸形的变态的自尊，往往是自尊心屡屡受挫的结果。过分自卑的大学生由于敏感多疑，时时担心别人看不起自己，所以常采取回避、退缩的态度，不敢抛头露面，不愿尝试，害怕自己会做出令人笑话的行动来，他们在人际交往中由于自信心不足而显得很被动。

自卑的大学生无论在生理还是心理上都不一定很差，主要是低估自己或消极的自我暗示抑制了自信心。有一位大学生这样描述自己："在我的记忆里，根本搜索不出一件令自己满意的事。我从没想过和发现自己有什么长处和优点。我只觉得自己是糟粕海洋中的一分子。我找不出自己还有什么值得别人欣赏的地方。"过分的自卑影响了一部分大学生的学业进取心、人际交往的主动性和能力的发挥。

大学里还有一部分学生缺乏独立意向，有着过强的从众心理。他们没有自己的是非观念和独立见解，不敢自己下判断、做决定，对自己的实力没有信心，所以总是随波逐流，人云亦云，盲目地跟着别人走。有的大学生因周围同学一个个成双成对，沉浸在爱的海洋里而羡慕不已，迫不及待地"下情海"，只为怕落得形单影只；有的大学生见别人抽烟喝酒，唯恐自己不够"有派头"，也凑上一分子。至于宿舍里、教学楼中一呼百应、盲目起哄的现象更是屡见不鲜。

这种独立性的缺乏，导致了大学生创造力受抑制、自主性被阻碍，助长了一些不良风气的蔓延。

大学生在自我意识发展过程中所出现的以上偏差和失误，是由大学生的自我意识发展特点所决定的，是大学生心理发展不成熟的表现。

三、大学生常见心理问题及其应对

（一）大学生常见心理问题

1. 焦虑症

焦虑情绪分正常焦虑和病态焦虑。正常焦虑会起到积极的作用；病态焦虑会影响正常的生活和学习，个体常感到无明显原因、无明确对象、游移不定、范围广泛的紧张不安，经常提心吊胆，却又说不出具体原因，患者过分关心周围事物，注意力难以集中，甚至出现多种形式的躯体不适，从而影响正常的工作和学习。

2. 抑郁症

抑郁症是大学生中常见的一种心理障碍，主要表现为悲伤、绝望、孤独、自卑、自责等，把外界的一切都看成“灰暗色”的。长期处于忧郁状态会导致思维迟钝、失眠、体力衰退等，严重的会危害个体身心健康。

3. 强迫症状

有强迫症状的大学生，主要表现为强迫观念、强迫动作出现，重复思考、反复某一个动作，严重影响正常学习效率，主观上感到有某种不可抗拒的和被迫无奈的观念，明知没有必要，但不能自我控制和克服。

4. 失眠症

失眠症主要表现为入睡困难、睡眠不深、易醒和早醒、醒后再次入睡困难、睡眠感缺失。以入睡困难最多见，常伴有焦虑情绪。对失眠的恐惧和对失眠的后果过分担心会加重失眠，陷入恶性循环。长期失眠导致情绪不稳、个性改变。

5. 一般心理异常征兆

（1）分神

这是指心理活动能够有选择地指向一定事物，却难以稳定地集中该事物的注意失调；通常发生在对自己有特定意义或重要意义的活动中。

（2）记忆减退

这是指识记和再认、回忆发生困难，识记内容不能有效保持或保持容量明显减少的记忆失调；记忆减退有明显的阶段性。

（3）孤独

这是指孤单寂寞的消极心态；莫名的孤寂、烦恼。

（4）忧郁

这是指郁郁寡欢、闷闷不乐、自怨自艾、沉默萎靡，给人一种心事重重的感觉。忧郁是弥散性的消极心态，其发生通常具有明显的情景性。

（5）期待性焦虑

这是指担心即将发生的事情会出现最坏的结局，时刻等待不幸的到来所表现出来的消极心态；与以前遭受过的打击、受挫、内疚等活动有关系，与在各种活动中出现的正常焦虑不同。

（6）暴躁

这是指在一定场合受到不利于自己的刺激时就暴跳如雷的人格表现缺陷；有相当明显的情景性，与易激惹、病理性激情不同。

（7）自卑

这是指自我评价过低、自愧无能而丧失自信，并伴有自怨自艾、悲观失望等情绪体验的消极心理倾向；其情景性是仍然明显的，与自我排斥是不同的。

（8）多疑

这是指神经过敏、疑神疑鬼的消极心态；一旦形成则比较顽固，是导致偏执型人格障碍的温床，与猜疑是不同的。

（9）空虚

这是指百无聊赖、闲散寂寞的消极心理；不思进取、无所事事。

（10）心理疲劳

这是指心理精神上的原因导致的无精打采、懒散无力，是一种使反应速度、灵活性和准确度降低的心理机能消极状态。

（二）大学生常见心理问题的应对

1. 一般心理问题

朋辈咨询、心理疏导。

2. 严重心理问题

找心理咨询师。

3. 心理障碍

找心理治疗师，必要时心理医生介入。

4. 精神病

找精神病科医生对症处理。

5. 心理障碍

神经症和人格障碍的诊断是一项专业性很强的工作。所谓正常与不正常的划分标准是相对的而不是绝对的。而且，正常与不正常的判别，还受一定的文化环境的影响。在某种范围内看似异常的行为，在另一种环境下就不足为奇了。因此，心理疾病的确诊是十分困难的，最好不要盲目进行自我诊断、自我定论。看见书上写了一些症状，就往自己身上套，这种做法是极为有害的。如果真的发现自己有不能解决的问题，应主动请教专家或医生。

郑州市第九人民医院心理医院的常国胜医生提出了如何识别心理危机及心理危机干预措施：如果表现出以下任何预兆症状，请立即予以注意，并应视为心理危机进行处理。

①心境（情绪）剧变。

②个性（行为）改变。

③死亡（自杀）想法。

④分发重要的个人收藏物。

⑤生活无价值感。

⑥安排后事。

⑦哭泣求助。

⑧敏感多疑。

⑨不寻常的信念。

⑩对周围事物的感知改变。

⑪嗜好改变。

⑫社交兴趣减退。

⑬精神病性症状——幻觉、妄想、人格解体。

发现有人产生心理危机时，身边的人需要采取以下步骤加以应对：

①认真对待、予以关注。

②注意倾听、理解感受。

③与其朋友和家人取得联系。

④传递充满希望、乐观的信息。

⑤尽可能不要让当事人独处。

⑥收好潜在危险物品。

⑦脱离潜在危险的处境。

⑧与心理师或医生联系。

⑨听取医生建议，引导当事人积极接受治疗。

★心理健康程度测试

下列问题中，请根据你的实际情况选择一个最适合你的答案：A 表示最近一周内出现这种情况的日子不超过一天，B 表示最近一周内曾有 1 到 2 天出现这种情况，C 表示最近一周内曾有 3 到 4 天出现这种情况，D 表示最近一周内曾有 5 到 7 天出现这种情况。

1. 因一些事而烦恼

A（ ） B（ ） C（ ） D（ ）

2. 胃口不好，不大想吃东西

A（ ） B（ ） C（ ） D（ ）

3. 心里觉得苦闷，难以消除

A（ ） B（ ） C（ ） D（ ）

4. 总觉得自己不如别人

A（ ） B（ ） C（ ） D（ ）

5. 做事时无法集中精力

A（ ） B（ ） C（ ） D（ ）

6. 自觉情绪低沉

A（ ） B（ ） C（ ） D（ ）

7. 做任何事情都觉得费力

A（ ） B（ ） C（ ） D（ ）

8. 觉得前途没有希望

A（ ） B（ ） C（ ） D（ ）

9. 觉得自己的生活是失败的

A（ ） B（ ） C（ ） D（ ）

10. 经常感到害怕

A（ ）　B（ ）　C（ ）　D（ ）

11. 睡眠不好

A（ ）　B（ ）　C（ ）　D（ ）

12. 高兴不起来

A（ ）　B（ ）　C（ ）　D（ ）

13. 说话比往常少了

A（ ）　B（ ）　C（ ）　D（ ）

14. 感到孤单

A（ ）　B（ ）　C（ ）　D（ ）

15. 人们对我不太友好

A（ ）　B（ ）　C（ ）　D（ ）

16. 觉得生活没有意思

A（ ）　B（ ）　C（ ）　D（ ）

17. 曾哭泣过

A（ ）　B（ ）　C（ ）　D（ ）

18. 感到忧愁

A（ ）　B（ ）　C（ ）　D（ ）

19. 觉得人们不喜欢我

A（ ）　B（ ）　C（ ）　D（ ）

20. 无法继续日常学习

A（ ）　B（ ）　C（ ）　D（ ）

评价方法：每题答 A 计 0 分，答 B 计 1 分，答 C 计 2 分，答 D 计 3 分。各题得分相加。

10 分以下，说明你的心理很健康。

10~30 分，说明你可能有轻度的心理问题，可尝试进行自我心理咨询。

30 分以上，说明你有较严重的心理问题，这时应考虑到医院进行心理咨询。

第二节　大学生常见心理问题产生的原因

目前我国大学生存在的心理问题是比较多的。由于人们在认识上存在一定的误解与偏差，以为只有表现出明显的精神症状才算是心理问题或心理疾病，因而忽略了某些大学生的一些心理异常的早期表现。从现代心理学角度分析，目前大学生的心理状况令人担忧。相关心理健康调查表明，大学生已成为心理弱势群体，他们的精神行为症状阳性检出率约为16%，心理处于不健康或亚健康状态的大学生约占被调查大学生总数的50%左右。就现状看，大学生的精神问题主要表现在自闭、抑郁、焦虑、偏执、强迫、精神分裂等方面，其原因大多是学生的心理问题没有得到及时的调适和解决。那么，是什么原因导致大学生心理问题频频出现，并且人数越来越呈上升趋势呢？造成大学生心理问题的原因是多种多样的，既有家庭环境、教育环境、社会环境等因素，也有大学生心理发展过程中主观的因素。

一、社会因素

著名社会学家费孝通先生曾说：“我国当前正处在一个大变革时期，这个变革包括几千年沿袭下来的文化、观念的变革，因此不可避免地会出现因适应不良而产生的各种心理障碍。”大学生正处于世界观、人生观、价值观的形成期，生理和心理处于不稳定阶段，心理素质还十分脆弱，容易产成价值观的混乱和情绪的起伏不定，致使他们心理复杂而动荡不安，加之大学生缺乏社会经验、心理承受能力和调节能力较低，在发展变化迅速、高效率、快节奏和激烈竞争的社会中出现各种心理困惑也就在所难免。

近几年来，由于社会竞争的加剧、就业市场的不景气，大学生找工作或找比较理想的工作越来越困难。这对大学里众多高年级学生造成很大的精神心理压力，使他们因焦虑、自卑而失去安全感，许多心理问题也随之产生。

二、家庭因素

家庭及外界环境的不利影响也会成为诱发大学生心理问题的因素，比如不当的家教方式、单亲家庭环境及学校某些不良环境的负面影响、消费上的浪费攀比、对贫困生的歧视、学习节奏过于紧张等。

独生子女群体已成为当前大学生的主体。对独生子女的教育不当而造成的后遗症，是导致大学生心理问题频发的一大诱因。独生子女的任性、自私、不善交际已成为家长、教师及教育界人士棘手的问题，而这些问题往往源于独生子女从小就备受家人的溺爱，缺乏集体合作精神。在溺爱环境中长大的孩子，常会养成许多不良习性，而这些习性则成为诱发心理疾病的原因，使人产生暴力倾向和行为。

家庭教育者福禄贝尔说过，“国民的生命，与其说掌握在当权者的手中，还不如说是掌握在母亲的手中”。家庭环境和教育对个体人格的形成具有重要的影响。家庭是每个人成长的第一环境，父母作为孩子的第一任老师直接影响着孩子的人格特点和心理素质。东北师范大学的张金明曾做过一次调查，发现被调查的 8684 名学生中，其父亲是大专文化程度的占 6.23%，高中文化程度的占 27.29%，初中文化程度及以下的占 66.47%；而其母亲的文化程度是大专以上的只占4.47%，高中的占23.05%，初中及以下的占72.47%。父母文化程度越高，思想、观念越开明，教养方式越民主，大学生的心理问题就越少；反之，大学生的心理问题就越多。

三、经济因素

大学生中的贫困生问题也是一个社会性问题。不少贫困生由于经济上的贫困导致心理上的畸形发展，造成经济上和心理上的双重贫困，成为大学生中出现心理问题的高危人群。也有不少贫困学生由此而感到自己受到了周围同学的歧视，致使他们往往对某些同学乃至社会感到厌恶、疑虑，甚至产生反叛心态，这种心理阴影极易引发心理问题。有关调查显示，只有 20% 的贫困生敢于坦然面对贫穷，并通过各种途径去改变这种状况；有 60% 的学生认为自己与人交往有困难；而剩余的 20% 则把自己封闭起来。

四、学校因素

在高校里，实用主义思想很盛行，大学生中普遍存在着这种思想倾向：对将来就业有用的东西就学。没有用的东西就不愿意学，高校对学生的思想和心理方面的教育和引导一直都是弱项中的弱项。到目前为止，某些高校尚未设立心理咨询机构，或成立心理咨询机构也是流于形式，根本不开展工作，使在校大学生的许多心理问题不能得到及时有效的解决，从而使一些不健康的思想或心理问题在学生中蔓延。

五、自身因素

大学生个体因素是影响和制约大学生心理健康的主要内因，其着重表现在以下几个方面。

（一）个体的人格缺陷

大学生的人格结构较复杂，影响因素也很多，在人格的形成和发展过程中，不良因素不同程度地影响着其人格的健康发展，导致其人格发展有缺陷。研究表明，大学生中有相当一部分人存在不同程度的人格发展缺陷，表现为孤僻、冷漠、多疑、悲伤、急躁、冲动、固执、好钻牛角尖、易偏激、骄傲、虚荣、以自我为中心等。

（二）自我意识缺乏客观性和正确性

大学生的自我意识是大学生心理发展中具有特色的方面，是个性发展的最集中的表现之一。自我意识包括自我认识、自我体验、自我控制等。大学生对自我认识和自我评价有浓厚的兴趣，但却常常缺乏客观性、正确性。有时自我感觉太好而自负骄傲，自我期望值过高，偏离实际水平，而一旦遇到挫折或不幸时，又因自我意识偏离而出现逆转，走向对立面，产生自卑情绪，自我评价过低，不能客观、正确地认识自己。

（三）缺乏科学的社会认知

我国当前正处在社会转型期。在社会的急剧变革中，传统文化体系开始衰落，人们所推崇的价值体系和行为规范受到冲击，而新的道德行为规范又尚未完全建立起来，人们普遍感到困惑焦虑、无所适从，出现价值失落、道德滑坡和人格扭曲现象。这使处于敏感期的大学生出现种种心理不适应，对社会的复杂性缺乏科学、全面、正确的认知，受社会消极面影响较多，易产生悲观、失望、消沉、偏激等心理问题，甚至会产生攻击型和反社会型人格障碍。

（四）交际困难造成心理压力

人际交往问题是大学生最为关注也最感困惑的问题之一。人际关系的好坏往往影响到大学生的学习、生活、工作等各个方面，也影响到大学生对自我的正确认知，进而影响大学生的心理健康。可以说人际交往能力的欠缺，是大学生产生心理困惑最多、最直接的原因。

“踏着铃声进出课堂，宿舍里面不声不响，互联网上诉说衷肠。”这则顺口溜实际上反映了相当一部分大学生的交际现状。现代大学生的交际困难主要表现为不会独立生活，不知道如何与人沟通，不懂交往的技巧与原则。有的大学生有自闭倾向，不愿与人交往；有的大学生为交际而交际，不惜牺牲原则随波逐流。

导致大学生交际困难的原因有以下几种：目前大学生多为独生子女，家庭对其教育不当造成了一些负面效果，如任性自私、为所欲为；由于从小缺乏集体环境而导致缺乏集体感与合作精神；家长的过分包办使独生子女上大学之后缺乏最起码的独立生活及为人处世的能力。交际困难导致大学生产生自闭偏执等心理问题，因无倾诉对象，有心理问题大学生的心理压力会加重，还易导致心理疾病。温州市对大学生的调查表明，目前交际困难已成为诱发大学生心理问题的首要因素。

（五）角色转换与适应障碍

心理学研究表明，个体所处环境的巨大变迁会使个体产生心理应激。生活环境的变迁对大学新生是一个不小的挑战。由于环境的改变、角色的变化、生活方式的变更，再加上大部分学生要远离父母长期住校，他们的独立生活能力、适应能力、交往能力欠缺，以及缺乏必要的思想上和心理上的准备，便产生了不同程度的适应困难，从而产生心理困惑。

大学新生都有一个角色转换与适应的过程，刚入学的大学生往往会出现各种各样的心理问题，心理学上将这一时期称为“大学新生心理失衡期”。导致大学新生心理失衡的原因首先是现实中的大学与他们心目中的大学不统一，由此产生心理落差；其次是大学新生对新的环境、新的人际关系、新的教学模式不适应，由此产生困惑，造成心理失调；另外，大学新生作为大学中普通的一员，与其以前在中学里作为佼佼者的感觉大不一样，这也是心理问题的诱因之一。

大学新生对新环境不适应，如果得不到及时的调整，便会产生失落、自卑、焦虑、抑郁等心理问题，有的大学生还会因长期不适应而退学。所以，高校应该特别注重对大学新生进行入学后的心理调适，帮助他们度过心理失衡期，成功地进行角色转换。

（六）学习与生活的压力

大学生的学习压力相当一部分来自所学专业非所爱，这使他们长期处于冲突与痛苦之中；课程负担过重，学习方法有问题，精神长期过度紧张也会带来压力；另外还有参加各类证书考试及考研所带来的应试压力等。精神长期处于高度紧张的状态下，极可能导致大学生出现强迫、焦虑甚至是精神分裂等心理疾病。生活的压力主要在于大学生不善于独立生活和为人处世，有些大学生还有生活贫困所造成的心理压力。

（七）对网络产生过于强烈的依赖性

不少大学生一方面因交际困难而在网络的虚拟世界里寻找心理满足，另一方面也被网络本身的精彩深深吸引。所以，有些大学生对网络的依赖性越来越强，有的甚至染上网瘾，每天花大量时间泡在网上，沉湎于虚拟世界，自我封闭，与现实生活产生隔阂，不愿与人面对面交往。这样久而久之，会影响大学生正常的认知、情感和心理定位，还可能导致人格分裂，不利于健康性格和人生观的塑造。而且，迷恋网络还会使人产生精神依赖性，在日常生活和学习中举止失常、神情恍惚、胡言乱语、行为怪异。

第三节　大学生常见心理问题的应对策略

大学生的心理困惑和心理障碍主要表现为情绪情感问题和人际交往问题。出现这些问题的诱因除他们自身的人格缺陷和自我认知偏差外，更多的是他们面临的巨大的学业压力、激烈的竞争压力、空前的就业压力以及人际关系适应不良等。因此，如何充分利用高校心理健康教育这一平台来提高大学生心理健康水平显得尤为重要。

一、培养大学生健全的自我意识

自我意识在人格形成和人格结构中占有非常重要的地位，人的认知、情感、意志等都受到自我意识的影响。健全的自我意识是心理健康的具体反映。如何才能塑造健全的自我意识？我们可以从以下几点入手。

（一）正确认识自我

如果一个人能对自我有一个全面、恰当的认识和评价，就能扬长避短、取长补短、控制自己、改变自己、完善自己，就能根据自己的实际情况，选择相应的目标并为之努力奋斗。正确认识自我是建立健全自我意识的基础。正确认识自我要求我们做到对自己有深刻的了解，并能对自己进行客观的评价。

我们可以从我与人的关系中来认识自我，从我与事的关系中来认识自我，还可以从我与己的关系中来认识自我。自我认识的具体途径包括他人评价法、比较法、经验法和内省法。

1. 他人评价法

我们可以通过与他人交往，从他人对自己的态度和评价中认识自己。不是他人的所有评价都是有益的，我们要以恰当的态度对待他人的评价。要重视对自己比较熟悉和了解的人（如家人、好朋友等）的评价，要特别重视比较一致性的评价（如十人中有六七人持相同看法）。有些大学生特别偏重别人对自己的负面评价，而忽略了对自己的正面评价，这是自卑的人。有些人听不进别人的批评意见，那么他就很难进步成长，完善自己。

2. 比较法

自我认识可以通过与他人的比较而实现。他人是反映自己的一面镜子，在比较中可以认清自己的优势和不足，扬长避短。同时，我们要注意比较的艺术。与谁比较，比较什么，怎么比较是必须引起注意的。我们选择与自己条件相似的人进行比较，学习他人的优点和长处，这样会有激励作用。如果与我们相差太多的人比较，或者让我们沾沾自喜或者让我们灰心丧气，对自我的改善没有太大的帮助。我们比较的是学习能力、工作能力、意志行为等，这些通过自身努力是可以不断提高和完善的，而家庭背景、生活条件等在很大程度上并不取决于大学生自身，在短期内也难以有很大改变，我们不必过分在意。与人比较还要从相对标准而不是绝对标准的角度看问题。有些大学生来自农村，条件不如别人，很多方面可能没有学习和实践的机会，而如果给予他们学习的机会，很可能赶上别人。

3. 经验法

通过自己参加各种活动时的动机、态度、表现以及取得的效果和成果来分析认识自己。活动成果的价值有时能直接标志着自身的价值，社会衡量一个人的价值主要是通过活动成果来认定的。一次的成果会增加自己的自信心，但是一次的失败也可能让自己怀疑自己的能力。那么，怎么看待失败或挫折呢？最简单的一句话即“失败是成功之母”。大学生具有各种潜在的天赋和能力，积极参加多方面的实践活动和社会交往，才有机会发现和发展自己的天赋和才能。

4. 内省法

个人对自己的观察和思考是自我认识的一个重要方面。他人对自我的评价不等于自己对自身的评价。内省是指通过反省自己、分析自己来进行自我认识。孔子曰：“吾日三省吾身。”这里要注意的是，反省并不仅指觉察自己做得不好的地方，重点是对自己的言行思想保持觉知，鼓励自己做得好的方面，对于做得不够的地方，争取下次做得更好，努力完善自己。自己观察和分析自己，看似容易，其实是很困难的，我们难免会因为自己的情绪和愿望等而影响到对自己全面客观的评价。

在进行自我认识和自我评价的时候，我们要从多条途径收集信息，要讲究评价的艺术。评价应就事论事，在就事论人时，不以偏概全，不以一时一事下结论，要有发展的眼光；不把与别人相比较或别人的态度作为唯一的衡量标准；不把成就和成绩作为衡量自己价值的唯一尺度。另外，在通过比较而评价自我时，要注意区分纵向比较和横向比较。我们通常的比较是指与他人进行比较。我们更要注重的是自己与自己的比较，自己的今天与昨天的比较，即纵向比较。如果我们看到自己一天天的进步和成长，会让自己对未来充满信心。

（二）悦纳自我

悦纳自我就是喜欢自己、接受自己。首先要喜欢自己，要有自我价值感、愉快感和满足感；其次是无条件地接受自己的一切，欣赏自己的优点，接纳自己的缺点，平静而理智地看待自己的长处和短处，冷静地对待自己的得与失；最后要不以虚幻的自我来补偿内心的空虚，不以消极回避的方式漠视自己的现实，不以怨恨、自责或厌恶来否定自己。悦纳自我尤其要注意的是不能只看到短处而否定自己。短处有两种：一种是能够改进的，如不良习惯、坏脾气等；一种是无法改变的，如自己的先天身材与其貌不扬等。对于可改进的，努力完善；对于不可更改的，承认它、接受它，不以此为羞。

在现实生活中，我们会发现有些大学生可以喜欢朋友，喜欢知识，喜欢自然，却不愿意喜欢自己，不能真正地尊重自己，爱惜自己。下面有一些简单的策略可以帮助大家做到自我悦纳。

1. 喜欢自己

悦纳自我首先要接纳自己、喜欢自己、欣赏自己，看到自己身上的闪光点、成长的潜能和存在的价值。你要知道，当你排挤、讨厌自己的时候，你根本提不起劲来改善自己的处境。所以我们需要做的第一件事是要多照镜子，并不断对镜中人说："我真的很不错，我真的真的很不错！"

在成长的过程中，我们也经历了一些或大或小的挫折、阻碍，也会有成功的喜悦。挫折和阻碍会成为我们成长的财富，所以我们也有理由把右手放在胸口，大声地告诉自己："我为自己骄傲！"

2. 保持乐观，性格开朗

在大学生活中，大学生可能会面临各种生活、学习和人际交往的压力，时常会遇到各种挫折和冲突。如有位同学的钱包掉了，一个月的生活费没了，却不见他特别沮丧。问他为什么，他说："钱包掉了本来就是一种损失，如果再因此让自己很不开心，不是损失更大了吗？为什么要把金钱的损失扩大为时间和心情的损失呢？我不是粗心的人，但是作为教训，下次我会更小心一点。”如果人们能像这位同学一样，遇事保持乐观的心态，不对自己太过苛责，接纳自己的短处、缺点，这样反而会给自己更自由的成长空间，会保持更为理想的心理健康状态。

3. 全面看待自己的优缺点

每个人都会有优点，也会有缺点。但是在生活和学习中，我们会发现有的人只能片面地看待自己，要么只能看见自己的缺点，一无是处，这样的人活得自卑痛苦；要么觉得自己全是优点，问题和缺点都是别人的，这样的人充满优越感而自负满满。不管是自卑，还是自负，都会成为人们成长路程上的阻碍。全面看待自己的优缺点，才能认识真实的自己，在与人交往中才能进退有度。

二、将心理健康教育与思想政治教育有机结合

高校的主要任务是为国家培养既拥有扎实的专业基础知识、过硬的专业技能、良好的科研创新能力，又拥有高尚的品德、优良的心理素质的全面发展的人才。高校思想政治教育和心理健康教育是培养具有综合素质人才的重要保证。尽管教育部在《关于进一步加强和改进大学生心理健康教育的意见》中明确强调，加强和改进大学生心理健康教育是新形势下加强和改进大学生思想政治教育的重要任务，明确了两者之间的关系。但在实际工作过程中，由于高校思想政治教育工作运行机制及教育工作者心理健康知识不足等方面的原因，导致两者孤立而行，影响了各自的教育效果。因此，在教育实践中，必须提高认识，融心理健康教育于思想政治教育中；思想政治教育必须坚持以人为本，尊重大学生的个性发展。

三、营造和谐有序的外部环境体系

个体身心健康的发展除受遗传因素影响外，外部环境因素也起着至关重要的作用。和谐有序的外部环境有利于大学生良好道德品质的形成、高尚情操的发展以及健康和谐的心理品质的养成。外部环境主要包括社会环境、校园环境和家庭环境。家长、教育工作者和相关职能部门在教育实践过程中，可以针对外部环境对大学生心理健康的消极影响，充分发挥人的主观能动性，采取一系列措施，优化环境，创造出有利于大学生身心健康发展的外部环境体系。

（一）创建积极和谐的社会环境

在社会主义经济市场化和商品经济全球化的影响和冲击下，各种不良因素冲击和影响着当代大学生。奢侈腐败现象、贫富悬殊差距、社会分配不公、就业压力增加等社会负性因素给大学生的心理健康造成了不良影响。构建积极和谐健康的社会环境势在必行。

首先，政府的各项政策应该以关注民生、提高人们的生活水平为目的，以不断提高人们的幸福指数为考量标准，加大反腐倡廉力度，消除社会上的奢靡腐败等不正之风。各级政府职能部门要文明执法，严厉打击各种违法犯罪活动，努力营造社会主义和谐社会。自党的十八大会议召开以来，党的反腐倡廉工作取得了可喜的成绩，查处了一批大案要案，传递了正能量，让广大民众看到了希望，树立了信心。

其次，大力弘扬中华优秀传统文化，发扬中华民族优良传统。各级政府职能部门要在全社会倡导勤俭节约、明礼诚信、尊老爱幼、敬业奉献、团结友善等传统美德，弘扬社会道德风尚，主导社会主旋律。各级文化宣传单位、新闻媒体、广播影视、出版社、文艺团体及网络等现代传媒要以传播社会正能量为己任，大力宣扬积极、正面、鼓舞人心的社会事件和生活事件，针对不同群体，开展各种形式的教育活动，在全社会形成一种积极和谐的舆论环境，消除社会不良风气对大学生的负面影响。

最后，加大对校园周边环境的整治力度，各级政府相关管理部门要依法加强对学校周围各种文化、娱乐场馆及商业经营活动的监督与管理，依法查处各种扰乱学校正常教学秩序和生活秩序的娱乐场所，严厉打击各种侵犯师生权益和危害师生人身安全的违法犯罪活动，还学校一个清静、安宁的周边环境。

（二）构建积极有序的校园环境

大学校园是大学生学习生活与成长的重要场所。积极有序的大学校园环境既能最大限度地调动大学生的学习热情和学习动力，提高学习效率，又能陶冶情操，培养大学生良好的心理品质，从而促进大学生心理的健康发展。校园环境包括校园物质环境和人文环境。构建积极有序的校园环境建议从以下两个方面入手。

1. 构建积极有序的校园物质环境

首先必须加强硬件设施建设，为广大师生创建一个清静、典雅、整洁、安宁的利于大学生健康成长的校园物质环境。校园物质环境是指校园内对学生的学习与生活产生影响的一切物质条件的总和，包括教学场所、活动场所、生活休息场所、校园绿化环境、各类设施装备等。校园物质环境是高校赖以发展的基本条件，影响着大学生的成长与成才。因此，高校在进行物质环境建设的时候，一定要以育人为目的。比如，校园建筑风格要独特、优雅，体现一定的美感和浓郁的学术气息；教学设备要及时更换和更新，以满足广大师生的教学需求；创造良好的住宿环境，不追求舒适，但要方便、卫生；加大对学校图书馆的建设，打造一个馆藏丰富的现代化图书馆，为广大师生提供门类齐全、丰富多样的图书资源，尽量满足师生学习、科研的需求；发动大学生加入校园的美化绿化过程中来，让大学生群体自己设计校园文化长廊，布置宿舍，以此增强他们的审美能力；充分利用校内的文化娱乐设施和场馆，开展各种有益于健康的文体活动，引导大学生积极参与校园文化活动，培养综合素质。总之，校园物质环境应该体现美感、开启智慧、陶冶情操、弘扬积极向上的精神，做到既方便大学生的学习与生活，又能让大学的主流文化艺术渗透其中，成为影响、塑造大学生个性品质、情感气质的重要外部因素。

2. 构建积极有序的大学校园环境，营造积极和谐的校园人文环境

校园人文环境主要包括教风、学风、校风、制度、文化氛围、文化活动以及人际关系等。良好的校园人文环境不仅可以激发大学生的学习兴趣和学习动力，还可以让大学生陶冶情操，完善自我。学校制定的各项政策、制度在保障学校教学活动正常运转的同时，还应充分考虑学生的学习、生活需求，以促进大学生的健康成长；传承良好的教风和学风，教师要以身作则，率先垂范，以严谨的治学态度、高尚的品德、奋斗不息的精神感染、激励学生。学生应该以学业为重，刻苦学习、钻研专业知识，敢于竞争，积极向上，积极参与各种学术、文体活动，不断提升自我。学校应制定相应的激励机制，鼓励优秀，鞭策后进，严厉惩罚考试舞弊等不良行为，使整个校园洋溢着一股浓郁的学术氛围；要树立优良的校风，用先进的理论武装学生，用高尚的文化引领学生，用典雅的艺术陶冶学生，消除一切不正之风，弘扬社会正气，发扬优良传统，在潜移默化中培养学生的优良品质；要大力提倡建立和谐的人际关系，减少学生心理问题的诱因。相关调查显示，人际关系适应不良是大学新生心理问题的一个主要方面，因此和谐人际关系的建立对大学生心理健康的发展作用重大。

首先，要建立和谐的师生关系。教师不仅要授业，更要传道、解惑，要用自己渊博的知识、高尚的情操去教育学生、感染学生，还要讲究教育方法和技巧，耐心引导和启发学生，激发学生自我教育的潜能。

其次，大学生在日常学习、生活中要学会处理好同学之间的关系，要以一颗热情的心去帮助同学，以一颗宽容的心去体谅同学，凡事多思考，少计较，减少个体负面情绪的产生，构建和谐的人际关系。

总之，学校应该积极构建和谐有序的校园环境，促进大学生健康心理品质的形成、人格的健全，增强大学生的抗挫折能力，提高他们的环境适应能力，使他们不断完善自我。

（三）培育积极温馨的家庭环境

任何个体的成长都受家庭环境的影响，家庭环境的优劣直接影响着个体的人格、情绪等心理品质的发展，因此，培育积极温馨的家庭环境对大学生的成长至关重要。

首先，构建良好的家庭氛围。家庭成员彼此之间和谐的人际关系是构建良好家庭氛围的关键。夫妻之间能够相互理解、彼此宽容、互敬互爱、相敬如宾，以和谐融洽的关系为子女树立榜样。父母与子女之间尽量以民主的方式交流沟通，父母尊重子女的选择，但也不放任自流，关爱孩子但决不溺爱，引导孩子而不压制，给孩子自由的空间，让孩子的个性得到发展。当孩子犯错或闹情绪的时候，父母能耐心地开导孩子，站在孩子的角度分析问题。父母要用发展的眼光看待孩子的所作所为，对孩子多一份鼓励，少一份谴责和谩骂，动之以情，晓之以理，激励孩子不断前进，激发孩子的潜能和自信心，培养孩子开朗乐观的精神面貌。在这种和谐温馨的家庭氛围中成长的孩子，一定是性格开朗、积极乐观、善解人意、环境适应能力强的人，即使日后离开父母独自生活，也能从容面对困难和挫折。

其次，转变传统的教育观念和教养方式，有利于大学生良好个性心理的发展。当前，部分家长对子女的教育趋于功利化，过分看重孩子的考试分数，忽略了孩子道德品质和良好个性的培养。有些家长不顾孩子的实际情况，要求孩子参加各种培训班，出发点虽好，可却给孩子增加了沉重的负担。在大学专业的选择上，有些家长或是为了让子女完成自己未竟的事业，或是为了孩子将来能找个所谓的好工作，不顾孩子的意愿和兴趣，逼迫孩子按照自己的要求去选择。这种结果往往导致大学生在校期间，因为不喜欢自己所学专业而产生厌学情绪，出现经常逃课的现象，有的甚至沉溺于网吧，从而出现心理困惑或心理障碍，导致挂科、留级甚至退学等负性事件的发生。

因此，家长应该转变教育观念，注重孩子的全面发展；培养孩子的是非观念、诚信意识，引导孩子以诚为本，坦诚待人；教育孩子养成正确的金钱观、物质观，让孩子明白金钱很重要，但并不是万能的，拥有物质财富并不是人生的唯一目标；培养孩子健康的心理，教育孩子辩证地看问题，遇事多从积极的角度分析问题、处理问题，切忌钻死胡同，养成开朗乐观的心态；教孩子学会宽容待人，不计较，拥有积极向上、坚毅果敢的品质。

家长在教育孩子的时候还必须改变一些不良的教养方式，要以关注的方式取代放养式、以关爱的方式取代冷漠式、以理性平和的方式取代粗暴式。家长要让孩子时刻感受到父母对自己无私的关爱、尊重、理解和支持，让他们觉得父母永远是自己坚强的后盾。这样，他们才能在遇到困难时不退缩，遭遇挫折时不气馁，取得成绩时不骄傲，养成一种客观、理智、坚毅、顽强的心态。

四、充分利用新媒体手段

数字科技的迅猛发展，互联网络的快速普及，微博、微信等新媒体的迅速崛起，极大地改变了大学生与外界交流的方式和途径。互联网络和微博、微信以其新颖、灵活、快速、便捷、自由、随意、虚拟、隐蔽等特点备受大学生青睐。他们利用微博、微信表达心情，传播信息，探讨时事，发表观点，广结朋友，刷微博、微信已经成为大学生日常生活的一个重要组成部分。因此，高校作为人才培养基地，应该充分利用微博、微信等新媒体平台宣传心理健康知识，组织心理健康教育工作者通过网络对大学生进行心理健康辅导并提供咨询服务。同时，网络的隐蔽性也让那些担心个人隐私被泄露的大学生消除了顾虑。心理健康教育工作者也可以通过微博、微信及时了解大学生的生活、学习情况，把握大学生的心理动态，还可以为相关学生或学生群体提供心理咨询或团体辅导，帮助他们克服心理困扰，提高自我认知能力。在利用互联网络和微博、微信传递正能量的时候，心理健康教育工作者也要注意避免它们可能给大学生带来的负面影响。

互联网上无奇不有，一些不法分子利用网络进行诈骗等违法犯罪活动，利用微博、微信造谣或诽谤他人，传播不法言论等。大学生正处于心理成熟关键期，很容易上当受骗，产生偏激的心理。心理健康教育工作者要加强大学生的网络心理健康教育工作，让他们学会辨别真伪、明辨是非，端正上网动机，避免“网络成瘾”或“微博控”。同时政府要加强对网络、微博、微信的监管力度，采取措施清除网络垃圾，还大学生一个干净、健康、积极向上的网络空间。

五、借鉴积极心理学的理论和方法开设积极心理教育课程

1998年，由美国心理学会前主席塞利格曼倡导的积极心理学运动，发展到现在已经取得了举世瞩目的成就。其研究领域主要有3个方面：积极情绪体验，积极人格特质和积极社会制度。美国心理学家塞利格曼主张建立积极的社会组织系统，研究人的积极人格，通过积极的情绪体验，激发人的潜能，增强人的主观幸福感，从而健康快乐地生活。积极心理学的研究对象是平均水平的普通人，它要求心理学家用一种更加开放的、欣赏性的眼光去看待人类的潜能、动机和能力等。而传统的大学生心理健康教育主要以传授心理卫生知识、解决学生的心理困惑或心理障碍为主要目的，很少关注普通学生的心理潜能的开发。在大学生心理健康教育过程中，高校如能借鉴积极心理学理论，融合积极心理测量技术，增开积极心理学相关课程，定能激发大学生的积极潜能，培养他们的创新精神；增加他们的快乐、幸福、满足等积极情绪体验，使他们悦纳自己，善待他人；也能培养大学生积极乐观的心态，增强他们克服困难、承受挫折的能力，从而提高大学生的心理健康水平。

六、切实加强大学生心理健康教育师资队伍建设

大学生心理健康教育工作是一项专业性较强的工作，它的实施和发展依赖于一支强有力的教育师资队伍。在我国高校的心理健康教育发展过程中，各高校均注重了心理健康教育师资队伍的建设，配备了一定的心理健康教育专职教师、专兼职心理咨询师及心理健康辅导员。但在具体实施过程中还存在以下几个方面的问题，亟须解决。

第一，心理健康教育专职教师的人员不足，无法满足广大学生的心理健康教育需求。

在笔者研究调查的6所高校中，每个学校的心理健康专职教师都只有2至3名，师生比均低于教育部所规定的1∶3000~5000的比例，远低于美国高校的1∶1500的比例。根据当前大学生的心理健康状况，即使师生比达到教育部的要求，也不能满足大学生的心理健康发展需求。因此，各高校应在编制许可的情况下适当增加专业教师，以便更好地为大学生服务。

第二，兼职教师队伍中很多是从事思想政治教育工作的人员，他们缺乏心理学知识背景和心理咨询技能。虽然近年来很多高校都加强了对心理健康教育师资队伍的理论知识培训与辅导，但真正能持证上岗的心理健康辅导员人数在所调查的高校中均不到30%。在操作技能方面，由于他们缺少实践机会，情况

更不理想。因此，在遇到问题时，他们不能很好地让理论与实践相结合，达不到解决问题的预期效果。因此，各高校应制订切实可行的计划，为兼职心理咨询师和心理专干定期提供实习机会，并聘请专职教师和专家、学者作为他们的督导，以便提高他们的操作技能，使他们能及时为大学生提供专业化辅导，提高大学生的心理健康水平。

第三，朋辈辅导机制由于缺乏专职教师的指导而流于形式，没有真正发挥其应有的作用。朋辈辅导在一定程度上能减少大学生的阻抗，让大学生敞开心扉，打开心结，有利于大学生的心理健康。因此，各高校应加强对大学生心理健康协会或心理辅导社团的管理，配备专业教师定期对社团成员进行辅导，提高他们的心理健康知识水平，同时指导社团成员举办各种旨在宣传心理卫生知识、提高大学生心理健康水平的文体活动或专题讲座，让朋辈心理辅导员真正成为高校心理健康教师的得力助手。

七、积极开展团体心理辅导

团体辅导又称团体咨询，是一种在团体情境下提供心理学帮助与指导的方法。它通过团体内人际交互作用，促使团体成员在交往过程中通过仔细观察、认真学习、用心体验、认识自我、探讨自我、接纳自我，以达到更好地适应生活、改善与他人的人际关系、学习新的态度和行为方式的目的。团体心理辅导根据不同的划分标准有不同的类型，如发展性团体辅导、治疗性团体辅导等。国内以清华大学的团体辅导体系最为完善。该校大学生在大学 4 年的学习期内有 8 期的团体辅导训练，有针对大学新生适应问题的辅导，有针对情感婚姻的辅导，有职业生涯规划的辅导以及就业等各方面的辅导。不同的辅导可以通过不同的活动进行，如拓展训练、野外生存、手语训练等。这种系统的团体辅导可以有效地促进大学生的心理健康发展。

因此，各高校在对大学生进行心理健康教育时应充分发挥团体辅导的作用，有效开展团体辅导，不仅针对大学生的心理障碍，更要促进大学生发展性心理的健康发展。同时，各高校之间可以定期进行交流，借鉴彼此好的经验和方式，让团体辅导的内容更充实，形式更多样化，效果更明显。

★问卷调查——大学生常见的心理问题及应对措施

1. 请问你现在处于大学的哪一个年级？

A. 大一　　B. 大二　　C. 大三　　D. 大四

2. 你认为大学生常见的心理问题有哪些？

A. 难以适应新环境，恋家情绪比较严重

B. 面对复杂的人际关系，难以应对

C. 难以平衡学习与社团活动的关系

D. 过度沉迷于虚拟世界之中

E. 大学生恋爱的困扰

F. 现实中的大学和想象中的大学不符，心理落差大

G. 对毕业后的出路（如考研、工作）感到担忧

H. 对难以安排自己过多的空闲时间感到苦恼

I. 过度自卑

J. 其他

3. 对于以上心理问题，你应对的措施有哪些？

A. 转移注意力

B. 调整生活规律

C. 找亲友谈心

D. 上网搜索解决的办法

F. 自我调整

G. 咨询心理医生

H. 其他

4. 对于如何处理和应对大学生常见的心理问题，请你简要描述一下你的观点。

第六章　大学生生命教育与心理危机应对

第一节　认识生命

21 世纪初，韩国非常流行体验“死一把”的一项游戏。这项游戏一推出立即受到很多韩国人的追捧。参与这项游戏的人，首先留下肖像，写好遗嘱，然后穿上寿衣躺进棺材。工作人员营造氛围，使体验者能听到外面的撕心裂肺的哭喊、喧闹。大约 15 分钟后，打开棺材，体验活动结束。

缘何越来越多的韩国人喜欢参与这项活动？从中他们又能得到哪些益处？在这个生活节奏较快的时代，面对每天忙不完的工作和事情，我们往往习惯了怎么更开心、更快乐地活着，而很少去思考死亡的话题。向死而后生。当真正进入游戏，躺入棺材，体验“死亡”，听着棺材外人们的哭声以及对自己生平的各种评价，相信每一个参与体验的人都会感受到强烈的心灵震撼。回想自己做过的事以及未完成的心愿，几乎所有人都有一个共同的想法：要好好地珍惜生命，珍惜现有的生活，过好每一天。

一、大学生的生命探问和困惑

大学是自我认同形成和发展的重要时期。这一阶段，大学生开始独立思考很多关于人生的问题：我是谁？我为什么而活？我该怎样活？他们开启了孜孜不倦的探索历程，因为自身与现实的种种因素，会出现很多的迷茫与困顿。

（一）目标缺失

“十年寒窗苦读，总算可以放松了。”一些大学生进入大学就开始憧憬着怎么玩乐，怎么享受生活。“上大学”的梦想实现了，下一个目标是什么？不知道。为中华崛起而读书，听起来有些太大、太遥远。为个人幸福快乐，好像又有点太小、太虚，难以把握。当没有一个清晰而明确的目标时，有的人忙于社团活动，有的人忙于兼职，有的人忙于谈恋爱，更有的人沉溺网络，找不到归属感与成就感。迷茫是生命的一种过渡状态，大学生若能积极主动地通过师长、朋友探索人生目标，定能找到自己的方向。

（二）价值感苍白

自尊是心理健康的基石。感觉活得有意义、有价值是人生存的动力和依据。一些大学生不能很好地认识自己、接纳自己，尤其是在遇到挫折和困难时，极容易产生自卑心理和非理性想法。成绩不理想，觉得"自己是笨蛋""无脸见爹娘"；恋爱分手了，觉得"我不好，没有人会爱我""我不值得被爱"；找不到理想的工作，觉得"大学白读了""自己一无是处"等，严重者甚至觉得"活着没有意义""拖累家人，还不如死了算了"。这些大学生都看不到自身生命存在的价值。

（三）态度倦怠

不知从何时起，"郁闷"成为大学生的口头禅，"纠结"成为大学校园的流行语。不少大学生失意、迷茫、困顿、疲惫、无奈，他们好像被消极的生活状态笼罩侵蚀，没有了青春的豪气与活力，害怕生活有矛盾，回避生活中的冲突，不敢承担生活的压力，消极度日。有的大学生甚至发展出抑郁、焦虑等症状，在学习、工作、生活的考验中节节败退。

二、大学生生命教育

（一）生命的内涵与特征

什么是生命，是一个难解的话题。古代哲学认为，生命是气的活动；现代哲学认为，"生命主要是由核蛋白质分子组成的，以细胞为最基本单位的复合体系的存在方式"；医学界定"生命是活着的状态，是有机体从出生或发端到死亡之间的时期，是区分非生命、非有机化学物或死亡有机物的特征的总和"。人们对生命的认识逐渐深化，然而生命与非生命的界限却日渐模糊。这里，我们只谈人的生命。

人的生命是自然、社会、精神三者的统一。生命的自然形态是生命的本真，社会形态反映了人与自然、社会、他人之间的紧密连接，精神形态则是生命中最珍贵的，它能穿越时空永恒存在。

人的生命具有几大特征：①独特性。世间没有两片完全相同的树叶，人亦如此。每个人都是独一无二的，都有自己独特的处事方式、行为风格与人生梦想。②有限性。每个人的生命都是有限的，人死不能复生，生命无价，要珍爱自我及他人的生命。③社会性。人是一切社会关系的总和，唯有与人建立“有意义的爱的连接”，方能活出尊严和幸福。④开放性。人可以超越自我，自我发展，做最好的自己。⑤曲折性。生命的进程曲折起伏，需要具备承受挫折和失败的能力与素质，由此不断成长成熟。

（二）生命教育及其意义

生命教育就是以生命为核心，以教育为手段，倡导认识生命、珍惜生命、尊重生命、爱护生命、享受生命、超越生命的一种提升生命质量、获得生命价值的教育活动。

近年来，世界各地都在大力倡导生命教育。美国中小学都普及了生命教育，大体分为品格教育、迎接生命挑战的教育和情绪教育，还成立了各种专业协会，出版了各种书籍、影视资料。澳大利亚重点教导孩子识别有危险的行为，加强问题解决能力，肯定非挑衅的行为方式，发展积极的态度。日本的余裕教育旨在引导孩子认识到生命的美好和重要，能面对并承受挫折，热爱生命，珍惜生命。新西兰强调引导学生认识人类身体的功能及身体失衡的状态，协助学生建立自我尊重，学会健康生活，发展拒绝的技巧。香港地区举办了很多生命教育研习活动，开展了生命教育教师培训活动。台湾地区成立了生命教育推广中心，设计了生命教育课程，编写教材，培训师资，生命教育成为新的教育门类。大陆这些年也轰轰烈烈地开展了许多有关生命教育的活动，形成了政府主导、民间参与、社会各界积极配合的趋势。

为什么要对大学生进行生命教育？主要原因有二：①生命教育是一切教育的前提，是教育的最高追求。教育的核心在于唤醒人的生命意识，启迪人的生命智慧，激发人的生命活力，开发人的生命潜能，全面关照生命的多层次需要。高等教育不仅要为国家和民族的未来生存发展做准备，也要为大学生个人的发展和幸福做准备，不断提升他们的生命质量。②生命教育促进大学生对生命的完整性认识，唤醒大学生的生命价值意识。当前，一些大学生因为遭遇挫折和打击，轻易地结束生命，不仅与他自身的心理素质有关，还与教育缺乏对生命的关注有关。教育一般比较重视学生的生命发展与完善，忽视对死亡的认识与理解。不了解死亡的真相与威胁，就易于失去活着的动力与紧迫感，不懂得珍惜生命。生命教育关注从生到死的整个过程，引导大学生正确认识生与死，认识生命的完整性，将情感寓于理性，提升生命的活力与价值。

有学者把人的生命分为生理性实体生命和关系性人文生命。关系性人文生命又分为血缘性亲缘生命、人际性社会生命及超越性精神生命，如图 6-1 所示。

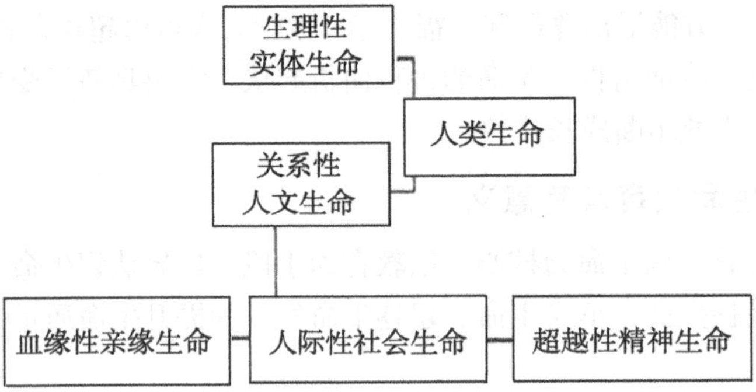

图 6-1　人的生命的分类

1. 血缘性亲缘生命

每个人都是父精母血孕育而成，由此传承与繁衍，使人类生生不息。人在得到生理性实体生命的同时，也获得了亲缘性，这种亲缘非纯生理与自然，其中有着千百年人类文化与文明的积淀。

2. 人际性社会生命

人生活在社会之中，必然与社会中的人和组织结成复杂的关系，打上社会的烙印。亚里士多德说，能独自生活的人，不是野兽，就是上帝。

3. 超越性精神生命

人类与动物最大的区别就是人有精神、意识、思维、心理等。人的精神生命具有超越性，可上溯无穷之前，可思考万年之后，可思考实体世界，可创造精神世界。

由此，人的生命不仅是实体性存在，更是关系性存在。生命是“我”的，但又不完全属于“我”，我们的生命与亲人、他人、社会密不可分。且去看看自杀引发的亲属悲痛有多深，社会问题有多大，我们没有权利放弃我们的生命。任何人都没有理由以任何方式主动结束我们或他人的生命。

（三）大学生生命教育的内容与途径

1. 大学生生命教育的内容

大学生生命教育旨在引导大学生对生命与死亡有基本认识、探索生命的意义，建构正向而积极的生命态度，能恰当地保护自己，爱己，爱人，爱每一个生命。其内容包括死亡教育、生命意识教育、生存能力教育和生命化伦理教育。

（1）死亡教育

死亡教育从“由死观生”的角度出发，关照生命，激发大学生对生命意义的追寻，丰富生命内涵，减少伤害事件的发生。生与死是生命的一体两面，对大学生进行死亡教育，主要是引导学生认识死亡，了解死亡的本质，认识生与死的关系，思考死亡的意义，加深对生的理解，体会到生的有限、生的可贵、生的价值，从而树立健康积极的生命观，珍爱生命，提升生命质量。

（2）生命意识教育

生命意识教育旨在帮助大学生形成科学、正确、完整的生命观，使他们对生命充满热爱、珍惜、敬畏、尊重、欣赏，主动维护生命的各项权益。它是生命教育的起点，通过生命常识教育引导大学生了解生命的起源、生命的脆弱性和不可逆性，从而使他们体会生命的宝贵，爱护生命，尊重生命；通过生命历程教育引导大学生意识到挫折是生命发展的重要组成部分，要在挫折中磨炼、蜕变与成长。

（3）生存能力教育

联合国教科文组织指出，学会生存是教育的根本目的。生存能力教育着眼于大学生生命安全，强调通过生存拓展训练，使大学生了解生活中的不安全因素，掌握简单可行的安全防范、自救与他救常识，规避危险与伤害，如懂得在遭遇洪水、火灾、雷击、溺水时如何自救与他救，野外或特定艰苦环境下如何生存，如何预防艾滋病、远离毒品等。

（4）生命化伦理教育

它立足从生活的角度关照生命，实现生命与生命的和谐相处；从伦理规范的角度看待生死之间常常面对的困境，引导大学生有所为有所不为。

2. 大学生生命教育的途径

（1）创造充满生命情怀的校园文化

积极的组织系统是建构积极人格的支持力量，是个体不断产生积极体验的直接来源。

高校应把校园文化建设作为第一目标，努力营造合作、欣赏、分享、信任的文化氛围，让大学生在合作中培养诚信，在欣赏中赢得自尊，在分享中学会给予，在信任中学会自律。给大学生一些权利，让他们自己去选择；给大学生一些机会，让他们自己去把握；给大学生一些问题，让他们自己去解决；给大学生一些条件，让他自己去创造。

（2）打造生命化的课堂

高校应该用生命教育的理念与内容改造和提升课堂教学、主题班会与社会实践，如组织开展关爱生命等团体辅导，组织大学生走进养老院、临终关怀病房、地震灾区，定期服务社会福利院等，引导大学生体会生命的脆弱和成长的艰辛。在学科教学中，渗透生命教育，关注大学生的生活世界，打破书本和生活的界限；关注大学生的生命价值，给予他们探索支配的空间，允许大学生犯错误，不因为成长而受惩罚；关注大学生的情绪情感，构筑民主、平等、合作的师生关系；关注大学生的心理世界，使其不断突破成长。

三、生命教育的重要原理

（一）生命与生活紧张原理

生命是人生的存在面，是过去、现在、未来的一条“流”，在这一层面，当下、过去与未来联系在一起，成为“生命之场”；而生活则是人生的感受面，是当下存在的一个“点”，在这一层面，凸显的是人们当下的感觉，转瞬即逝。我们不能只追求生活的感受，忽略生命的状态，也不能把生活的不如意强加给生命，变成生命的不如意。

一些大学生特别关注物质享受和感官刺激，而不了解生命的关系性存在，不懂得生命的责任与义务。他们酗酒、沉溺网络，追求好的生活感受，却潜在地损害了生命健康。一些大学生以为生活就是生命，以至于生活感受不好，就放弃生命存在。殊不知，生活的不如意只是生命的一个过程，我们不应该因为一时的挫折裹足不前，而应把眼光放长远，以更积极豁达的态度经营生命，让生命绽放精彩。

（二）人生时光与物理时间不等式原理

在物理时光中加入情感、心理、精神等因素，人的感觉和感受都会发生变化。物理时光客观不变，人生时光则有很强的主观性。正如爱因斯坦所言：当与一个美丽的女孩聊天时，你会觉得时间过得真快；当你处于痛苦中，你会觉得时间过得好慢。

对于特定个体，物理时光不能变更，但人生时光却可以调节与改变。且看一些智者，他们在有限的物理时光中创造非凡，改变人生时光，大大提升了生命的品质。当我们慨叹人生短暂时，请考虑怎么延长人生时光，丰富我们内在的精神生活和心理生活。时间老人不知疲倦地前行，我们要化被动为主动，积极地投入有意义的工作中去，为亲人、他人或社会多做贡献。积极生活，人生便绚丽多彩。

（三）生命共同体原理

生命共同体原理包含3层含义：①在人的生理性实体生命层面，人和人本质是相同的；②在人的关系性人文生命层面，所有人共同构成生命共同体，每个人都应突破自我限制，加强沟通与连接；③不仅人与人是生命共同体，人与其他生命体乃至整个宇宙也是生命共同体。由此，人与人、人与自然、人与社会应该和谐相处，同舟共济，共存共荣。

在现代社会市场经济规则之下，竞争白热化甚至被引入了大学校园。一些大学生因为考试、选拔、奖助学金的竞争，压力巨大，精神负荷加重。有的大学生笼罩在失败的阴影下无法自拔，甚至丧失了生活的动力和价值感。谁是竞争中永远的赢家？成功者有时虽然获得了胜利的快感，但也损失了人性的代价。

在追求个人幸福的过程中，我们应理解同情他人，不妨碍或协助他人获得幸福；要特别关注弱势群体、落后人群，尽可能地给予他们帮助和关爱；既要力争上游、拼搏进取、吃苦耐劳，更要团结协作、与人为善，不断内观内求、自我提升。

（四）生死互渗原理

生死互渗原理包含3层含义：①生命有机体每时每刻都在不停地新陈代谢，细胞在不断地生长、衰老、死亡。②人“活”的过程也是“死”的过程。人每活一天，也是向着死亡更近一步。③人在自觉“生”的同时，也便派生出“死”的意识。人在一生的某个阶段，必然出现死亡的意识，尤其是随着年龄的增加，死亡的意识会日渐浓厚，由此产生对死亡的焦虑、悲观、痛苦和恐惧。了解了生死互渗的原理，人在思想意识上便易做到“先行到死”，即站在人生的终点反观人生的中点，觉察我们当下生命真正缺少什么，应该追求什么，什么才是真实的幸福与快乐，由此自我定位，具备好坏优劣、是非善恶的价值判断标准，为我们人生的确定方向和内容。

人若仅仅关注“生”，未必能很好地生活，只有参透了“死”，并能立于死的视角看待生活与生命，才能更好地活着，在有限的生命中创造更大的意义和价值。

四、生命教育互动体验活动

（一）“十月怀胎”

【活动准备】

气球、胶带若干、承诺书。

【活动时间】

1天。

【指导语】

我们都知道世上只有妈妈好，妈妈总被歌颂与传唱，今天让我们一起来体验一下妈妈“十月怀胎”的感受。我们先把气球固定在腹部，代表自己的胎儿，我们担任母亲。接下来的一天，我们要像妈妈疼爱宝宝一样细心，不论是上厕所、吃饭，还是做操，都不能让“宝宝”受到伤害。明天，我们在课堂上分享自己的感受和体会。

教师透过问题，深化讨论：“你知道妈妈的生日吗？你知道妈妈喜欢的颜色吗？你知道妈妈喜欢的水果吗？你知道妈妈喜欢的运动吗？你知道妈妈穿多大的鞋吗？你给妈妈捶过背吗？你给妈妈洗过脚吗？你知道妈妈对你最大的期望是什么吗？”

引导学生思考：妈妈为我做了什么？我要为妈妈做些什么？如何感恩深爱我们的人？

（二）生命线

【活动准备】

A4纸、笔若干。

【活动时间】

50分钟。

【指导语】

每个人都有自己的生命线，就是生命走过的历程。世间有多少人，就有多少生命线。

（1）请准备一张白纸，横放，在上方写下“XXX的生命线”。

（2）在纸的中部，从左到右画一条长长的直线，加个箭头，使它成为有方向的线。

（3）在线的左端写上“出生”，然后问问自己期待活多大或预期活多久，在线的最右端标上这个年龄，并标识目前个人的年龄点。

（4）回忆生活中最快乐和最痛苦的事情，确认事情发生的时间，在生命线上标识出来。注意，可将快乐的事情标在生命线的上方，把痛苦的事情标在生命线的下方，并且越快乐，标得越高，越痛苦，标得越低，如图 6-2 所示。

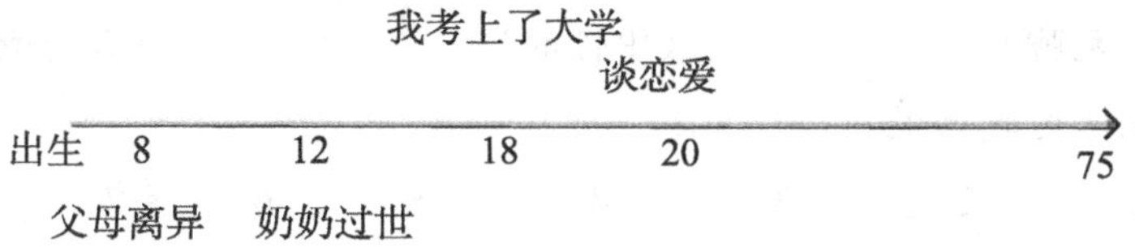

图 6-2　XXX的生命线示例

（5）看着自己的生命线，思考影响人生的重大事件，是快乐的多，还是痛苦的多，上升和下降的幅度怎样。

（6）现在进入将来时，把期待或预期的生活事件标识出来，如建立家庭、发展事业，注明时间，评估快乐与痛苦指数。同样，把最期待的高高地写在线的最上方。当然，你还要预估生活中的挫折，如失去亲人、工作受挫等，同样标识出来。这才是完整的人生。

（7）看着你的生命线，如果标示的事件大部分在线下，问问自己：是不是对未来的估计太消极，对自己有太多的不满？是否可以考虑调整一下看世界的视角？如果大部分事件都标在了线上，也请思考自己是否真的接纳了生活的悲伤或挫折？

（8）生命线永不停息地向前走，作为生命的主人，请考虑你打算怎样让它精彩绽放。

★生活目的心理测试

【指导语】

请在下列句子中选择最能代表你近半年感受的数字。请注意这里的数字从 1 到 7 代表的是从感觉的一个极端延伸到另一个极端，“中性”则意味着两边的感受都没有。请尽量避免做“中性”的评定（选择 4）。

例如：我觉得自己

1　　2　　3　　4　　5　　6　　7

非常不快乐　　　　（中性的）　　　　非常快乐

如果你觉得自己非常快乐，就在7下打勾，如果比较快乐，就在6下打勾，以此类推。

1. 我通常是

1	2	3	4	5	6	7
非常无聊的			（中性的）			兴致勃勃的

2. 生活对我来说

1	2	3	4	5	6	7
总是令人兴奋的			（中性的）			完全是例行公事

3. 在我的生活中：

1	2	3	4	5	6	7
根本没有目标或目的			（中性的）			有明确的目标或目的

4. 我个人的存在是

1	2	3	4	5	6	7
完全无意义的			（中性的）			非常有意义

5. 我生活的每天都是

1	2	3	4	5	6	7
完全一样的			（中性的）			崭新和不同的

6. 如果我可以选择，那么我宁愿

1	2	3	4	5	6	7
不要出声			（中性的）			像这样再活九次

7. 退休后我会

1	2	3	4	5	6	7
做一些我一直想做的事			（中性的）			虚度余生

8. 在达到生活目标的路途上，我：

1	2	3	4	5	6	7
一筹莫展			（中性的）			正逐步迈向成功

9. 我的生活是

1 2 3 4 5 6 7

空虚绝望的 （中性的） 充满令人兴奋的事

10. 如果我今天死了，我会觉得我这一生过得

1 2 3 4 5 6 7

非常有价值 （中性的） 完全没有价值

11. 想到我走过的人生，我

1 2 3 4 5 6 7

经常怀疑我为什么活着 （中性的） 总能看到活着的理由

12. 相对于我的生活而言，这个世界：

1 2 3 4 5 6 7

令我完全混乱不解 （中性的） 与我的生活配合得天衣无缝

13. 我是一个

1 2 3 4 5 6 7

完全没有责任感的人 （中性的） 有着强烈责任感的人

14. 关于人是否有自决的自由，我的看法是

1 2 3 4 5 6 7

完全可以自由选择 （中性的） 受遗传和环境制约

15. 对于死亡，我

1 2 3 4 5 6 7

准备好了，没有恐惧 （中性的） 毫无准备，很恐惧

16. 对于自杀，我

1 2 3 4 5 6 7

认真考虑过用它解决问题 （中性的） 从未认真地想过

17. 我认为自己在生活中寻求意义、目的和使命的能力

1　　2　　3　　4　　5　　6　　7

非常强　　（中性的）　　根本没有

18. 我的生活是

1　　2　　3　　4　　5　　6　　7

由我来控制的　　（中性的）　　由外在因素控制的

19. 我每天的工作或学习是

1　　2　　3　　4　　5　　6　　7

快乐及满足的来源　　（中性的）　　痛苦及枯燥的来源

20. 我发现

1　　2　　3　　4　　5　　6　　7

我还没有找到生活的目的　　（中性的）　　我已经找到了一个明确的满意的目标

【记分与结果说明】此量表用于测量一个人感到生活是有意义和有目的的程度。将各小题分值相加，分值越高，说明其越感到生活有意义和有目的。

★拓展阅读材料

爱的链条

在得克萨斯州一个风雪交加的夜晚，一位名叫克雷斯的年轻人因为汽车抛锚被困在郊外。正当他焦急万分的时候，有一位骑马的男子经过这里。见此情景，这位男子二话没说便用马帮助克雷斯把汽车拉到了小镇上。

事后，当感激不尽的克雷斯拿出不菲的美钞对他表示酬谢时，这位男子说："不需要回报，但我要你给我一个承诺，当别人有困难的时候，你也要尽力帮助他人。"于是，在后来的日子里，克雷斯主动帮助了许许多多的人，并且每次都没有忘记转述那句同样的话给所有被他帮助的人。

许多年后的一天，克雷斯被洪水困在了一个孤岛上，一位勇敢的少年冒着被洪水吞噬的危险救了他。当他感谢少年的时候，少年竟然也说出了那句克雷斯曾说过无数次的话："不需要回报，但我要你给我一个承诺……"

克雷斯的胸中顿时涌起了一股暖暖的激流："原来，我穿起的这根关于爱的链条，周转了无数的人，最后经过少年还给了我，我一生做的这些好事，全都是为我自己做的！"

假如给我三天光明

《假如给我三天光明》是海伦·凯勒的代表作。该书主要描写了海伦变成盲聋人后的生活以及她如何求学的生涯。海伦以一个身残志坚的柔弱女子的视角告诉我们应当珍惜生命，珍惜造物主赐予我们的一切。节选部分内容如下：

我们谁都知道自己难免一死。但是这一天的到来，似乎遥遥无期。当然，人们要是健康无恙，谁又会想到它，谁又会整日惦记着它。于是便饱食终日，无所事事。

有时我想，要是人们把活着的每一天都看作生命的最后一天该有多好啊！这就能更显出生命的价值。如果以为生命还比较漫长，我们的每一天就不会过得那样有意义，有朝气，我们对生活就不会总是充满热情。

我们对待生命如此倦怠，在对待自己的各种天赋及使用自己的器官上又何尝不是如此？只有那些聋了的人才更加珍惜光明。那些成年后失明、失聪的人更是如此。然而，那些耳聪目明的正常人却不好好地去利用他们的天赋。他们视而不见、充耳不闻，无任何鉴赏之心。事情往往就是这样，一旦失去了的东西，人们才会留恋它，人得了病才会想到健康的幸福。

我有过这样的想法，如果让每一个人在他成年后的某个阶段瞎上几天、聋上几天该有多好。黑暗将使他们更加珍惜光明，寂寞将教会他们真正领略喧哗的欢乐。

最近一位朋友来看我，他刚从林中散步回来。我问他看到些什么，他说没有什么特别的东西。要不是我早习惯了这样的回答，我真会大吃一惊。我终于体会到了这样一个道理：明眼人往往熟视无睹。

我多么希望看看这世界上的一切，如果说凭我的触觉能得到如此大的乐趣，那么能让我亲眼看一下该有多好。奇怪的是明眼人对这一切却如此冷漠！那点缀世界的五彩缤纷和千姿百态在他们看来是那么平庸。也许人就是这样，有了的东西不知道欣赏，没有的东西一味追求。在明眼人的世界里，视力这种天赋不过增添一点方便罢了，并没有赋予他们的生活更多的意义。

思考：

在读这些内容时，你心里涌现出什么感受？你认为人为什么活着？生命的意义和价值是什么？

第二节　大学生心理危机的表现

危机伴随着人一生的发展，谁也不可能避免危机。大学生经常会遇到情感、人际关系、学业等方面的心理危机。特别是随着我国改革开放和现代化建设的进一步发展，现代生活节奏明显加快，各种新生事物不断涌现，这些无疑给当代大学生的生活带来巨大的冲击。那些心理承受能力较差的人，经不起社会方方面面的刺激，就可能产生心灵扭曲，还可能导致情感、理智和行为上的错位，甚至造成伤人、自伤、自杀、杀人等惨痛事件。

一、心理危机的含义

在中国传统文化中，危机是一个非常玄妙的词，凡是有危险的地方都潜藏着机遇。人的一生中，没有人能与危机绝缘，人生每向前一步，就要不断迎接新的人生发展任务，每一个人的人生任务也往往预示着一种危机，而每一次危机也为自我发展提供了难得的机遇。

被称为“现代危机干预之父”的卡布兰认为，当一个人面临困难的情境时，而他先前的处理危机的方式和惯常的支持系统不足以应对当前的处境，即必须面对的困难情境超过了自己的能力时，这个人就会产生暂时的心理困扰，这种暂时性的心理失衡状态就是心理危机。

大学生心理危机是大学生个体或群体面临或认为自己面临某种重大生活事件，不能或认为自己不能解决、处理和控制时产生的严重心理失衡状态。临床实践研究表明，大学生心理危机包括以下 3 个核心要素。

第一，大学生面临或认为自己面临某种导致心理压力的重大或意外的事件，如亲人去世、重病，或本人失恋、落选、重要考试失败等。

第二，躯体和意识出现不适的感觉，但尚未达到精神病程度，不符合精神诊断要求。

第三，遭遇到依靠自身能力无法应对的困境。

上述 3 种情况在个体身上同时出现时，该个体就出现了心理危机。心理危机本质上是伴随危机事件的发生而出现的一种心理失衡状态。在个体的成长过程中，危机事件的不可避免性决定了心理危机的不可避免性。

【案例 6-1】

某高校研究生张某与另三人合住的宿舍在寒假中被盗，失主没有报案，而是自行在宿舍里进行调查。不久，所有疑点集中指向了张某。第一，他是第一个返回宿舍的，并且房门上有他的留言条，似有欲盖弥彰之嫌。第二，同室有人的存折在这次失窃事件后被用密码取走上面的存款，显然系熟人所为。失主向张某查证时，张某极力否认，但宿舍同学都认定他在抵赖。张某在学校里被怀疑、鄙视的目光包围着，他有口难辩，孤立无援，最终不堪强大的内外压力自杀了。后来，真正的小偷落网招供，才证明了张某是清白的。

二、大学生心理危机的特点

探讨大学生心理危机的特点，对于积极应对个体心理压力、提高个体的心理素质有着重要意义。大学生心理危机具有下述特点。

（一）发展性

大学生处于特殊的人生发展阶段，比起人生的其他任何时期，大学时期面临的人生更加复杂和繁重，因为一切都处在不确定之中，而个体都有自愈的能力。比如，由于恋爱引发的心理危机会因为恋爱的顺利展开而自然化解；由求职引发的焦虑与抑郁等心理危机会因为职业的成功获得而消失。青年时期由于发展任务集中，一个危机化解了，新的危机又产生了。个体也在不断解决危机的过程中达到自我发展与自我提升的目标。

（二）交互性

大学生心理危机往往是多种因素共同作用下的结果，经济状况、学业期望、情感归属、人际关系等交织在一起，当遇到特定的生活事件时，这些交互因素便浮出水面，引发个体的心理危机。莱文森提出了“人生四季理论”，认为成年早期是个体“精力充沛而多产但同时又充满矛盾和压力”的时期，在这一时期，大学生能获得爱情、学业、专业技能、事业进步方面的满足，实现主要的生活目标。但是，他们同时也有巨大的负担——需要对爱情、工作和生活方面的问题做出明智的决策与承诺，而其中许多人此前并没有类似的成功经验。因此，各种矛盾冲突交织在一起，加上大学生心理发展的不成熟，容易引发各种危机。

（三）易发性

心理危机的产生是个体和外部条件共同作用的结果。大学生一般为 18~25 岁，在这一时期，大学生的心理呈现出积极与消极并存、自负与自卑交织的状态。

他们热情洋溢、充满活力，但也容易头脑发热、冲动行事。任何一个小小的问题如果不能及时干预和化解，都可能引发严重的心理危机甚至导致悲剧性后果。大学生的激情犯罪与冲动自杀多与此特征有关。

（四）潜在性

潜在性是指大学生心理危机并非以直接爆发的方式出现，而是潜藏在个体中，当遭遇危机性事件时，加上易感的特点，容易引发心理危机。大学生心理危机与成长相伴而生，如果没有“危机”，即使年龄与日俱增，大学生的心理发展并不会与时俱进。潜在危机的存在能促进个体积极关注自我，获得成长的力量。

三、大学生心理危机的影响

当个体面对危机时会产生一系列身心反应。危机反应主要表现在生理上、情绪上、认知上和行为上。

生理方面：肠胃不适、腹泻、食欲下降、头痛、疲乏、失眠、做噩梦、容易惊吓、感觉呼吸困难或窒息、哽塞感、肌肉紧张等。

情绪方面：害怕、焦虑、恐惧、怀疑、不信任、沮丧、忧郁、悲伤、易怒、绝望、无助、麻木、否认、孤独、紧张、不安，愤怒、烦躁、自责、过分敏感或警觉、无法放松、持续担忧、担心家人健康，害怕染病、害怕死去等。

认知方面：常出现注意力不集中、缺乏自信、无法做决定，健忘、效能降低，不能把思想从危机事件上转移等情况。

行为方面：呈现反复洗手、反复消毒、社交退缩、逃避与疏离、不敢出门、害怕见人、暴饮暴食、容易自责或怪罪他人、不易信任他人等状况。

对于大部分人来说，危机反应无论在程度上或者是时间上，都不会给生活带来永久或者是极端的影响。他们需要的只是用时间去恢复对现状和生活的信心，再加上亲友间的体谅和支持，多数危机会在几周内顺利解决。但是，如果心理危机过强，持续时间过长，会降低人体的免疫力，出现非常时期的非理性行为。对个人而言，轻则危害个人健康，增加患病的可能，重则出现攻击性行为和精神损害，导致自杀行为；对社会而言，会引发更大范围的社会秩序混乱，冲击和妨碍正常的社会生活。

第三节　大学生心理危机的预防与干预

【案例 6-2】

小A是独生女，家庭条件良好，父母宠爱，以优异的成绩进入985高校，因性格活泼，能干，担任班长、学生会副会长，深得同学喜爱。然而，大二下学期时，她产生了严重的抑郁问题，学业、生活一塌糊涂。和很多人一样，在遭遇一连串挫折后好长时间，她才想起求助。她说自己不讨人喜欢，没有才能，没有希望。她觉得学校的功课很无聊，考试制度有问题，索性缺席了两门课程的结课考核。她开始逃避，宅在宿舍上网、看电视剧。她感觉自己越来越疲倦。这就是心理危机的征兆。

大多数人在经历打击时都会伴随情绪的低落。当希望接二连三地破灭，有些人会变得抑郁。抑郁时，很小的障碍都会让人感觉像不可逾越的高山，情绪会变得很糟糕，容易哭泣，行为也会犹豫不决，被动自责，甚至想轻生。与此同时，身体方面会出现没有食欲、失眠、感觉疲倦的症状。这就是心理危机的征兆。

一、大学生心理危机的理论解析

精神分析理论认为，人易于发生危机，源于童年的成长环境和创伤经历。危机预防就是提供安全、接纳、温暖的成长环境，帮他重新长大。人际关系理论认为，人如果能相信自己、相信他人，就会有自我实现和战胜危机的信心，危机便不会持续很长时间。

危机树理论把人的成长过程比作大树，把树下的土壤比作社会环境因素，如家庭经济状况、文化因素及社会变迁等。树根比喻家庭功能不良及学校环境限制。当父母离婚或学校过于重视成绩，缺乏生活技能及探索自我的课程，树根便无法供应健康的养分给树木。树干比喻人格特质的缺陷。树枝比喻结交不良朋友、沾染陋习，产生危机行为（果实）。人出现抑郁、焦虑、自卑等情况，通常经由家庭和学校两大主根传送而来。

以大学生自杀为例，从表面上来看，常见原因有3大项：①心理社会因素，如遭遇某些打击或精神压力，人际关系问题，被家人、好友抛弃或拒绝，以及不良的心理素质和个性因素。②精神疾病，存在如抑郁症、精神分裂症、酒精中毒、人格障碍、器质性精神障碍等疾病。③躯体疾病，出现如恶性肿瘤、艾滋病、病程迁延或久治不愈的疾病等。通过深度剖析这些现象，我们会发现，这些大学生身上往往存在欠缺家庭关爱，人生价值观扭曲，个性过分好强，无法容忍挫折、孤独、父母及社会期望的压力等状况。

二、大学生心理危机的识别与评估

（一）大学生心理危机的潜在风险评估

评估大学生心理危机的潜在风险主要有固态因素和动态因素两类指标。

固态因素包括：①疾病情况。指身体是否有严重疾病，久治不愈，个人很痛苦。研究表明，患慢性病（如 HBV、肺结核、HIV）的人 50% 有心理危机。②家庭状况。指家庭结构是否是单亲或离异；家庭气氛是否轻松和谐、平等民主；家庭功能是否良好，满足了大学生生理、心理、社会性发展的需求等。家庭是大学生精神活动和心灵成长的主要环境。父母惩罚、严厉、拒绝、否认的态度对子女的心理健康有严重影响，过度保护或过度干涉易让子女出现强迫、人际关系紧张、焦虑等心理问题。③人格特质。悲观、自卑、外归因、依赖性、焦虑人格是心理危机的易感性人格特质。④既往经历。指是否有寄养情况，是否有重大创伤等。有寄养经历的大学生由于生活环境的变迁，易于困惑、不安，甚至恐惧，产生自我否定等心理危机。⑤社会支持。指身边父母、同学、朋友、老师等能够提供的帮助，包括物质支持和精神支持。⑥精神资源。指大学生是否有合适的理想、信念和价值观。信仰对人的生存价值和心理健康有正向积极的作用。拥有梦想和希望便有生活的动力。反之，迷茫困顿会增加产生心理危机的风险。

动态因素包括：学习压力、人际冲突、情感纠葛、就业压力、应激事件、情绪波动等。研究表明，大学生极端心理危机事件相对集中在学业问题、情感受挫和就业压力方面。理科学生危机事件多是学业问题，文科学生危机事件多是情感问题，就业压力引发的危机事件文科学生多于理科学生。这主要是由于理科学生学业负担重，文科学生就业形势不佳。

（二）大学生自杀的风险评估

当前，大学生自杀事件时有发生。教育部直属高校大学生自杀死亡率平均为每年 2.3 人 /10 万人；全国普通高校大学生的自杀死亡率每年 1.25~1.33 人 / 10 万人。自杀是中国 15~34 岁人群的首要死亡原因，甚至超过了车祸与疾病。预防自杀是大学生心理健康教育的基础任务，为此我们必须准确识别和评估危及大学生的自杀风险。大学生自杀风险评估可分为粗略识别和精确评估两个环节。

1. 自杀风险的粗略识别

意欲自杀者通常会在言语和行动上表明自杀的企图，使我们有迹可循。

他们在言语上的线索一般有：

①流露出无助或无望的心情或无价值感。

②表达过死的念头，谈论与自杀有关的事或开自杀方面的玩笑；

③讨论自杀计划，包括自杀方法、日期和地点、易获得的自杀工具等。

④直接说出“我希望我已死去”“我再也不想活了”。

⑤间接说出“我所有的问题马上就要结束了”“现在没人能帮得了我”“没有我，别人会生活得更好”“我再也受不了了”“我的生活一点意义也没有”等。

行为上的线索一般有：

①出现突然的、明显的行为改变或危险性行为增加，如易激惹，过分依赖，持续不断地悲伤或焦虑，常常流泪；注意力不集中、成绩下降、经常缺勤；孤僻、人际交往明显减少；无缘无故地生气或与人为敌；出现自伤或自杀行为。

②抑郁症表现（情绪改变，睡眠、食欲改变）。

③有条理地安排后事。

④突然把个人有价值、有纪念意义的物品送人。

⑤与亲朋好友告别。

⑥频繁出现意外事故。

⑦饮酒的量增加。

2. 自杀风险的精确评估

自杀风险的粗略识别是自杀风险评估的初始阶段，结论存在不确定性，而这种不确定性需要通过后续的精确评估来解决。精确评估往往需要专业的危机干预工作者，他通过与特定大学生面对面的会谈，运用娴熟的会谈技巧，深入其内心世界，以了解和评估其自杀意念和自杀计划为核心，准确判断当事人实际存在的自杀风险，从而划分风险等级，确定干预策略。它是自杀风险评估的核心。

自杀风险的精确评估通常分为 5 个步骤。

①评估抑郁程度。有自杀倾向的人往往都有着严重的抑郁。抑郁是自杀风险的显著预测因子。在评估时，心理工作者可从询问学生最近的感觉和感受入手，然后具体了解其无助感、绝望感、罪恶感或无价值感程度，询问其是否兴

趣丧失，是否有退缩或自我隔离等情况。这些状况越久、越密集、感觉强度越大，意味着抑郁程度越深。

②探测自杀意念。当学生存在严重的抑郁症状时，心理工作者应平静地询问其是否想过伤害自己，以及这种意念持续的时间、频率和强度。意念越长久、越频繁，自杀风险就越高。

③探查自杀计划。有无自杀计划是自杀风险高低的分水岭。一般来说，没有自杀计划的自杀意念风险偏低，有明确自杀计划的自杀意念风险较高。所以，一旦学生存在自杀意念，心理工作者必须进一步询问其是否有详细或明确的自杀计划，澄清该计划的具体性、可行性和致命性。如果自杀计划具体、可行、致命，则该学生的自杀风险等级是极其高危的。

④评估社会支持。这主要是指周边能获得的物质支持和精神支持。社会支持良好，预后也较好。

⑤划分自杀风险等级。自杀风险一般可以划分为5个等级：无风险自杀（没有自杀的意念或计划），轻度自杀风险（有自杀意念，但无特定计划），中度自杀风险（有自杀意念和一般的自杀计划，有危险因素，也有保护因素），严重自杀风险（存在经常而强烈的自杀意念，自杀计划具体、可行且致命，有多重风险因素），极严重的自杀风险（同前，明确表示一旦有机会就会自杀）。

通过上述流程，我们将形成对某个大学生自杀风险的清晰认知。具体操作可参照表6-1，自杀 / 攻击危险性评估（SRA）。

表6-1　自杀 / 攻击危险性评估（SRA）

判断项目	无	有（低）	有（高）	极高
评估自杀、自伤、暴力攻击计划	0	1	2	3
评估既往相关自杀、自伤、暴力攻击经历	0	1	2	3
评估目前现实压力	0	1	2	3
评估目前支持资源	2	1	0	—
临床心理评估（睡眠 饮食 健康 心理）	0	1	2	—

【危机等级评定】0分——正常；1~2分，无明显危险——关注；3~5分，中等危险——追踪；6~8分，高度危险——高危；9~13分，即时警戒——警戒。

三、大学生心理危机的预警与干预

（一）大学生心理危机预警

大学生心理危机预警主要通过建立宿舍—班级—学院—学校4级预警网络，做到信息传达的有效畅通，以便对大学生的心理状况变化做到早发现、早通报、早评估、早治疗，力争将学生心理危机的发生消除在萌芽状态。

首先，要发挥宿舍心理信息员和宿舍管理员的作用，及时了解和掌握大学生的心理健康状况，遇到紧急情况时主动关心大学生，及时向辅导员或班主任汇报，必要时也可直接报告心理健康教育与咨询中心。

其次，要发挥班级心理委员等学生骨干的作用，及时了解和掌握本班同学的心理健康状况，关心同学，加强和同学思想和感情上的联系和沟通。一旦有异常情况发生，能够做到及时发现，及时向班主任或辅导员报告。

再次，学院领导和教师要关爱学生，密切关注学生的异常心理和行为，对需要心理援助的学生提供帮助和指导，及时与学生进行沟通。对重要情况要立即向相关领导、相关部门报告，并在专家指导下及时对学生进行干预。

最后，学校要贯彻落实心理测评制度、学生骨干定期培训交流制度、特殊群体学生定期摸排制度、学生心理危机预警信息录入制度、心理健康信息评估与反馈制度、督导检查制度等，实现危机预警信息动态管理，确保工作的科学化和规范化。

【相关链接】

哪些学生易于发生心理危机

①遭遇突发事件而出现心理或行为异常的学生，如家庭发生重大变故、受到自然或社会意外刺激的学生；

②学习压力特别大且心理或行为异常的学生，如第一次出现不及格科目的优秀生、需要重修多门功课的学生、将要试读的学生、将被退学的学生、完成毕业论文有严重困难的学生、高分低能的学生等；

③感情受挫后出现心理或行为异常的学生；

④性格内向、经济特别困难、深感自卑且出现心理或行为异常的学生；

⑤出现严重环境适应不良导致心理或行为异常的学生；

⑥与他人发生严重人际冲突（被多人排斥、受到歧视或误解等）后出现心理或行为异常的学生；

⑦患有严重心理疾病，如抑郁症、恐怖症、强迫症、癔症、焦虑症、精神分裂症、情感性精神病等疾病的学生；

⑧由于身边的同学出现个体危机状况而受到影响，产生恐慌、担心、焦虑、困扰的学生；

⑨由于转系、休学、降级等组织管理上的原因或纯粹个人原因远离集体单独行动的学生。

（二）大学生心理危机干预

大学生心理危机干预是指对面临心理危机的大学生采取迅速而有效的应对措施，给予支持和帮助，使之逐渐恢复心理平衡。大学生心理危机干预的最低目标是在心理上帮助学生解决危机，避免自伤或伤人；最高目标是提高学生的心理平衡能力，使其高于危机前的平衡状态。

通过实践考察，我们认为大学生心理危机干预应遵循如下 4 项基本原则：①系统性原则。心理危机干预是学生突发事件应对工作的一部分，应和学生突发事件工作的开展整合在一起进行，以维护校园安全稳定为前提，根据学校学生工作的整体部署，及时调整心理危机干预工作重点。②疏导原则。在对特定个体进行心理危机干预时，要循循善诱，巧妙运用倾听、共情等科学的方法和策略，化解个体心中的矛盾与纠结，从而缓解危机状态。③人本原则。在危机干预工作中要充分尊重学生的心理需求和个性特点，尊重其个人权益，保护其隐私，在尊重其人格的基础上进行教育和辅导。④长期性原则。危机干预既要求在事发时要准确、快速、有效地工作，又要求注意事后长期关注和跟进辅导，以确保危机状态彻底化解或防止被掩盖的问题再度爆发。

（三）大学生心理危机干预的具体实施

1. 学校层面

（1）危机的即时处理

①准确评估。一旦发现学生处于危机情况中，学院应尽快与学生接触进行安抚，并同时上报心理健康教育与咨询中心，邀请专业人员进行心理危机的评估和处理。

②追踪处理。对症状表现较轻、危机程度不高者，以在校心理咨询为主，辅以药物治疗。对症状表现较重者，建议即时转介医院等机构。同时，院系对这些学生进行不同程度的监护。对于突发学生自伤、伤人事故等，院系闻讯后应立即赶赴现场，并报告给学校相关部门，进行紧急救助。对于因心理危机休学而后又复学的学生，院系应对其学习和生活进行妥善安排，帮助其建立良好的支持系统，定期随访。

③通知家长。如果确定某学生存在严重危机（自伤或伤人风险较高），学院应立即通知家长，向家长汇报学生目前的情况和事件的严重程度，请家长配合学校共同做好学生的监护和心理疏导工作，确保其人身安全。

④政策和措施。在危机处理过程中，学院需要考虑学生在危机期间是否还能完成学业，是否需要休学或缓考。依据相关政策，必要时做出相应的通融和

调整。在适当情况下，还应协助学生及其家庭得到恰当的帮助（心理咨询、贫困补助等）。

⑤对危机相关人员进行辅导。周边人员可能因为危机事件的影响，引发应激状态，需要心理支持和专业辅导。

（2）危机的事后处理

危机事件发生后，学院及相关行政部门立即成立危机干预小组。危机干预小组应当立即召开全体会议，了解大致情况，制订下一步工作计划。具体包括：

①与家属取得联系，向家属澄清事件发生的整个过程和环境，了解家庭如何理解该事件，了解家属对善后处理的希望，告知家属学校处理事件的大致过程。

②迅速召集教师开会，解释事件相关过程和处理情况，并且准备一份正式的通告，以便教师向学生做出解释。

③辅导员或班主任需要当面将事件通告学生，并向学生提供有关的帮助信息，确保情绪不稳定的学生及时被发现和干预。如果有些学生受到较大影响需要请假或休学，必须要求家长或监护人到校。

④危机干预小组需要随时了解事件和工作开展进程，包括是否通知到了相关人员，是否还有其他人员加入小组，是否掌握了全面信息，学生对此事如何反应等。

⑤危机事件发生以后，当事人的朋友、同学以及卷入较多的人都会有悲伤或愤怒等情绪，需要通过哀悼释放情绪。哀悼可以以小组的形式，对所有希望参与的人员开放，有组织地引导学生讨论该事件。

⑥帮助家属整理当事人的物品，办理各项遗留的手续。在处理物品时，要考虑相关人员的感受。

⑦危机事件后，应尽快帮助教师和学生重新投入生活。教师需要关注学生的各种反应，将情况严重的学生名单报到咨询中心备案，并推荐接受心理咨询。

⑧召开总结会议，了解事件的详细过程，讨论如何更好地处理类似事件以及如何避免类似的问题等，将事件的发生和处理的过程汇总为报告的形式，递交学校相关部门和领导。

2. 个体层面

（1）危机干预的步骤

当我们发现学生面临心理危机时，可采用“6 步干预法”进行危机干预。

①确定问题。危机干预的第一步是从当事人的立场出发，确定和理解当事人的问题。

干预人员可使用同感、理解、真诚、接纳以及尊重等积极的倾听技术，既注意当事人的语言信息，也注意其非语言信息。

②确保当事人安全。在危机干预过程中，干预人员应将确保当事人安全作为首要目标。这里的安全是指对自我和对他人的生理和心理的危险性降低到最小的可能性。在干预人员的检查评估、倾听和制定行动策略的过程中，安全问题都必须给予同等的、足够的关注。

③给予支持和帮助。危机干预强调与当事人进行沟通和交流，通过语言、语调和躯体语言让当事人认识到危机干预人员是能够给予其关心帮助的人，让当事人相信“确实有很关心我的人”。

④提出应对方式。帮助当事人探索可以利用的替代解决方法，促使当事人的积极地搜索可以获得的环境支持，启发其思考，使其知道有哪些人现在或过去关心自己，有哪些应对方式可供选择。

⑤制订行动计划。帮助当事人做出现实的短期计划。计划应该根据当事人的应付能力，着重于切实可行和系统地帮助当事人解决问题。计划的制订应该与当事人合作，让其感到这是他自己的计划。

⑥得到当事人的承诺。帮助当事人向自己承诺采取确定的、积极的行动步骤，这些行动步骤必须是当事人自己的，从现实的角度是可以完成的。在结束危机干预前，危机干预工作者应该从当事人那里得到诚实、直接和适当的承诺。

除此之外，还应该启动社会支持系统，包括来自父母、教师、同学以及其他朋友的支持。这种支持不仅包括心理和情感的支持，也包括一些实质性的救助行动。

（2）危机干预的具体策略

①向他表达你的关心。“最近你不怎么爱说话了，看起来有些不开心，能否告诉我是怎么回事？遇到什么事情了，我可以为你做点什么？”“我知道你站在那儿是万不得已的选择，一定发生了什么事情让你很痛苦。要不谁想走这一步啊？”

②要有耐心，多听少说，尤其不要教导。静静地陪伴也是很有力量的。

③要允许他流泪，允许他表达情绪，不批判，多接纳。

④给予希望，让他知道面临的困境能够有所改变，不是完全无能为力的。

⑤可以跟他谈论自杀。问他：“你有没有想过伤害自己？具体是怎么想的？”

⑥在谈话结束时，跟他形成契约。“今天我们谈到这里，下个礼拜或者明天的这个时候我们俩再见面，可以吗？”一定要得到他的同意，让他知道你的关怀是持续的。

⑦有的人不想让危机干预人员帮助，这时危机干预人员不要伤心，给他提供专业帮助的信息。

★拓展阅读材料

关于自杀的误解

1. 嘴巴上说要自杀的人不会真的自杀

80% 的自杀死亡人士生前曾谈到他们的自杀想法。

2. 谈论自杀会鼓励自杀

对想自杀的人来说，谈论自杀能够有效地预防自杀。如“你最近好像有点情绪低落，是否想过做出什么伤害自己的事？”或“有没有想过做一些傻事？”

3. 想自杀的人都一心一意求死

大部分想自杀的人心中都很矛盾，他们想死，他们也想活。

4. 一旦有过自杀倾向，就会不断地想自杀，没有人能帮得上忙

自杀危机一般都非常短暂，只要有人中途介入并经过治疗，他可能永远不会再有自杀的想法。只有 10% 的企图自杀者最后自我终结生命。

5. 未留下遗书者不算自杀

只有约 1/3 的自杀身亡人士会留下遗书。

6. 沮丧过后，自杀危机也就解除了

自杀最危险的时期发生在极度沮丧过后前 3 个月。许多人度过沮丧，心灵重获喜乐平静后，反而决定他们必须以自杀来“真正解决”自己的问题。

7. 想自杀的人不会寻求医生帮助

研究显示，75% 自杀身亡的人，在自杀前 3 个月内曾寻求过医生的帮助。

周围人的自我调整方法

①给自己愈合的时间，使自己能够很好地理解和接受亲人逝去的事实。

②认识到那种受打击的感觉是正常的、自然的。

③不用害怕哭泣，泪水有助于痛苦情感的释放。

④你对死亡事件并没有责任，它是你所爱的人自己的选择，并不是你能左右的。

⑤耐心对待自己，宽容那些不理解悲伤的人。

⑥决定如何和别人谈论有关自杀的事件。

⑦理解家人和朋友的痛苦感受，他们也需要度过居丧期。

⑧要意识到你的生活会因此有所改变，但你终究会走出痛苦的阴影，重新找到生活的意义。

⑨设法推迟做重大决定的时间。

⑩分清轻重缓急，循序渐进地处理每一件事情。

⑪认识到居丧期出现自杀的想法是常见的，但是如果发展到有具体的自杀计划，要立即寻求他人的帮助。

第七章　辅导员与大学生心理健康教育工作

为适应新形势下高校学生管理工作和高等级人才培养的需要，2004 年中共中央、国务院 16 号文件明确提出了辅导员要“成为大学生健康成长的指导者和引路人”。2005 年 1 月，《教育部关于加强高等学校辅导员班主任队伍建设的意见》明确指出，辅导员、班主任是开展大学生思想政治教育的骨干力量。2017 年，教育部修订并公布施行的《普通高等学校辅导员队伍建设规定》指出：辅导员是开展大学生思想政治教育的骨干力量，是高等学校学生日常思想政治教育和管理工作的组织者、实施者、指导者。辅导员应当努力成为学生成长成才的人生导师和健康生活的知心朋友。

大学生的心理仍处于发育发展时期，社会经验不丰富，学业、人际交往、青春期烦恼、升学就业等问题使大学生承受着巨大的心理压力，如不能得到及时调适和疏导就会阻碍大学生的健康成长。《教育部关于加强普通高等学校大学生心理健康教育工作的意见》强调了充分认识加强高等学校大学生心理健康教育工作的重要性，明确了高等学校大学生心理健康教育工作的主要任务、内容、原则、途径、方法、教育工作队伍建设等几方面的内容。该文件还明确指出，辅导员不仅要做好思想政治教育工作，而且要关注大学生心理健康状况和心理问题，协助大学生提高其心理素质和心理承受能力。

辅导员是最接近大学生的教育工作者，对大学生的兴趣爱好、思想情感、性格个性等了解得最为深刻。辅导员应充分认识到其工作在心理健康教育中的优势，调动一切积极因素，在大学生心理健康教育工作中发挥应有的作用。同时，辅导员还须努力提高心理健康教育的能力，灵活掌握尊重主体、平等相处、倾听观察、情理相融、关心宽容、言传身教等原则和方法，帮助大学生健全人格，提高心理健康水平，增强抵御挫折的能力。

有学者称高校辅导员为心理疏导员，其含义侧重的是要求辅导员在日常工作中必须为大学生提供个体或者团体的咨询服务和心理治疗，帮助大学生解决心理问题，如条件允许，必要时甚至可以采取催眠治疗和放松治疗。2001 年 3 月 16 日教育部在《关于加强普通高等学校大学生心理健康教育工作的意见》中要求辅导员应能够甄别大学生心理问题，并进行辅导，如不能解决，应该寻求专业人士的帮助。为了提高辅导员从事心理健康教育工作所必备的理论水平、专业知识和技能，各高校还应该重视对辅导员进行有关心理健康方面内容的业务培训。

为了有效缓解大学生心理问题日益严峻与专业心理辅导、咨询工作人员不足之间的矛盾，很多高校都建立了三级心理健康教育网络。由于辅导员工作的职责、任务、性质与大学生有着密切的联系，因此他们在三级心理健康教育网络中起着基础性的、承上启下的衔接作用。一个有责任心和良好职业道德的高校辅导员，应该将大学生的心理健康问题作为自己工作的重要内容之一，配合心理问题专业人员积极化解大学生的心理困惑和心理障碍，帮助他们以健康向上的心理状态走向社会。

第一节　辅导员在大学生心理健康教育中的重要作用

大学生心理健康教育对高校的持续、健康、全面发展而言是一项带有基础性建设意义的工作，是高校整个教育体系的有机组成部分。因此，高校必须重视并加强大学生心理健康教育工作。

辅导员在大学生心理健康教育中的重要作用主要表现在以下几个方面。

一、增强高校德育工作的实效性

心理健康教育与德育共同作用于人的精神层面，共同促进人的全面发展，二者并非完全独立而是相互交融的。心理健康教育与德育的融合并非二者机械的相加，也不是简单的拼凑、叠加或无条件的照搬，而是内在的、有机的统一。拥有健康心理的大学生更易于接受思想政治教育，并内化为自己的信念，外化为自己的行为。一些人的错误思想、不良品德往往是在不健康的心态下形成或表现出来的，其中有些违法乱纪的行为本身就是心理障碍导致的结果。因而，加强心理健康教育，加强心理咨询工作，不仅有利于身心健康，也有利于思想政治品质的形成和发展。因此，笔者认为高校的心理健康教育和德育工作的良好开展可以起到相互促进的作用。心理健康教育应该成为高校对大学生进行思想政治教育和管理的重要内容之一。在对大学生进行日常教育管理的过程中，辅导员是最直接的实施者和最基层的思想工作者，在大学生心理健康教育和心理素质培养的过程中起着重要的作用，大学生拥有了健康的心理又能进一步提高思想政治教育的实效性。

二、促进高校人才培养教育目标的实现

心理健康是大学生形成科学的世界观、价值观和人生观的基础，良好的心理素质和人格品质对于大学生成长成才具有非常重要的意义。凭借自身所具备的多种优势，辅导员通过日常的学生事务管理，通过心理健康教育、心理辅导和心理咨询等工作，可以让大学生以多种途径和方式自觉有效地接受学校的德育及思想政治教育内容，形成正确的自我评价体系，养成良好的情绪控制能力。只有这样，大学生在面临挫折和困难时才能适当调整自己的心态与行为，进而获得较强的心理承受能力，具备良好而健全的做人的品质。

辅导员在进行日常大学生管理工作的同时，还应积极化解大学生的心理疾病和心理障碍，帮助大学生在顺利完成大学学业的同时，以健康向上的心理状态度过大学时光。学生稳定，则学校稳定；学生成才，则学校的教育目标方能实现。

三、促进辅导员自身整体素质的提升

心理健康教育是一项具有很强实践性的工作，而“导之以行”是做好心理健康教育的基础。辅导员的言行举止对世界观、人生观和价值观尚未完全定型的大学生的影响非常大。所谓“德高为师”“身正为范”，辅导员必须对学生的成长负责，必须注意自己的一言一行。首重“言传”，但更重要的是注重“身教”。所以，辅导员必须掌握一定的心理学、教育学、组织行为学、社会学等学科的基础理论知识，并尽可能拓宽自己的知识面，必须持续性地提高开展心理健康教育工作的技能，必须努力掌握和了解大学生的心理发展规律以及大学生的心理需求，能够根据学生的思想动态和心理状况的变化，迅速实施教育工作，这对于完善辅导员自身能力结构、促进自我成长具有十分重要的意义。辅导员以自己的模范言行潜移默化地影响学生，在学生心中形成积极健康的人格定位，从而有力地促进学生良好心理的形成，在开展心理健康教育工作时就能收到事半功倍的效果。

第二节　辅导员开展大学生心理健康教育工作的优势

目前，我国高校基本都成立了心理健康教育中心或心理咨询中心，但限于专业从事心理健康教育或咨询的教师严重缺乏，这类中心的专职教师很少，大多数都是聘请心理学专业课的教师或学生工作人员兼职从事大学生的心理健康教育工作。辅导员因工作性质、职责、任务和原则都与大学生有着密切的联系，一向被视为兼职从事大学生心理健康教育工作重要的候选群体，这一群体开展大学生心理健康教育工作存在诸多优势。

一、角色优势

高校辅导员是联系学校、学生、家庭和社会的枢纽。大学新生入校报到的第一天，学生乃至学生家长所接触的第一位教师就是辅导员，辅导员也是学生和学生家长了解学校基本情况的窗口。在校期间，大学生的学习、生活、社会实践活动等一般也是以辅导员为支点开展的。辅导员这种身份角色优势有利于他们充当好联系学校、学生、家长和社会的枢纽，表现在以下几个方面。

（一）辅导员可以协调处理好学校与学生二者的关系

站在有利于大学生全面发展的角度，辅导员应主动与学生沟通谈心以了解学生的学习、生活和心理状况，及时调查、了解并积极向学校相关部门反映学生的一些合理化要求。作为学校的教职工，辅导员又必须站在有利于学校教育事业发展的角度，积极化解学生对学校的不满情绪，努力为学校排忧解难。

（二）辅导员可以协调处理好学校与家长的关系

辅导员需要主动与学生家长沟通联系，及时向学生家长反馈学生的在校情况，学校、家庭共同努力提高教育质量。

（三）辅导员可以协调处理好学生与社会的关系

大学并不是与世隔绝的象牙塔，在校大学生可以通过多种方式，如勤工助学、见习实习、自主创业等，真正地与社会接触。辅导员的社会阅历要比大学生丰富，他们可以利用自身的人脉关系来整合社会资源，更好地帮助大学生在社会这个大熔炉中成长，帮助大学生就业。

二、沟通优势

高校辅导员与大学生心理距离很接近。当前，我国高校的辅导员队伍中尽管也有一些年龄较大的工作人员，但绝大多数都是刚从高校毕业的优秀本科生、研究生，他们的年龄、价值观、生活模式等与大学生很接近，与大学生有较多的共同话题，有相似的人生经历。这种亲密的、和谐的师生关系，情感因素参与较多，使辅导员能较深入地了解学生的内心世界，了解他们的情感体验和思想动态。这种关系状态大大拉近了师生间的心理距离。辅导员既当教师，又当朋友，大学生更愿意将自己的内心想法向辅导员倾诉，愿意接受辅导员的建议和意见。

当然，较大年龄的辅导员也有优势。他们的经验丰富，与学生的接触、交流有方法有技巧，能像长辈关心晚辈那样关心自己的学生。这样师生之间沟通的防御性低、有效性高、互动性强，所以辅导员对大学生的整体素质包括心理素质的培养和提高具有最直接的影响作用。很多大学生比较信赖辅导员，学习、生活中出现问题时，愿意主动与辅导员沟通，征求意见，寻求支持。

三、时间优势

高校辅导员是专职的学生工作者。高校辅导员作为专门从事大学生思想政治教育、日常事务管理和大学生素质教育及培养工作的基层政工人员，一般并不需要上课，也没有课时量的要求，他们的全部工作时间都可以用来与大学生沟通，处理学生工作。

有的高校还在学生宿舍内专门设置了辅导员值班室，要求各院系安排辅导员轮流住宿值班，以及时了解学生信息、处理突发事件。辅导员除了正常上班的 8 小时以外，手机还必须全天候开机待命，可以说只要学生在学校一天，辅导员的时间和精力就得全部放在学生工作上。

四、信息优势

高校辅导员身处学生工作的最基层。辅导员是高校学生工作的一线队伍，直接面对学生，辅导员的工作职责与性质要求他们在思想、学习和生活等各方面关心和引导学生。关心学生的日常生活起居、关心学生的学业、关心学生的身体状况及心理动态，甚至还要了解学生的家庭关系、经济状况、就业方向等。在这种全方位、全天候、立体式的接触过程中，辅导员对于大学生的学习情况、情感状况、适应环境能力、人际关系和谐程度等情况都比较了解，与专业教师乃至其他行政工作人员相比，这是一种不可替代的职业资源优势。

需要指出的是，辅导员在日常工作中与学生密切接触，特别是通过与大学生交流谈心，比较容易深入了解大学生的思想状况和心理动态，能够最先发现大学生的心理问题，从而能在问题萌芽阶段就给予大学生及时的疏导，起到“大事化小、小事化了，将问题扼杀在萌芽状态”的良好效果。

第三节　辅导员开展大学生心理健康教育工作的策略

一、辅导员开展大学生心理健康教育工作的基本原则

（一）宽心治愈，立德向善

辅导员与心理咨询师等专业心理助人者一样，是高校心理健康教育人力资源的重要组成部分。专业心理助人者在实践中往往偏重医学模式，而辅导员则可以偏向人文关怀。相较于专业心理助人者运用心理咨询与治疗的技术，追求见效快的“治愈”，辅导员的人文关怀更多的是“百年树人”的深远影响和源源不绝的“向善”力量。辅导员要在教育方式方法上符合伦理规范，更要在心理健康教育全过程中最大限度地尊重学生、爱护学生，用教育者的心灵之水滋润大学生的成长之树。

（二）遵守伦理，拿捏有度

1. 保密原则

对于学生常态的个人隐私，辅导员要予以保密——这是责无旁贷的最基本原则。但是，在保密原则中，要注意“保密例外”的情况，即对于有损于社会利益或危害学生自身或他人生命安全的“隐私”，辅导员要考虑后果及处置方式。遇到这样的情况，辅导员要告知学生他的隐私可能带来的后果以及他应该具备的态度、情怀以及做法。尤其重要的是，辅导员要督促学生将隐私中的某些信息告知特定的人群。以疾病为例，如果是危害面广可轻易传播的疾病，应该让校医院医生及舍友知道；如果是只对个别特殊人士才产生影响的疾病，如通过性传播的传染病，应该让性伴侣知情，并积极采取后续措施。如果学生坚持不与外人说，辅导员为了防止意外事件发生，可采取必要的措施，比如通知学生

家长、上报学校相关部门等。但应注意在咨询之前，要与学生签订“知情同意书”——在有严重伤害情况发生时，心理健康教育者有权利进行“保密例外”的处理；还要注意将有关保密信息的暴露程度限制在最低范围之内。

2. 知情同意原则

这是医学上处理医患关系的基本伦理准则之一。在大学生心理健康教育特别是心理咨询中，辅导员应让学生（特殊情况下还包括学生家长）对咨询的目标、程序和结果，对他们自身拥有的权利等有充分的了解，并在了解的基础上取得他们的有效同意。

（三）价值中立，居“中”引领

心理咨询中的价值中立原则要求助人者不要用自己的价值观去评判来访者的选择，或者替来访者做抉择，更不要将自己的观点或意见强加给来访者。但由于高校心理健康教育场域的特殊性、主体的特殊性，绝对的价值中立是不提倡的。不提倡的原因，并非辅导员的思想政治教育者身份，而是因为大学生的社会化尚未全部完成，应该让与大学生关系最紧密的辅导员用自己所具备的更完善的价值观去感染和影响大学生。辅导员应该给大学生充分的思考和选择的空间，继而给大学生充分的表达机会，在大学生思考与表达之后，对大学生的态度与观点进行梳理、澄清。没有压力，没有行政命令，让沟通开始于中立，落脚于引导。

（四）鼓励自立，加强沟通

当前大学生的成人意识比较缺乏，大部分还处于父母提供物质生活条件、学校安排学业生活的“未成年模式”。这种教育模式在很大程度上不利于大学生的自立自强。一方面，辅导员在心理健康教育中应强化大学生的成人意识，督促他们伴随着年龄的增长、生理的成熟，心理上应该日益独立与强大。另一方面，在大学生遇到心理问题的时候，辅导员应鼓励他们勇敢做出自己的选择，勇于对自己的选择负责，不依赖他人，不推脱责任。在校方、家长要求辅导员陈述学生心理状况的时候，非紧急状态下，应鼓励当事学生自己去表达、去沟通。辅导员不但要对大学生强化这一理念，还要让学校、家长、社会都将大学生作为一个独立的、能对自己负责的人来看待，平等地与之沟通，让他们承担自己必须承担的责任。

（五）两害相较，取其“最佳”

古语有云：两害相较取其轻。在面临两难抉择的时候，辅导员不妨综合个人利益与集体利益、短期利益与长期利益、自身与家庭、生命与面子等要素，与来访学生共同商讨解决之策。此时，不妨参考社会工作者工作伦理中的相关论述："你能做些什么，以使个人、社会和专业的价值观之间的冲突减少到最低程度""最小伤害""既有效率、效果，又合乎伦理""考虑和掂量短期和长远的伦理后果"。比如，在高校这一特殊环境中，在大学这一特殊成长阶段，在某一种危机状态中，便要使生命权优先于保密原则，优先于成年人的自主权。法无定法，没有一成不变、刻板僵硬的伦理，辅导员应因时因事因地制宜，凭借自己的爱心、经验以及他人的帮助，制订出最佳方案。

二、新媒体环境下高校辅导员如何开展心理健康教育工作

（一）利用新媒体平台密切关注大学生心理发展状况

根据传播学的相关理论，在媒介发达的信息时代，"网络思政"是当下开展思想政治教育的重要途径。辅导员应积极借助互联网开展大学生心理健康教育。在工作方法上，可以利用新媒体平台开设心理健康相关栏目，如"微沟通""微科普"等，保持常态化运作，做大学生的知"心"朋友。同时辅导员还可开设心理自助、互助频道，鼓励大学生进行心理自助和朋辈帮扶，让大学生便于、乐于进行心理沟通和交流。

过去由于大学生数量较为庞大，辅导员很难依次针对每一名学生进行关于心理健康的谈话。但是利用新媒体平台，辅导员可以在网上建立信箱或者档案，大学生可以将自己的状况填写进去，通过邮件的方式发送给辅导员，这样既可以节省时间又可以确保信息的隐秘性，平时大学生不愿意面对面吐露的信息以这种形式能更好地表达出来。辅导员还可以提出一些关于心理方面的问题测试发送给学生，让大学生如实填写，这样可以让大学生认清自己的心理问题，避免造成不必要的麻烦。同时这种网络交流的方式也可以使辅导员快速进行整理，提高工作效率。许多大学生也许会因为各种原因不愿意公开透露家庭方面的信息，辅导员可以向大学生保证这种信箱和档案只有自己可以看到，让大学生如实填写家庭成员方面的信息，如果之后出现问题，辅导员也可以快速联系家人进行有效的沟通。

（二）建立专门的匿名心理交流论坛

辅导员还可以建立专门的心理交流网站，大学生可以匿名在里面发言，这样便杜绝了有些学生在吐露自己心声后招来歧视的后果。在匿名论坛上，大学

生可以更好倾诉自己的遭遇以及造成心理问题的原因，这种不需要面对面的心理疏导更能使部分学生敞开心扉，从而对辅导员的心理健康教育工作提供了很大的帮助。此外，辅导员还可以建立一对一互帮互助版块，一些心理健康的大学生可以有针对性地帮助出现心理问题的同学，同龄人之间有些时候相比于辅导员和学生之间更能架起沟通的桥梁，有效提高学生的心理健康水平。同时，辅导员应该建立一个书籍阅读的版块，辅导员和学生都可以到版块中去推荐让自己受益匪浅的书籍，并写下一些心得方便互相交流，让学生在畅游书海的过程中自主发现自己的心理问题并寻求有效的方式积极解决。当然，更重要的是，辅导员要积极维护此论坛，防止有心人利用论坛做非法或者不道德的事情。

（三）成立专业的心理健康团队

由于辅导员的时间和精力有限，所以建立网络专业团队是必要且必需的，而辅导员需要确保自己在团队中的位置，利用自己的影响力招募一些专业人才或者愿意服务的社会工作者，共同为大学生心理健康教育创立良好环境。辅导员应明确团队中各个人员的作用，比如有专门负责为大学生进行心理健康疏导的专业人才，有维护网络文明安全的相关人员等。由于辅导员位置的特殊性和重要性，辅导员应该自发学习一些专业知识来提高自身的水平。因为一些大学生是非常信任辅导员的，如果辅导员的出发点和话语更有专业性，对大学生来说也是一种保障。辅导员在完善自身的同时也在影响着一些大学生的价值观，因此只有起好带头作用，才能提高大学生心理健康工作的效率。

（四）建立反馈中心

为了更好地应对大学生心理健康教育工作，辅导员可以成立反馈中心，以防出现没有察觉到有心理问题的特殊学生。如每个班级挑选两名心态积极向上、阳光乐观的学生，辅导员通过互联网等手段对他们进行心理知识培训，使得他们对心理健康教育工作有一个初步的认知，遇到类似状况可以预先排查进行心理疏导，进而将留意到的心理健康有异样的学生报告给辅导员，由辅导员咨询专业的心理专家看是否需要进行会诊，如何进行下一步辅导。成立这种反馈中心可以大大提高辅导员的工作效率，避免出现遗漏情况，也提升了心理健康教育工作的实效性和完成度，通过各级成员之间的配合，可以更好地为辅导员开展心理健康教育工作提供便利条件。

（五）特殊人群特别对待

对于某些特殊群体，如孤儿、身体有残疾等的学生，辅导员需要进行针对性疏导。由于他们的特殊性会导致他们在人群中尤其没有安全感，进入高校后，这种不安感会导致他们对于外界眼光尤其重视。辅导员可以提前明确所管辖的班级中是否有这样的群体，并给予他们特殊的关注和关心，如通过聊天等方式挖掘他们身上的长处，使他们充分发挥这种优势，鼓励他们走出心理阴影，帮助他们树立正确的价值观，还可以班级为单位组成互助小组，通过学生互助的形式给他们送温暖。此外，辅导员应与学校沟通成立特殊群体的奖学金制度，提供适合他们的勤工俭学职位，在缓解他们的经济困难的同时，也培养了他们融入社会的能力，增强了他们的自信心，同时也维护了他们的自尊心。这对于辅导员开展特殊群体的心理健康教育工作也能起到积极作用。

（六）与家长沟通到位

有很大一部分大学生心理健康出现问题的原因在于家庭，辅导员在做好自身工作的同时也需要和家长进行沟通。辅导员可以记录下家长的联系方式，必要时进行电话沟通，询问学生成长过程中的压力，向家长耐心传授有关心理健康方面的知识，告知他们心理健康的重要性，叮嘱他们平时对于孩子要关注到位。如果了解到学生成长过程中出现的问题确实来自父母，要积极劝说父母与孩子交流，努力为学生营造健康的家庭环境，从而解决心理方面的问题。辅导员还可以定期与家长进行有效互动，借助远程教育等方式让家长对于心理健康教育有一个简单的认知，以更好地开展心理健康教育工作。

三、树立辅导员的使命感和责任感，做大学生心理健康教育的实践者

（一）做“倾听者”，寻找心理危机学生的症结

中国青少年研究中心的调查报告显示，当面对心理问题时，79.8% 的大学生选择向朋友倾诉的方式寻求疏导。高校辅导员要做好心理健康教育工作，其关键是建立互尊互爱、平等友善的关系，放低姿态，以平常心主动亲近学生，以朋友的身份分享故事，倾听学生成长的烦恼和困惑，做忠实的听众，帮助遇到心理危机的学生分析心理事件，进行心理困扰的判断和识别，寻找心理症结，及时了解学生的内心世界，时时掌握学生的思想动态，关注心理行为，坚决杜绝表象的心理困惑演变成心理疾病。

（二）做“引导者”，对学生开展心理疏导，使学生重获信心

心理闭锁和寻求理解的冲突是大学生所面临的心理健康冲突之一。大学时

代是学生既渴望友情又追求孤独的阶段，此阶段大学生自我意识得到发展，个性基本形成，期望有完全属于自己的自由角落，但又恐惧落单，害怕孤独，遇到问题时希望自己的情感有宣泄的对象，有“共情”的知己。这时，辅导员要学会做“引导者”，重视学生的需求，对学生开展心理疏导，满足学生合理恰当的愿望，使学生树立信心，锻炼学生的抗压能力、耐挫能力。大学生面对心理问题和心理障碍时，情绪积极，能平静对待，做到喜不狂，忧不绝，胜不骄，败不馁，谦而不卑，坦然应对，真正满足心理健康的标准，这样才能健康成长。

（三）做“实践者”，采取心理干预措施，强化教育效果

面对大学生心理危机事件，辅导员要做一名脚踏实地的“实践者”，应该遵循“早发现、早通报、早评估、早介入、早治疗”的工作方针，做好心理事件的预防、预警和应急处置，实现最初目的，有效预防大学心理问题、心理障碍和心理疾病的发生。辅导员可对全体大学生进行心理健康测评，录入测评学生信息、查询测评参与状态、查看测评结果，并进行干预管理。对筛选出的心理危机学生，进行一对一约谈，建立心理健康档案，并对学生的心理状况进行跟踪。高校应坚持采取教育与预防相结合的措施，不断建设大学生心理健康教育防御体系和特色活动体系；还可以引入激励机制，重塑大学生的信心，给予大学生不同程度的宽容、理解和赞赏，激发大学生的潜能及其求知、求职的欲望，解决学业问题和就业问题等心理疑虑，强化教育效果。

辅导员处在大学生事务管理的第一线，伴随大学生成长的各个阶段。大一适应阶段时，大学生对新鲜的事物有强烈的好奇心，辅导员需帮助大学生熟悉校园环境、集体环境、学习方式和人际交往方式等，解决多样化的适应性问题，走出心理困扰；大二发展阶段时，面对繁重的专业课知识和丰富的校园文化活动，辅导员需指导大学生如何平衡学业与兴趣爱好、工作之间的关系，避免大学生陷入抑郁、焦虑、强迫等心理障碍危机圈；大三成熟阶段时，大学生要明确自己的学业规划终点是什么，职业生涯的道路在哪里，辅导员需对大学生做出职业生涯规划和就业指导，防止大学生显现以自我为中心、思维固化、思想偏执等心理问题；大四飞翔阶段时，大学生会遇到社会上形形色色的诱惑，会纠结分岔路口的选择，辅导员需指引大学生走出旋涡，认清理想与现实的冲突，使大学生的自我意识得到完善。因此，辅导员需遵循大学生的一般心理发展规律，学会运用各种方法和技能开展大学生心理健康教育工作，促进大学生身心全面发展。

第八章　高校心理咨询工作

第一节　心理咨询概述

【案例 8-1】

他们说我没有病

还是小学生的时候，小明是一个非常调皮的男孩，经常捣蛋，没有专心学习，每天的日子却也过得不亦乐乎。升入初中之后，小明觉得自己不能再像小学那样了，应该好好学习。上初中后，小明的学习成绩倒也不错，初二分快慢班，家人和老师都劝他去快班。去了快班之后小明就感觉紧张，快班早上要求六点半就到学校，他怕起不来，就开始出现晚上睡不着的情况。起初小明并没有在意，可是接下来他出现了一些心慌的感觉，变得容易感冒，而且总是感到头晕、头痛等。父母带小明去医院检查，检查单上“脑血管痉挛”的结果让还是初中生的小明吓得不轻，然而小明却一直没有理解脑血管痉挛究竟是怎么一回事。由于没有其他问题，小明只是被带往诊所输了葡萄糖、氨基酸等营养物质。然而小明发现自己睡眠状况不好，心慌、头晕、头痛的情况越来越频繁。他告诉父母后，忙于工作的父母感到有些不耐烦，他们认为是小明自己太紧张，让他学着放松，并责备他缺乏锻炼，从此小明不敢和家人诉说自己的烦恼，这样一耗就是十年。

这十年里状态时好时坏，为了让自己能够睡着，小明甚至在没有感冒的时候去买感冒药吃，因为他琢磨出感冒药具有助眠的效果。小明在高三时感到这种睡不好的状况特别严重，进入大学后放松一些，自己进行心理调节，情况又好一点，能睡着，饮食还可以，自己在药店买了益气补血的药吃。

今年大二的小明，近来又感到学习状态不佳，头晕，记忆力不好，大脑太累了，晚上睡不好觉，想高兴却高兴不起来。一上课就疲倦，思考的时候逻辑紊乱或者一片空白，总有一种有力使不出的感觉。小明感到情况越来越严重，而且害怕情况继续严重下去，可是在小明看来，父母是无法理解他的，他们只认为自己没有病，是自己不会放松，缺乏锻炼。极其苦恼的小明很想知道自己究竟怎么了。

【案例分析】

小明的故事听起来比较少见，也许你会认为，他是不是太傻了，不知道如何跟父母诉说自己的状况，十年，小明是怎么熬过来的？也许你认为小明的父母太不细心，不够关心小明的成长；也许你感觉到在小明的故事里，他似乎很像是那个呼喊“狼来了”的小孩，一次一次告诉父母“我生病了”，然而医院的检查结果并不是这样；也许你会同情小明，觉得他太不幸了，似乎得了“怪病”。那么这究竟是怎么一回事呢？

案例里的小明已经表现出典型的心身症，他在医生没有明确诊断某一躯体疾病的情况下，求助于药店，购买了非处方药进行身体的补养，然而症状依然没有得到彻底的改善。他意识到自己是面临着虽然无法说明却让自己活得好像“行尸走肉”一样的内心的煎熬，是“心”的问题，只好来到学校心理咨询室找心理咨询师试一试，这也许是他最后的希望。

小明是遭遇了典型的焦虑症，它是神经症的一种，不是什么“怪病”，更不是“神经病”。由于有十年之久，小明的焦虑症表现得有些复杂，还伴随着一些抑郁情绪。小明的问题通过心理咨询能否解决？心理咨询又是怎么一回事呢？

一、什么是心理咨询

心理咨询（如图 8-1 所示）在英文中被称为“咨询”（counseling），是通过人际关系，运用心理学方法，帮助来访者自强自立的过程。需要解决问题并前来寻求帮助者称为来访者或者咨客，提供帮助的咨询专家称为咨询者。在咨询过程中，咨询者运用有关理论与技术，帮助来访者更好地认识自己、解决难题，来访者通过向咨询者进行述说及共同的讨论，找出引起问题的原因，分析问题的症结，并接收新的信息，学习新的行为，做出某种决定，进而恢复心理平衡，提高对环境的适应能力，增进身心健康。

心理咨询的发展已有近百年历史，在我国也经历了半个世纪的发展，它的主要工作对象是正常人、正在恢复或已复原的病人。它着重处理正常人所遇到的各种问题，主要包括日常生活中人际关系的问题、职业选择中的问题、教育过程中的问题、家庭中的问题等。每次咨询用时较短，一般咨询次数为一次至几次。

图 8-1　心理咨询

在前面案例里的小明在苦恼无法解决的情况下选择了心理咨询。让我们来看一看心理咨询师是如何帮助小明的。

【案例 8-2】

我想做咨询

事实上，小明第一次和第二次来到咨询室之间相隔有一年多的时间，大概在第一次的咨询之中小明并没有得到他特别希望得到的帮助。第一次的咨询，咨询者会首先向来访者讲述保密原则与保密例外，采集来访者的基础信息，包括了解最困扰来访者的问题，问题的持续时间、严重程度等，对来访者的情况做一个初步的判断，制定一个大概的咨询方案，有些时候来访者只需要咨询者稍稍点拨，即可找到自己解决问题的突破口；有些时候，咨询者会视情况向来访者讲述大概的过程，需要与来访者进行一段长时间的探讨。小明在第一次咨询结束后进行了续约，然而并未如约前往，直到一年后，他第二次来到咨询室，他已经是一名大四的学生，这时出现在咨询室的小明，焦虑症的症状非常明显。在与咨询师的交谈中，可以看到他的倦容，时不时地打着哈欠，他的语气也似乎总是有气无力，而且气息短促，好像心很慌，在讲话间隙无意识地不断叹气、换气，好像不喘息一下就没有力气说下面的话，正像他描述的那样，他好像“行尸走肉”一样过着每一天。由于当时快放寒假了，咨询师非常明确地向他建议，他需要去医院的心理卫生科接受诊断与治疗。此时小明的焦虑症有由中度发展到重度的表现，单纯的心理咨询效果是不够的，他还需要接受抗焦虑的治疗。

新学期，小明第三次来到咨询室，反馈了他接受治疗的情况。医院的精神科诊断他为抑郁症伴焦虑，并为小明开了抗抑郁与抗焦虑的药物。他说起药物的疗效和自己的煎熬，“当时吃还有效果，不敢停，停了就烦，后来就不想吃了，寒假在家待着好一些，在实习的工地上待过一段时间挺好的，白天8小时干活，晚上就睡觉。回到学校特别不舒服，总想些乱七八糟的，无缘无故就担心，比如担心毕业设计，一直头晕，就怕影响做设计，于是更紧张，甚至心悸。家里也不重视这个问题，十年了，都是自己慢慢调理，这样太慢了，如此下去，马上要毕业进入社会可怎么办”。咨询师观察到，小明虽然依然会打哈欠，但是他的表情要轻松一些，既然药物起了作用，就需要按照医嘱定时定量地服用，咨询师再次叮嘱了小明。

咨询师发现小明在讲述工地实习经历的时候有一种久违的轻松感，同时他讲到一个细节，就是在办公室虽然环境好，但是和领导在一处，反而不自在，而在工地上虽然苦一点，却和工人之间相处得很轻松。而当他提到父母对自己生病的看法时，似乎表现出对父母的一丝恨意。他甚至想过用更严重的后果（结束生命）惩罚父母，但自己是理性的人，还没有到那个地步，没有被情绪控制，只是特别纠结。当出现自杀倾向的时候，抑郁已经是比较明确的了，而“初中后就没有什么高兴的”“考第一名也高兴不起来”“十年了”，这些带有一种无奈情绪的话语也都反映出来访者的抑郁情绪十分明显。所以咨询师要做的就是帮助来访者感受自己存在的价值和意义，探索问题的核心本质以及解决的具体方案，让来访者看到希望。

小明一共接受了10次咨询，在接下来的7次咨询中，咨询师和小明一起探讨了他的性格、气质还有体质，因为在对自己的认知中肯定自己是建立自我价值感的必经之路；他们探讨了他与父母的相处方式，他对父母心怀恨意，那么他的情况便会变得更糟，而事实上，父母少有不爱孩子的，这其中一定有着一些误会。探讨中他们发现小明给了自己许多禁锢与约束，他的自画像里自己是一个被框在房子里的火柴人，房屋构造很简单，没有门窗，却有着明显的屋脊，看着像有许多“条条框框”。现实中，小明便是生活在条条框框之中，事情做对了获得成就感，做错了就害怕。小明初中以后很少犯错，他不想让家人失望，因为家人为自己付出了很多。他非常在意别人的评价，当然包括父母的，而且他常常放大别人对他的看法，特别是不好的方面。而小明认为自己获得所有不好的评价都是因为自己病了，他们不能理解自己的病，这让他更加委屈，于是显得无奈而压抑。

找到了问题症结的小明也在一次又一次的咨询过后变得轻松了一些，配合着药物的治疗，小明逐渐好转，最后一次咨询的时候，他短促的气息已经不那么明显了，而且在小明的自画像中还有另一个沐浴阳光的自己，认识那个渴望自由、渴望轻松自在的自己，就是一种希望。小明也发现自己的认知观念当中似乎弄反了一些东西，把没必要看得太重的东西看重了，而家人是否关爱自己的事情主要是自己的看法，是自己没有能够理解父母关爱的方式，同时自己也存在着“想得多，做得少”的问题。将来，小明要去做自己喜欢做的事情，而且是有意义的事情。

当然，10次的咨询内容是很丰富的，这里只能截取一些片段。心理咨询的本质便是助人自助，来访者在咨询者的帮助下，最后获得成长，甚至是人格的重塑。来访者依靠自己改变，自己做决定，走出自己的道路来。随着咨询的深度不同，来访者对自我的探索、对问题的分析程度也不同，但是好的咨询会让咨访双方都获得成长，感受到问题的解决、新局面的呈现。

学校的心理咨询个案较少有像小明这样持续10次的咨询，以3～5次居多。咨询的效果并不是简单地依据咨询的次数来判断的，有时候好的咨询甚至可以一次就完成，视来访者情况与咨访关系的建立情况而定。咨询的问题并没有限制，从日常的各类问题到神经症，从一个人的问题到3～5人的团体咨询都是有的。在咨询的过程中，咨询者需要自然地运用心理学知识与技能等引导来访者。例如在本案例中，以精神分析学派的观点来看，咨询者需要识别出小明焦虑的根源是向往自由的“本我”与渴望获得认可的“超我”之间形成了矛盾，小明害怕“超我”受到损失而压抑了“本我”，在日常处世的小心翼翼中也失去了自我成长的机会；以认知学派的观点来看，咨询者需要识别出小明所存在的不合理信念，如“必须要获得周围所有人的认可”“父母不关心我生病是不爱我”“我成绩的下降是因为我病了”等，并引导来访者与不合理信念进行辩论而建立相应的合理信念。此外，咨询中还有着基于行为主义学派、人本主义学派等众多的理论和技术，对此感兴趣的读者可参考心理咨询专业书籍进行深入了解。

二、心理咨询与心理治疗的异同

心理咨询与心理治疗的异同的争议从来就没有停止过。事实上，心理咨询与心理治疗是一种相互关联、相互依赖而且相互促进的关系，虽然两者有所不同，但其目标是一致的：使来访者的功能更加完善，促进其更好地生活。大家基本认同的是，心理咨询与心理治疗是一个连续体，并无明显的界限，其中心理治疗更加关注那些不正常和情绪受到严重困扰的人，而心理咨询则关注那些基本正常只是受到某些困扰的人。

国外学者从美国心理学家罗杰斯开始已经将两者交替使用。国内学者陈仲庚、曾文星、徐静等认为，虽然心理咨询与心理治疗的称呼不同，治疗者的背景、工作的方式与任务略有差异，但其治疗或咨询的原理大同小异，可合并讨论。两者的相同功能大致表现为以下几个方面。

①清楚来访者有困难或有适应不良的状况，对生活的苦痛有所申诉，需要他人的帮助。

②与来访者建立关系。

③引导来访者表达感受，同时对问题做出澄清与详细说明。

④对来访者所述的感受和个人资料进行探讨。

⑤探索改变的理想和方向。

⑥将来访者的感受进行适度处理，通过咨询的技能促进来访者做出改变。

⑦促进来访者的自觉，协助他发展观察和分辨能力，并对其行为进行评判。

⑧对整体关系从始到终做出评析。

国内学者综合考虑上述几个方面，将心理咨询与心理治疗的相同与不同之处进行了归类总结。

（一）心理咨询与心理治疗的相同或相似点

1. 在两者关系的性质上

两者都注重建立帮助者与求助者之间的良好的人际关系，并贯穿于咨询或治疗过程的始终，认为这是帮助求助者改变和成长的必要条件。

2. 在工作的目的上

两者都希望通过帮助者和求助者之间的互动，达到使求助者改变和成长的目的。

3. 在工作的对象上

两者的工作对象常常是相似的。如心理咨询师与心理治疗师可能都会面对因人际关系问题、情绪障碍而来寻求帮助的来访者。

4. 在指导理论和方法技术上

两者所遵循的指导理论和采用的方法、技术常常是一致的。如心理咨询师对来访者采用的来访者中心治疗的理论与方法和心理治疗师采用的理论与方法别无二致。

（二）心理咨询与心理治疗的不同之处

1. **工作的对象不同**

心理咨询的工作对象主要是正常人，正在恢复或已经恢复但遇到困难的正常人；心理治疗则主要针对有心理障碍的人。

2. **面临的问题不同**

心理咨询着重处理的是正常人所遇到的各种问题，主要有日常生活中人际关系、职业选择、教育求学、恋爱婚姻、子女教育等方面的问题；心理治疗的适应范围则往往是某些神经症、性变态、行为障碍、心理生理障碍、心身疾病及精神病人康复等。

3. **所需的时间不同**

心理咨询所需的时间较短，一般为咨询一次至数次，少数可达十几次；而心理治疗则往往耗时较长，常需数次至数十次不等，有的需要数年方可完成。

4. **涉及意识的深度不同**

心理咨询涉及的意识深度较浅，大多在意识层面进行，更重视教育性、支持性、指导性工作，焦点在于找出已经存在于来访者自身的内在因素，并使之得到发展，或在对现存条件进行分析的基础上提供改进意见；而心理治疗的某些流派主要针对无意识层面进行工作，重点在于重建病人的人格。

5. **目标不同**

心理咨询的目标往往较为直接、具体、明确；而心理治疗的目标常常比较模糊，它往往着眼于整个人的成长和进步。

6. **专业训练及所属专业组织不同**

在国外（尤其在美国），从事心理治疗的人接受专业训练的时间多于心理咨询专业工作者。此外，心理咨询专业工作者各自所属的专业学术团体也不相同。

7. **起源不同**

一般认为，心理咨询的起源主要有四个方面：①与源于20世纪初的职业指导运动有关；②与20世纪初美国大学生比尔斯发起的心理卫生运动有关；③源于心理测量运动和心理学中对个体差异的研究；④与罗杰斯为代表的非医学、非心理分析、非指导性的咨询与心理治疗有关。与心理咨询不同的是，心理治疗的起源则可追溯到19世纪末奥地利心理学家弗洛伊德创立的心理分析疗法，甚至可以追溯到19世纪中叶催眠术的施行。

8. 工作场所不同

前者工作的场所相当广泛，包括医院、诊所、学校、社区、法律部门、职业培训部门等；而后者则大多在医疗环境或私人诊所进行。

9. 称谓不同

在心理咨询工程中，帮助者被称为咨询师，求助者被称为来访者；在心理治疗过程中，帮助者被称为治疗者，求助者被称为病人或患者，也有称为来访者的情况。

虽然字面上的分类看起来合乎情理，但在实际操作中，很难泾渭分明地将二者区别开来，更多的时候，二者是混用的：当程度较轻时，适用于心理咨询；而程度较重时，则趋向于心理治疗。

三、心理咨询的特点

第一，心理咨询师与来访者建立友善关系。这是心理咨询与医院看病的主要区别。如果心理咨询师与咨询对象建立了友善关系，心理治疗就成功了一半。

第二，心理咨询师会详细了解来访者的病史，认真为其做体检，以便排除器质性病变。

第三，心理咨询师会对咨询对象进行心理诊断，包括智力测验、人格测验及精神疾病的一些诊断量表测查等，并从社会的、心理的和生物的方面去寻找致病的原因。

第四，在明确诊断及主次病因的基础上，心理咨询师会为咨询对象制订一个较好的、切实可行的具体治疗计划，动员咨询对象与心理咨询师合作，共同战胜疾病。

第五，心理咨询师会对咨询效果做必要的追踪观察，并提供预防措施。

四、心理咨询过程的基本阶段

（一）掌握情况

心理咨询师主要通过倾听和发问来获取信息，搜集资料，包括了解咨询对象本人的基本情况以及与咨询对象有关的社会背景。为了全面掌握情况，心理咨询师还可以采取与咨询对象的亲友、同事谈话以及心理测量等手段。

（二）分析诊断

在掌握材料的基础上，心理咨询师要对所获取的材料包括谈话记录、测验结果和日记等进行整理，并进行认真思考、系统分析，力争做到把握咨询对象存在问题的实质。在分析中，心理咨询师要注意找出其中重要的线索；注意咨询对象与其亲友等谈话的异同点；要对心理测验结果做客观分析；要注意咨询对象的个人见解。

（三）确立方案

心理咨询师在全面、准确分析咨询对象的情况后，应确立相应的方案。首先，制定方案要考虑几方面因素：成功的可能性，最小的代价，适合个人的特点。其次，还应制订相应的指导计划，对方案的实施过程和可能出现的情况等做到心中有数。

（四）劝导帮助

这是心理咨询的关键阶段。心理咨询师应帮助咨询对象纠正认识上的偏差，还要教会其掌握一定的改变不良习惯或纠正某种行为的具体措施或训练方法。要根据不同咨询对象的具体情况，灵活地运用各种方法。

（五）追踪巩固

追踪巩固是评价整个咨询过程中的诊断分析是否正确、治疗劝导是否合适的重要一环。心理咨询师及时了解咨询对象心理问题的解决情况，可以为继续咨询提供依据，既有利于巩固和发展咨询效果，又可以防止出现新的心理问题。追踪巩固有 3 种形式：①备忘录形式，即由心理咨询师在劝导帮助后，将备忘录交给咨询对象，让其按要求填写，包括生活中发生的重要事件、主观体验、别人的评价等；②访问形式，由心理咨询师定期进行访问，检查咨询效果；③座谈会形式，心理咨询师可以约请咨询对象的亲友、同事等进行座谈，从而取得对咨询效果的评价。

五、心理咨询的类型

（一）个别咨询与团体咨询

个别咨询是心理咨询师与咨询对象一对一的咨询活动，是心理咨询中最常见的形式。它具有保密性强，易于交流，触及问题深刻，便于心理咨询师提供深入、耐心的帮助，有利于个案积累和因人制宜等优点，但这种咨询比较耗费时间。

团体咨询是将具有同类问题的求助者分成若干小组或较大的团体进行共同商讨、指导或矫治的咨询活动。较之个别咨询，团体咨询在节省时间和人力，扩大社会影响，集中解决一些共同的或较迫切的心理问题方面极具优越性。在帮助有害羞、孤独等人际交往障碍的学生方面更有其特殊功效，因为它有助于形成浓厚的团体感染气氛和支持效应，从而有助于咨询对象问题的解决和障碍的排除。其局限性主要是个人的深层心理问题不便暴露，个体的心理问题差异也难以照顾。

（二）其他咨询方式

1. 通信咨询

通信咨询是心理咨询师以通信的方式对咨询对象及其相关人员所提出的心理问题给予解答、指导的咨询形式。它的优点首先在于不受居住条件限制，简单易行，覆盖面广；其次，咨询机构在选择专家答疑解难时也有较大的针对性；最后，对于那些不善口头表达或较为拘谨的咨询对象来说，更具优势。其不足在于，一方面，咨询效果易受咨询双方的书面表达能力、理解能力和个性特点的影响。另一方面，也存在往返周期长，咨询双方缺乏非言语交流，咨询效果难以细致、具体、深入等问题。

2. 电话咨询

电话咨询是心理咨询师利用通话方式对咨询对象给予劝慰或进行危机干预及指导的咨询方式。电话咨询具有方便、省时、保密性强，又能保证双方充分进行语言交流等优点，尤其是在心理危机的紧急干预和自杀防范方面极为有效。

3. 现场咨询

现场咨询是咨询机构的专职人员深入基层或咨询对象的生活或工作场所，为其提供咨询服务的一种咨询形式。由于现场咨询具有着力解决与人们生活中关系密切的问题，便于进行面对面交流，便于开展科普宣传，容易起到以点带面的作用，因而效果显著，较受人们欢迎。

4. 门诊咨询

门诊咨询是通过心理咨询师对咨询对象的临床诊断，弄清咨询对象的心理问题症结或心理疾病的本质，做出准确的判断，并施以相应的心理治疗的咨询方式。门诊咨询对心理咨询师有较高的专业要求。

5. 专栏咨询

专栏咨询是通过报纸、期刊、广播、电视等大众媒介，对具有一定普遍性或典型意义的心理问题进行解答的一种形式，其优点是覆盖面广、信息量大、具有治疗与预防并重的功能，这是其他性质的心理咨询形式所不具备的功能。

6. 网络咨询

网络咨询是指以网络为媒介，运用各种心理学理论和方法帮助当事人以恰当的方式解决其心理问题的过程。就目前而言，网络咨询的方式主要包括即时聊天软件（QQ、微信）、电子邮件（E-mail）、电子布告（BBS）等。互联网被人们形象地喻为“双刃剑”，所以网络心理咨询作为一种新形式，它既有传统心理咨询所无法替代的优势，又有其明显的弱点与限制。

六、对心理咨询认识的误区

心理咨询是一个由心理咨询师与求助者组成的人际互动过程。心理咨询师通过利用专业知识为求助者提供一个敞开自己心理世界，认识自己内心，并调整、改变自己心理运作方式的场所和氛围，从而帮助求助者认识自己的心理问题，找出解决问题的个性化的方法，并督促求助者实施解决措施。可以说，心理咨询是生命的交流，它能使人走出困惑，从而更好地认识自我、激励自我、再现自我。然而，在现实生活中，有相当一部分人对心理咨询存在着误解。

（一）大学生对心理咨询认识的误区

1. 心理问题就是心理变态

心理咨询的对象主要是在日常生活中遇到困难或挫折而产生心理问题的正常人群。心理障碍患者只是心理咨询对象中的一小部分，发病期的精神病人不属于心理咨询对象的范畴。我们每个人在成长的不同阶段及工作的不同时期都有可能会遇到这样或那样的心理问题，导致消极情绪的产生。对这些问题如能采取适当的方法予以解决，个体就能顺利健康地发展；若不能及时加以正确处理，则会产生持续的不良影响，甚至导致心理障碍。这样看来，心理问题是日常生活中经常会遇到的，就这些问题求助于心理咨询师并不意味着有什么不正常或有见不得人的隐私，相反，这表明了个体具有较高的生活目标，希望通过心理咨询更好地完善自我，而不是回避和否认问题。

2. 心理咨询无所不能

有些人将心理咨询神化，认为心理咨询似乎是无所不能的，就像一个“锁匠”，什么样的心结都能一下打开，所以常常咨询一两次，没有达到预期的“奇效”就大失所望。其实，心理咨询是一个连续的、艰难的改变过程，咨询效果常与求助者的个性及生活经历有关，就像一座冰山，冰封已久，没有强烈的求助、改变的动机，没有恒久的决心与之抗衡，是难以冰消雪融的。

3. 心理咨询就是同情安慰

有些人将心理咨询看作一种简单的同情和宽慰，或者是泛泛的说教，或者是把大事化小，小事化了。其实，心理咨询的目标是鼓励人自求自助，帮助求助者经历痛苦，战胜痛苦，走出困惑，它不是同情而是共情。同情只需给予对方感情上的安慰和物质上的帮助，共情则需进入对方的精神世界，理解和分担他的各种精神负荷，是一种精神帮助。

4. 心理咨询师就是救世主

有些求助者把心理咨询师当作“救世主”，将自己的所有心理包袱都丢给心理咨询师，而自己无须思考、无须努力、无须承担责任。其实，心理咨询的成效30%取决于心理咨询师，70%取决于求助者。心理咨询师只起分析、引导、启发、支持、促进求助者人格成长的作用，他无权把自己的价值观和愿望强加给求助者，更不能代替求助者去思考、去改变、去做决定。真正的“救世主”只有一个，那就是求助者自己。

5. 心理咨询就是心理治疗

心理咨询虽然也常常采用心理治疗的技术，但两者的程序及主要服务对象、范围、任务是不同的。心理咨询着重处理的是正常人所遇到的各种问题，诸如日常生活中的人际关系问题、职业选择问题、适应发展问题、教育问题、婚姻家庭问题等。其任务在于促进成长，强调发展模式，帮助来访者发挥最大的潜力，为正常发展消除障碍。而心理治疗的适应范围则主要为某些神经症、性变态、心理障碍、行为障碍、身心疾病、康复中的精神病人等，其任务多在帮助病人弥补已形成的损害，解决和改变发展结构障碍。前者以发展性咨询为主，在非医疗状况下开展；后者以临床治疗为主，在医疗状况下进行。

6. 心理咨询就是做思想工作

有些人认为心理咨询就是做思想工作。因为二者都是靠谈话来实现的，都是为了改变人的观点和行为反应。心理咨询作为医学中的一门学科，有着严谨的理论基础和诊疗程序，它与思想工作是有本质区别的。思想工作的目的是说服对方服从并遵循社会规范、道德标准及集体意志。而心理咨询则是运用专门的理论和技巧寻找心理障碍的症结，予以诊断治疗，心理咨询师持客观、中立的态度，寻找心理的症结，探讨“为什么会这样”，而不是对求助者进行批评教育。笔者希望求助者能走出上述误区，了解心理咨询的性质和工作方式，打消顾虑，敞开心扉，积极主动地与心理咨询师进行配合，帮助自己解除痛苦，积极健康地生活。

（二）如何请教心理咨询师

第一，求助者把心理咨询师看作一个可以信赖的好朋友。

第二，“有问必答”比“拐弯抹角”更利于沟通。一些求助者存在种种顾虑，说到一半时忽然又后悔了，改变了主题；有些求助者因怕露丑、害羞等原因不肯说关键问题：这都不利于达到心理咨询的目的。

第三，不必过分地关注自我的表现与形象。求助不是求职或与上级领导谈话。心理咨询师并不太关心求助者表层的东西，而是更注重解决求助者的心理问题。在与心理咨询师的谈话中，求助者要尽可能地放松一些，有话直说，“开门见山”最好。

第四，防止就事论事地纠缠于细节之中。有些求助者怕心理咨询师不了解自己的经历与问题的发生、发展和现状，用大量时间去讲述一件事的细节，其实，这是不必要的。心理咨询师更关注求助者的思想观念及对问题的认识。对于事情的叙述可先大致讲一讲，然后等心理咨询师提问时再说。

第五，不要期望由心理咨询师给出“决策”。比如说“我该不该去”“与恋爱对象是否继续保持关系”等问题。不少求助者希望咨询师能给一个明确的答复，而心理咨询师的职业准则恰恰是避免这种不能完全负责的“硬性指导”。他们只能给求助者讲些观点和道理，启发、疏导求助者的“症结”，最后的大主意还得由求助者自己拿。

第六，不要希望一次咨询就“根治”。解决心理问题往往要有一个过程，那种希望“一点通”“仙人指路”的走捷径的想法是不现实的。如果与心理咨询师面谈不便，还可以电话交流。当然，现在网上交流也成了时尚。

第七，不要等心理问题成了“心病”时才去求助。在现实中，心病不算病的观念还是很有市场的，不到万不得已，人们似乎还不愿与心理咨询师打交道。其实预防心理疾病与心理疾病的及早治疗更为重要，在“心理才感冒，还未发高烧”时就应该去找心理咨询师。

第八，对于有关“性”的问题，最好能找同性别的心理咨询师。尽管心理咨询师在诊治病人时有严格、严肃的科学态度，但涉及“性”的问题，同性之间说话更为方便和深入些。退一步说，如果找不到同性咨询师，向异性心理咨询师谈“性”的问题也是可以的，不必过分紧张，在他们眼里，求助者的性别是无关紧要的。

第二节　心理咨询的相关理论与方法

一、精神分析流派及其方法

（一）精神分析流派的形成与发展

1900年，奥地利心理学家弗洛伊德的著作《梦的解析》正式出版。这被后来的心理学史研究者视为精神分析学说诞生的标志。弗洛伊德创立精神分析流派也意味着现代心理咨询与治疗的开始。因为在弗洛伊德之前，心理问题虽然不再被认为是“着了魔”或者“中了邪”，但是会被看作一种神经症，即神经系统出现器质性病变。医生大多应用药物进行治疗，但收效甚微。弗洛伊德早年就专门从事神经症的研究和治疗工作。在与奥地利精神病医生布洛伊尔合作使用催眠和宣泄法治疗癔症病人的过程中，弗洛伊德发现催眠法的治疗效果非常有限，于是在宣泄法的基础上发明了自由联想法。不久他又发现，病人在自由联想的过程中常常回忆起童年的生活经历，很多被压抑的记忆都与性问题有关。弗洛伊德当时身处19世纪末20世纪初，那时的欧洲仍然受维多利亚时代社会文化环境的影响，道德严苛且古板，性行为被认为是不道德的。弗洛伊德大胆假设，人类神经症主要是潜意识中的性压抑导致的。这一观点及其后学说的提出在当时产生了轰动效应，不仅发展成为关于人类动机和人格的心理学理论，而且其影响扩展到哲学、文学、美学等社会科学的诸多领域。

然而，也正是因为性欲论，弗洛伊德的学说遭到很多心理学研究者的批判。他的学生奥地利精神病学家阿德勒和瑞士心理学家荣格也不赞成把性本能看作心理发展的动力来源，分别用自卑情结和广义的力比多学说来替代解释。二十世纪三四十年代，一些心理学研究者在继承弗洛伊德传统精神分析学说的基础上，更加强调社会文化因素对于心理的影响，被称为“新精神分析流派”。这与当时西方资本主义社会遭遇经济危机、战乱、社会动荡等环境因素有着密切的关系。尽管新精神分析学说仍在不断地发展，涌现了许多新的从属理论和技术，但是传统精神分析学说对于临床心理咨询与治疗实践仍然具有重要的指导意义。所以正统的精神分析治疗师，还是要接受传统精神分析理论的学习和治疗技术的训练。

（二）精神分析流派的基本理论

1. 潜意识理论

弗洛伊德在临床治疗癔症患者的过程中发现，人的心理除了那些个体能够觉察到的心理活动，即意识，还有那些个体自己压抑或尚未察觉的心理活动。它们潜伏在意识之下，没有被意识觉察，因此称为“潜意识”或“无意识”。对此，弗洛伊德有过形象的比喻：“意识只是冰山暴露在水面之上的一角，潜意识则是水面之下更大的冰山面积。”有位心理学家的比喻更加形象，他说意识“像马铃薯的皮一样显而易见，而在皮的下面还隐藏着马铃薯最重要的部分”，那就是潜意识。

潜意识的内容往往与本能、欲望、不被社会道德允许的情感或冲动有关。在意识和潜意识之间还存在一个“前意识”。它扮演了“警察”的角色，不让潜意识里的内容进入意识之中。有时候，“警察”也会打盹，于是潜意识里的内容就会偷偷进入意识之中。

弗洛伊德认为，神经症的症状与患者的潜意识活动或内容有关，梦、口误、遗忘等内容可以作为探测潜意识的管道。治疗师可以通过梦的解析、自由联想和催眠等方式发现患者的潜意识活动或内容。当潜意识内容进入意识层面之后，个体的神经症症状会得到缓解或消失。

由此可见，潜意识理论是精神分析流派的理论基础。它的提出极大地推动了心理学思想的发展。当前大量实证研究也证实，潜意识过程广泛存在并影响了人的认知、情感和行为。

2. 心理结构理论

与潜意识理论相联系，弗洛伊德从心理活动的功能角度对心理结构进行了划分，即本我、自我和超我三个部分。三者之间的关系就好像动漫作品中经常描绘的那样：一个人在中间；左边一个自己，头上长犄角，手里拿把叉，坏笑着怂恿你“怎么想就怎么做”“高兴就好”；右边还有一个自己，头上有光环，后背长翅膀，严肃地警告你“不能怎么样”“应该怎么样”。“本我”就是那个“小恶魔”，特指人类的那些原始本能，遵循快乐原则。“超我”就是那个“小天使”，由自我理想和良心组成，与社会期望和道德有关。“自我”就是中间的那个“你自己”，从“本我”发展而来，受“超我”的监督和引导，遵循现实原则，调节“本我”与“超我”之间的矛盾。可见，三者之间不是静止的，而是始终处于冲突协调的矛盾运动之中。当三种力量不能保持动态平衡时，个体就会产生异常的心理。

这个被弗洛伊德命名为“心理地形说”的心理结构被看作一种人格结构的早期划分，因此被认为是一种人格结构理论。与弗洛伊德重视“本我”不同，新精神分析流派的代表人物美国精神病学家埃里克森非常强调“自我”，特别是自我的同一性对于人格发展的作用。为此，他还提出了“理想的我”与“现实的我”这两个概念，重视两者的统一对于青少年心理发展的推动作用。

3. 心理发展的内驱力和阶段论

潜意识理论提出后，弗洛伊德进一步解释了心理动机的本质和心理能量的来源。他认为，某些能量依附于心理动机并作用于心理活动。而这些心理内驱力主要来源于性本能，包括性冲动以及对感官和欲望的满足。随着生理的逐渐成熟，个体身上产生性快感的部位会发生转换。心理发展的每一个阶段，都有特定的心理内驱力的产生来源、释放目标和指向对象。在每一个阶段，如果本能欲望得到满足，就会顺利进入下一个阶段。如果某个阶段的本能欲望没有得到满足，就会出现“固着”现象，导致个体出现不良行为特征。

在心理发展的内驱力问题上，弗洛伊德在后期的研究中还专门论述了“生的本能”与“死的本能”，作为性本能的补充。这是弗洛伊德学说中比较深奥的部分。但是，新精神分析流派一致不赞同将性本能看作心理发展内驱力的唯一来源。阿德勒强调成就需要、社会动机和追求卓越等内在体验的作用，美国精神分析心理学家弗洛姆和美国精神病学家沙利文等人则更加强调社会因素的影响。如同前面所提到的那样，埃里克森将关注点从“本我”转移到“自我”，提出自我发展的阶段论（见表8-1）。与弗洛伊德的“固着”不同，埃里克森认为，某个阶段的发展任务没有顺利完成的话，个体仍然会发展，但是会增加后续阶段发展任务的完成难度。

表 8-1　埃里克森的人生发展阶段

阶段	年龄	心理危机（发展关键）	发展顺利	发展障碍
婴儿期	0 ~ 1 岁	对人信赖⟷对人不信赖	对人信赖，有安全感	与人交往困难，焦虑不安
婴儿后期	2 ~ 3 岁	活泼自主⟷羞愧怀疑	能自我控制，行动有信心	自我怀疑，行动畏首畏尾
幼儿期	4 ~ 5 岁	自信⟷退缩内疚	有目的方向，能独立进取	畏惧退缩，无自我价值感
儿童期	6 ~ 11 岁	勤奋进取⟷自贬自卑	具有求学、做事、待人的基本能力	缺乏生活基本能力，充满失败感
青年期	12 ~ 18 岁	自我统合⟷角色混乱	自我观念明确，追求方向肯定	生活缺乏目标，时感彷徨迷失
成人前期	19 ~ 25 岁	友爱亲密⟷孤独疏离	成功的感情生活，奠定事业基础	孤独寂寞，无法与人亲密相处
成人中期	26 ~ 60 岁	精力充沛⟷颓废迟滞	热爱家庭，栽培后进	自我放纵，不顾未来
成人后期	60 岁以上	完美无憾⟷悲观绝望	随心所欲，安享天年	悔恨旧事，徒呼胜负

4. **自我防御机制**

当“本我”与现实、“本我”与“超我”之间出现冲突的时候，矛盾会集中在“自我”身上，产生焦虑。“自我”在协调“本我”与“超我”冲突的过程中，会不自觉地采用一些方式来满足“本我”和“超我”的要求，以达到与现实相适应的目的，并起到一种自我保护的作用，可以降低焦虑，这些方式即自我防御机制。这个概念最初由弗洛伊德提出，而它的发展却是由弗洛伊德的女儿安娜·弗洛伊德来完成的。她总结归纳了 10 余种自我防御机制。下面介绍其中几种常见的自我防御机制。

（1）压抑

压抑是最基本的自我防御机制。压抑，就是将那些不被“超我”允许的想法、具有威胁性的愿望和要求排除在意识之外。一种方式是将出现在意识之中的东西驱赶到潜意识之中，另一种方式是遏制潜意识中的东西进入意识。但是，这些想法、愿望和要求并没有消失。它们在潜意识里活动，仍然对行为产生影响，让个体感到困扰，并且可能通过梦、口误等形式表现出来，也可能被象征性或替代性地加以满足。

（2）投射

投射又称推诿，就是自我将那些不被"本我"接受或不被"超我"允许的想法、愿望和要求强加到别人身上，认为那是别人的想法、愿望和要求，或者认为别人也和自己有一样的念头。"以小人之心度君子之腹"，说的就是前一种现象。一个自私自利的人认为"人都是自私的"，说的就是后一种现象。投射会造成人的知觉判断错误，但是个体很难自己觉察和纠正。

（3）合理化

当某种心理或行为发生后，如果潜在的真实动机或愿望是不能被接受的，自我会找一个貌似恰当的理由来解释，即合理化。通俗一点说，就是为自己错误的想法和行为找一个貌似合理的借口，就像"吃不到葡萄说葡萄酸"一样。合理化其实就是一种歪曲事实的方法，为的是寻求自我安慰，减少内心的焦虑或不安。

（4）反向

反向就是把本来要表达的愿望或想法表达为相反的愿望或想法，借以抑制原来那种可能会造成危害性结果的愿望或想法。这种方法实际上是潜意识的一种伪装形式，为了避免受到惩罚等消极后果的发生。

（5）转化

转化又称躯体化，就是把心理上的焦虑、痛苦转化为躯体症状，从而避开内心直接的焦虑、痛苦，这是一种补偿机制。如，小孩害怕班主任老师，一去上学就拉肚子。拉肚子治疗期间，他可以在家休息、不用上学，避免了内心的焦虑和痛苦。

（6）置换

置换又称转移，是指用一种精神宣泄去代替另一种精神宣泄。自我以一种可以获得的对象来替代另一种不可获得的对象，以不会引起焦虑的对象或行为来替代可能引起焦虑的对象或行为。这样做既能部分满足真实欲望，又不会引发太激烈的内心冲突。比如，一个经常被老板无故训斥的下属，回到家里会经常无故训斥孩子，这就是一种置换。

（7）升华

升华就是那些被封闭但很强大的力量（如，性冲动、攻击冲动）会借助一些过程以社会允许的方式表达出来。这是一种健康的防御机制，比如，个体的攻击冲动可以在竞技体育中表现出来，在竞赛规则的范围内通过合理的冲撞和击打来加以释放。

（8）抵消

抵消又称解脱，是一种用象征性手段来抵消不愉快事情的方式。一个成熟的个体能够对自己的错误行为负责。而一个软弱的个体，往往会害怕或逃避责任和压力，采用某种方式来抵消所作所为。比如说，一个暗地弄坏别人自行车的人，会积极陪着车主一起修车。

（三）精神分析疗法的方法和技术

正统的精神分析治疗仅仅使用自由联想和解释，当代的精神分析治疗则使用更多的方法和技术，甚至像催眠这种一度被弗洛伊德放弃的技术都会根据来访者的问题加以使用。精神分析技术的学习需要在专家的指导下进行，否则是很危险的。对弗洛伊德学说略懂皮毛、然后凭自己的理解擅自分析的做法，被称为“野蛮分析”。

1. 自由联想

所谓自由联想，就是要求来访者关注头脑中“流出”的任何念头，随时说出这些想法。自由联想对于来访者来说并不难学，关键是要让来访者抛开一切评价倾向，不管“流出”的念头如何微不足道、荒诞可笑、难登大雅之堂，都要不加选择地流露出来。治疗师的工作就是对来访者报告的所有念头进行分析和解释。在弗洛伊德看来，自由浮现在头脑中的念头都不是无缘无故的，都有一定的因果关系。自由联想的材料虽然是潜意识中的，但是不一定是真实的面目，可能进行了化装或歪曲，需要咨询师加以分析和辨别。

在传统的精神分析中，来访者的自由联想是非常自由的，咨询师不附加任何指示，只是专心倾听、认真记录、细心分析。这样的自由联想常常漫无边际、一无所获。现代精神分析中，较多采取“指定联想”的方式。当来访者谈到某件事、某个人、某种情绪体验的时候，治疗师会让来访者“停留”在上面，进行联想。

2. 阻抗与消除阻抗

自由联想实际上也只是相对的。来访者常常会因为压抑或抵抗而有意无意地回避某些敏感话题，即阻抗。有意识的阻抗可能是来访者担心自己说错话或者对治疗师不信任等。潜意识的阻抗则是对治疗的阻抗，原因有很多种，表现为不同的形式。一是潜抑性阻抗，就是自我会阻止潜意识内容暴露的一种自动倾向，可能是因为潜意识内容暴露会威胁到自我认同。二是移情性阻抗，就是来访者不再关心治疗进程，而是关心治疗师。三是获益性阻抗，来访者因为某种症状使自己获益，不愿意放弃症状而产生阻抗。四是反复冲动性阻抗，这是一种自我侵犯本我引起的阻抗。五是超我阻抗，来访者认为自己不值得变好、自己应该受到惩罚而产生阻抗。

消除阻抗是心理治疗的中心任务之一。每消除一个阻抗，就意味着精神分析推进了一个层次，对来访者问题的认识更深入一个层次。当阻抗发生时，咨询师可以提醒来访者注意他所表现出来的阻抗现象。要充分利用来访者的理智，尊重他们的自我防御机制，避免与来访者发生争执，在认识阻抗的真实身份之后再去解释它们的潜意识动机。

3. 释梦

释梦与自由联想一样，是挖掘潜意识内容的基本技术。弗洛伊德发现梦的内容与被压抑的潜意识内容之间有着某种联系。他认为，人在睡眠时自我控制力减弱，潜意识中的欲望乘机进入意识之中。由于自我防御机制的存在，这些欲望必须进行化装、变形才能不被识破。因此，梦是有意义的心理现象。对梦的解释和分析，就是要把梦的重重伪装层层揭开。不过，梦的工作机制比较复杂，它通过凝缩、置换、视像化和再修饰等方式把一些事物整合在一起。因此，释梦是精神分析治疗方法中最深奥的方法。

4. 移情与反移情

精神分析流派重视对个体早期经验的挖掘。这在某种程度上又让来访者重新体验了过去的情感和冲突。尽管治疗师在这个过程中只是一个陪伴者，但是来访者倾向于将这些情感体验与治疗师建立联系，主要表现为依恋关系，比如说，来访者把治疗师看作曾经暗恋的情人或者曾经惩罚过自己的父亲。

移情有正向的、友爱的，也有负向的、敌对的。移情也并不是真的对治疗者产生爱慕或憎恨，而是来访者潜意识阻抗的一种表现形式，即来访者将力比多的投射对象转移到现在的治疗师身上。治疗师通过移情可以帮助来访者增进自我了解。因此，发展移情和理解移情是促进治疗的重要手段。

反移情则是治疗师对来访者产生的一种潜意识的反应倾向。广义的反移情是指治疗师因来访者而产生的想法与感觉。正统的精神分析强调治疗师要保持客观、警惕反移情，面对来访者的奉承、批评和愤怒等情感表达，需要保持头脑冷静。因此，治疗师在接受正统精神分析训练的时候，通常自己也会接受精神分析。有一些精神分析治疗家认为，任何治疗师都不可能完全摆脱反移情，只要治疗师能够注意控制自己的反移情倾向、避免反移情产生的不利影响就可以了。

5. 解释

精神分析的实质就是解释，解释症状的根本原因或者行为背后的潜意识动机。解释是精神分析的基本手段。需要解释的内容有很多，比如，释梦、对阻抗和移情的解释、对自我防御机制的解释等。解释建立在治疗师的认真倾听和敏锐观察的基础之上。此外，解释的时机也很重要。

6. 催眠

随着精神分析治疗的发展，催眠这种被弗洛伊德放弃的治疗技术又被重新使用。由于一些影视作品的误导，催眠这种治疗方法常常被普通人误解为一种非常神秘的能力。实际上，催眠就是使用一些诱导手段让来访者处于一种似睡非睡的状态，使其自主判断和行动能力下降。这些诱导手段包括放松、单调刺激、注意集中、想象等。治疗师也会使用催眠药物。治疗师通过言语暗示，唤起来访者被压抑的想法、被遗忘的事情，让他们说出内心的冲突和原因，从而消除内心的紧张和焦虑。

催眠并不适合治疗所有的来访者及其症状，它对环境和治疗师的要求都比较高。一般说来，容易接受他人暗示的来访者容易被催眠。被催眠的来访者也不会像有些电影里演的那样，意识和行为完全被治疗师所控制。

二、行为主义流派及其方法

（一）行为主义流派的形成与发展

1913年，美国心理学家华生发表论文《行为主义者眼中的心理学》，标志着行为主义的诞生。在这篇论文和后来的论著中，华生提出：心理学的研究对象不应当是“看不见、摸不着”的心理或意识，而应当是外显的行为；所谓的“行为”就是个体应对环境刺激的反应，心理是一个刺激—反应（S-R）的过程；心理学研究的目的，就是要了解刺激和反应之间的关系，用于行为预测和控制；人的行为发展与遗传无关，都是个体早期学习或训练的结果。以华生为代表的早期行为主义思想很大程度上受到俄国生理学家巴甫洛夫条件反射理论的影响，与强调心理适应性功能的机能主义心理学思想的出现有关，更与当时的美国社会进入资本主义的垄断时期，迫切需要探索行为规律从而提高工人工作效率的社会背景有着密切的联系。华生的理论为后来系统脱敏训练等行为矫正方法的产生，提供了重要的理论基础。早期行为主义思想忽视意识的作用，把有机体的行为看作一种被动接受环境影响的产物，遭到了大量的批评。对此，此后美国的心理学家、行为主义代表人物斯金纳认为有机体的行为除了条件反射，还有一些重要的行为是有机体自发操作获得的，即操作性条件作用。他将动物实验中获得的行为规律用于解释人们在日常生活情境中的行为，极大地刺激了其他研究者运用这一学说来探索各种不适应行为的矫正。

在斯金纳提出“人的心理是一个 R-S-R 的过程”的基础上，美国当代著名心理学家班杜拉进一步提出了社会学习理论，指出人类可以通过观察和模仿获得行为。像示范疗法和行为排演等技术都是依据社会学习理论发展而来的。榜样学习原理更被普遍应用于心理咨询和指导过程之中。

总体来看，行为主义心理学思想出现以后，长期处于理论争论和修改之中。直到二十世纪五六十年代，行为主义心理学思想才被系统地应用于临床心理咨询与治疗当中。20 世纪 60 年代以后，各种行为治疗技术的开发和治疗研究得到了飞速的发展。美国一些大学建立了行为训练中心，还有很多大学开设了行为治疗的课程。这使得行为主义流派成为对教育学、心理学、精神病学、医学和社会工作产生重大影响的一股力量。直到今天，行为主义的范式对心理咨询仍然产生着深远而实际的影响。

（二）行为主义流派的基本理论

1. 经典条件反射理论

一般说来，狗在得到食物后才会分泌唾液。俄国生理学家巴甫洛夫在研究中发现，如果在向狗呈现食物的同时出现一次铃声的话，重复几次以后，只要出现铃声，狗就会分泌唾液。此时，铃声从一个无关刺激物变成了条件刺激物，唾液分泌也变成了条件反射。如果出现铃声的同时，继续呈现食物，那么先前建立起来的条件反射就会得到巩固和发展；否则，先前建立起来的条件反射就会消退。此后，如果呈现一些与原先相似的铃声，狗也会分泌唾液，这种现象被称为泛化。不过，泛化是有一定限度的。铃声过高或者过低，狗可能就不会分泌唾液。如果铃声的高低与食物呈现之间没有规律，那么狗听到所有铃声可能都会分泌唾液，也可能不知道是否该分泌唾液，这时就可能出现类似神经症的症状，表现出烦躁不安、狂吠、乱咬人等行为反应。

这些动物实验结果说明，有机体的行为是通过条件反射来完成的，是后天环境中学习的结果。华生从中深受启发。1920 年，他对一个名叫小阿尔伯特的儿童进行了类似的实验。实验中，当小阿尔伯特伸手去触摸小白鼠的时候，实验人员就会在儿童身后发出一声巨响。重复几次以后，小阿尔伯特只要看到小白鼠就会产生恐惧反应，他会惊慌、害怕、哭泣、吵闹。此后，小阿尔伯特甚至对其他有毛的动物或玩具都会产生恐惧，说明他的恐惧反应已经发生泛化。为了消除小阿尔伯特的恐惧，华生采用同样的方法，只是呈现小白鼠的时候不再发出巨响。反复几次以后，小阿尔伯特的恐惧反应逐渐减轻。

华生的这项实验之所以非常有名，是因为他以人为对象进行实验。尽管实验本身对当事人的心理造成了一定的伤害，遭到了一些心理学研究者的谴责和反对，但它深化了心理学研究领域关于研究伦理道德的讨论，也促进了心理学伦理的发展。无论如何，华生尝试运用多种方法来消除儿童的不良行为，为后来行为主义治疗方法的创立奠定了基础。

2. **操作条件作用理论**

斯金纳认为，有机体的行为不仅是应答性的条件反射，还有一类行为更为重要，那就是操作行为。这种行为不需要外部刺激诱发产生，而是有机体自发的操作，这种主动的行为是有机体适应环境的结果。

斯金纳做了一个设计精巧的箱子，小白鼠在里面压一下杠杆，就会有食物落到里面的盘子里。实验开始的时候，饥饿的小白鼠在箱子里面到处乱跑，想要寻找食物。偶然间，它压下杠杆，获得食物。重复几次以后，小白鼠学会了压动杠杆获取食物，不再到处乱跑了。这说明，小白鼠在压动杠杆与获得食物之间建立了联系，即出现了操作条件反射作用。如果每次压动杠杆，小白鼠没有得到食物，这种作用也会消退。

后来，斯金纳又设计了一个实验。在箱子的中间用一个板子隔开，中间只有一个小孔可以让小白鼠通过。实验时，把小白鼠先放到右边的箱子里，它会受到轻微的电击，然后寻找逃避的方法。同样，在重复几次从小孔成功逃到左侧箱子之后，只要小白鼠被放到右侧箱子里面，它就会马上钻过小孔，进入左侧的箱子。

上述实验表明，行为的结果直接影响了行为的发生频率。如果行为的结果是奖励性的，那么行为的发生频率会增加，即正强化；反之，行为的发生频率会减少，逃避行为会增加，即负强化。与强化相反，惩罚则会使行为减少或减弱。而强化也会根据频率和次数的不同，分为连续强化和间断强化。不同的强化程序会产生不同的行为模式。

斯金纳认为，大多数的行为问题都是习得的，是可以通过实际或心理上的满足获得强化的。人类的行为可以借助积极的强化加以控制、指导、形成和改变。心理咨询与治疗就是要通过改变对来访者起作用的强化物的形式来改变行为。尽管他并不积极主张使用惩罚，但是他的思想为行为治疗过程中一些惩罚手段的产生提供了理论依据。

3. 社会学习理论

班杜拉认为，人类行为的获得不仅仅依靠无关刺激的偶然建立或者是操作行为的结果；很多重要的行为都不是通过强化或惩罚来建立的，而是通过观察和模仿。为了证明他的理论观点，班杜拉也进行了一个实验。他安排3组儿童分别观看一段成人攻击塑料假人的录像。第一组儿童看到成人的攻击行为受到了奖励，第二组儿童看到成人的攻击行为受到了惩罚，第三组儿童看到成人的攻击行为既没有受到奖励也没有受到惩罚。随后呈现一个相似的情境，结果发现，相比之下，第二组儿童的攻击行为明显较少。

随后，在鼓励儿童模仿攻击行为的情境下，3组儿童都表现出较高的学习水平。班杜拉对观察学习的过程进行了解构和描述。首先是观察者通过感觉、知觉加工观察对象行为的明显特征；然后对获得的信息进行记忆存储，并在之后的类似情境中通过自己的行为组合将这些行为信息表现出来；最后这种行为是否能够实际发生取决于示范行为结果的性质。

（三）行为主义疗法的方法和技术

1. 放松训练

行为治疗中最常用的就是放松训练，即逐步放松身体肌肉群、交替进行肌肉紧张与放松、从头到脚循序渐进进行。这种方法可以单独使用，也可以作为系统脱敏的第一步，常被用于缓解焦虑状态。

放松训练对环境有一定的要求。房间要整洁安静，温度适宜，光线柔和。来访者尽量舒服地坐在沙发上或躺在躺椅上，轻轻闭上眼睛。可以适当播放一些音乐。咨询师在一旁运用语言指示、引导来访者放松。咨询者说话声音要低沉、轻柔、愉快、清楚、准确。放松训练也可以使用事先准备好的录音。

2. 系统脱敏

系统脱敏主要用于治疗各种恐惧症状，如害怕某种动物、考试焦虑、社交恐怖、广场恐怖等。这种方法就是让来访者在放松状态下接触恐惧对象，消除或缓解事件与焦虑状态之间的联系，建立事件与放松状态之间的联系。系统脱敏实施前，除了需要进行肌肉放松，还要构建焦虑事件等级。来访者事先需要与治疗师讨论各种令自己恐惧的情境，然后根据焦虑程度的高低，选取一些情境作为焦虑事件并排列层级，一般在10个等级左右。

系统脱敏的实施方式有两种：想象脱敏和现实脱敏。前者是指在治疗室内依靠想象再现焦虑情境，后者则是实际接触焦虑情境。受条件限制，现实脱敏往往不容易做到。大部分系统脱敏都采用想象脱敏。想象脱敏完成之后，来访者也需要在现实情境中运用想象脱敏中学到的行为反应来应对真实情景中的刺激。

想象脱敏的步骤就是先让来访者身心完全放松，然后治疗师帮助来访者逐步控制想象情境。从焦虑程度最低的事件开始，要求来访者尽可能想象自己置身于这种情境中，清晰保持这种意象直到产生焦虑或紧张。此时来访者举手示意，治疗师准许来访者停止想象，要求来访者报告焦虑程度的大小。如果来访者保持对事件的想象超过30秒还没有感到焦虑或紧张，治疗师可以示意来访者停止想象。此时来访者报告的焦虑值在5以下，意味着这个情境事件脱敏完成。焦虑值大于5，来访者重新进行放松和想象。每次脱敏治疗的时间在30分钟左右，脱敏事件为1~4个。

3. 自我管理

自我管理常用于治疗那些在治疗室中较少出现的或者每天多次出现的不适应行为，如贪食、抽烟、酗酒、说脏话等。上述不适应行为的出现与当事人自我控制失效有关，即行为长远的消极后果无法阻挡行为当前、短暂的积极作用。自我管理就是要求来访者积极主动地改变行为，扭转了传统行为主义治疗中来访者被动接受、依赖外部监督的治疗模式。

自我管理行为模型有很多种。其中，威廉斯和罗恩提出的自我管理行为模型包括5个步骤，即选择目标、监测目标行为、改变环境因素、获取有效成果、巩固收获。治疗师帮助来访者制订一个详细的自我管理行为计划。由于来访者之前经常屈服于行为的即时后效而损害长远利益，难以保证计划的持续执行。因此，这种方法常常要求来访者与一位或几位支持者签署合同，明确各方的义务和责任、奖惩方式等。

4. 厌恶疗法

厌恶疗法也是利用条件反射的原理，建立不适应行为与厌恶反应之间的联系，从而让来访者消除或缓解不适应行为。引起厌恶反应的刺激物通常是电击、呕吐药物等现实刺激物，也可以运用想象厌恶刺激来代替。如在戒酒治疗中心，事先给酗酒者服用种催吐剂，然后让他们喝酒，此时产生的反应不再是快感，而是恶心呕吐；反复训练之后，酗酒者就会在酒与恶心、呕吐之间建立联系，从而回避饮酒行为。由于上述刺激物使用不当会造成一定的危险和副作用，因此要在专业治疗师的指导下谨慎使用，不建议用于儿童和青少年。

三、人本主义流派及其方法

（一）人本主义流派的形成与发展

第二次世界大战结束以后，美国经济繁荣发展，人们的基本生活需要大多得到了满足，进一步产生了追求更高需要的想法。与此同时，社会问题依然严重，特别是国际军备竞赛和美越战争，使得人们更加重视人的内在价值和生活意义。在西方，人道主义思想从14世纪文艺复兴以后逐渐传播和发展，主张维护个体的尊严和权利，解放个性，个体得到充分的自由发展。

在上述社会背景和社会思潮的影响下，主张“以人为本”的心理学思想逐步产生。以马斯洛、罗杰斯等人为代表的人本主义心理学家在批判行为主义和精神分析的基础上提出了新的学说，即人本主义心理学思想，被称为心理学的第三股势力。其中，罗杰斯本人亲手缔造了“以人为中心”的人本主义治疗体系，对心理咨询与治疗的临床实践产生了极大的影响，追随者人数众多，形成了一个单独的心理咨询与治疗的流派。此外，罗杰斯的思想还影响到美国的教育改革，以学生为中心的教育理念及模式对于今天的学校教育仍有重要的指导意义。

（二）人本主义流派的基本理论

1. 人性本善论

大多数人本主义心理学家都认为，人是一种不断成长的有机体，可以选择或主导自己的生命历程。人的本性是善良的、积极的、建设性的。如果让我们自由发展、不被生活所累，每个人都会成为充满爱和信任的个体。如果成长环境比较恶劣，基本需要得不到满足或遭遇挫折，就会产生攻击或破坏行为，表现出恶的一面。一个发展完善的人，不太会屈从于社会要求，反而更加关注自己的兴趣、价值观和需要。他们能够深刻体会自己的情感，坦诚面对并实施控制。

人本主义的人性观与当时的精神分析和行为主义的人性观有着明显的区别。弗洛伊德把代表人性的本我看作反社会的，是一种人性本恶的悲观主义观点；而行为主义则把人看作受外界环境影响的、被动接受的有机体。

2. 需要层次理论与自我实现理论

美国著名社会心理学家马斯洛认为人们生存和发展的内在动力是动机，而需要是动机产生的基础和源泉。人的需要在某种程度上是由体质或遗传决定的，但是人类的需要比一般生物的需要更高级。例如：对食物的需要，动物只要吃饱就能得到满足，而人类除了吃饱，还讲究口味。因此，需要与本能不同，但是类似本能。需要的层次越高，与本能的差距就越大。需要的强度决定了动机的强度。人的需要是多种多样的，只有一种或几种占优势的需要能成为行为的主要动机。人类的需要包括两大类：一是基本需要，二是心理需要。基本需要由低到高依次是生理需要、安全需要、爱与归属需要、尊重需要。低层次的需要得不到满足，难以产生高层次的需要。心理需要特指个体的成长需要，包括认知需要、美的需要和自我实现的需要。

其中，自我实现的需要是指个体实现个人的理想和抱负以及充分发挥个人潜能的需要。其中一层含义是完美人性的实现，特指人类共性的自我实现，包括友爱、合作、求知、审美、创造等特性的实现。另外一层含义是个人潜能的实现，即个人自身的天资、潜能的利用和发展。马斯洛认为，自我实现是个体发展的最高动机。自我实现的需要得不到满足或遭遇挫折，可能会引发个体异常的心理状态或行为。

3. 自我理论与心理失调理论

美国心理学家罗杰斯认为自我是人格的核心部分，是自我觉知和自我评价的统一体。如“大家都不喜欢我”，这是一种自我觉知，潜在的自我评价是“我不好”。

在个体发展的早期，当我们还是孩子的时候，最开始没有“我”的概念。慢慢地，伴随与环境和他人的相互作用，我们开始将自己与外界区分开来，形成最初的自我。在自我实现的驱动下，我们在环境中进行各种活动，与他人进行相互作用，积累了很多经验。我们自己会评价经验的好与坏，追寻好的经验，回避坏的经验。与此同时，成人的关怀和尊重成为社会价值观内化的途径。个体不再依靠自身的评估机制去指导行动，而是依靠内化的社会价值观去指导行动。于是，儿童的自我与经验产生了不一致或异化。

此时，个体在潜意识中感受到外在经验对自我的威胁，产生焦虑，启动防御机制，阻止自我与经验的不一致被揭露出来，维护自我结构的完整性。典型的防御机制有三种。第一种，选择性知觉，选择那些与自我价值感一致的经验，允许它们出现在意识领域。第二种，歪曲经验，将与自我不一致的经验予以扭曲，使之与自我一致。第三种，否认经验的真实性。例如：一个相貌平庸但又非常在乎他人评价的女人，会记得那些赞美她的服饰的话，会认为那些没有赞美她的人是在嫉妒她，会否认自己并不漂亮这个事实。只要经验与自我之间存在不一致或冲突，只要个体否认或歪曲经验，这个人就存在心理失调。心理失调不等于心理适应不良。

个体借助防御机制有时候可以成功解决心理失调，消除或降低焦虑。当防御机制失效的时候，个体可能会出现类似神经症的症状。但是，人本主义治疗体系不存在类似神经症的分类，其认为所有的障碍都是自我概念和经验之间的不一致或失调引起的。

（三）罗杰斯“以人为中心”疗法的方法和技术

“以人为中心”疗法不追求特殊的方法和技术。如果非要说方法的话，就是咨询师把自己当作一种手段，通过自己的真诚、关心、尊重和善解人意来创造一种良好的氛围，让来访者能够自由地探索内心感受。如果非要说技术的话，主要有 3 种：真诚沟通、无条件积极关注和共情。

1. 真诚沟通

心理咨询师伊根在罗杰斯的人本主义理论基础上创建了帮助技巧系统。按照伊根的观点，真诚沟通具有 5 个要素：一是不要固定在角色中，即不要固定在职业心理咨询师的角色中。二是自发性。咨询师的表达很自由，不需要掂量哪些话该说或不该说，也不要冲动或压抑。三是无防御性。真诚的人是没有防御反应的，咨询师要了解自己的优势和不足，坦然面对自己的消极反应并进一步挖掘弱点。四是一致性。咨询师的所思所想应当与实际行为表现之间保持一致或有限的差别。五是自我表露。咨询师可以公开进行言语或非言语的情感表达。

2. 无条件积极关注

无条件积极关注就是咨询师用真诚和深切的关心来表达对来访者的尊重，这是一个高水平咨询师的价值所在。咨询师对来访者表示尊重的方式有很多种，比如，承诺和来访者一起努力，把来访者看作一个独特的个体予以支持，相信来访者有自我导向的能力，相信来访者能够做出改变，尊重来访者的人性和发展潜力等。在行动上，咨询师可以对来访者的问题和情感表示关注，对来访者采取一种非评价性的言语，对来访者给予准确的共情反馈，激发来访者的潜力。

3. 共情

共情就是从来访者的角度去感知和理解他们的世界，并把这种感知和理解传达给来访者。共情包括积极倾听、非言语交流和沉默等技术。积极倾听，就是咨询师要全神贯注地倾听来访者的叙述，这样才能理解来访者更深层次的感受。通过面部表情和身体姿势来表现对来访者的关注，比如目光接触、微笑、点头。此外，咨询师的动作、位置等非言语信息也会传达一些是否尊重、喜欢、同情、理解等的信息。在以人为中心的治疗过程中，沉默是金。有的时候，咨询师不需要说话，让来访者自己整理信息，或许能够收到更好的效果。

四、认知流派及其方法

（一）认知流派的形成与发展

二十世纪五六十年代，随着计算机科学的诞生和发展，心理学家重新回到意识领域进行研究。人的心理被看作一个信息输入、加工和输出行为反应的过程。这种回归不仅带来了大量的研究成果，也使得认知观点在临床心理咨询与治疗当中复苏并发展起来。所谓的“认知流派”，实际上是一些以认知因素影响情绪和行为的理论假设为基础，通过认知或行为技术来改变不良认知结果和方式的心理咨询与治疗方法的统称。至 20 世纪 80 年代，认知疗法日趋完善，形成了系统的治疗体系。

（二）几种代表性的认知治疗方法

如上所述，认知流派不是一个统一的学派，没有同出一源的理论和技术。下面简单介绍几种有代表性的治疗方法及其理论基础。

1. 凯利的建构主义疗法

认知心理学的兴起同样影响了人格心理学的研究。美国心理学家乔治·凯利认为，人格差异源于个体建构世界的认知结构的差异。同许多人格心理学家一样，凯利也是一位临床心理治疗家。他把有关人格的看法运用到心理问题的解释和解决当中。在他看来，个体的心理问题是由于建构系统的缺陷导致的。当人们用不恰当的建构系统去解释和预测周围的人和事物时，就会出现认知混乱、行为挫折和情绪困扰。此时，咨询师需要帮助来访者进行认知重组，形成新的建构系统。他还发明了一种角色修正疗法。这需要一些治疗师来扮演来访者想象中的人。

2. 艾利斯的理性情绪疗法

理性情绪疗法是最具代表性的认知疗法，由美国临床心理学家艾利斯创立。艾利斯小时候经常生病，父母疏于照顾，他学会了自己照顾自己，也养成了孤僻、害羞的性格。后来他对哲学产生了浓厚的兴趣，大量阅读了杜威、弗洛伊德、罗素、华生等一批哲学家和思想家的著作，开始意识到自己的情绪和行为问题源于自己的某些片面认知。通过一系列方法，他最终克服了自己在他人面前害怕讲话的毛病，减少了交往恐惧和焦虑。

艾利斯一度采用正统精神分析疗法从事婚姻和性方面的咨询工作，结果他发现精神分析疗法比较被动、费时。于是，他就根据自己早年的生活经历和切身体验提出了理性情绪疗法，运用 ABC 理论来解释情绪或行为失调的原因，采用认知、情绪和行为技术来改变来访者的不合理信念。

3. 贝克的认知疗法

贝克认知疗法的创立同样受到了认知心理学的影响，但也来源于他对抑郁症的临床研究。美国心理学家贝克起初也是师从正统的精神分析学派。在运用精神分析疗法治疗抑郁症的过程中，他发现来访者的消极认知是导致他们陷入抑郁症的根本原因。他认为，一个人的思维方式决定了他的感觉和行为反应，歪曲或错误的认知会导致情绪紊乱和不良行为，因此改变不良情绪和行为的关键就是纠正已经“自动化了”的思维方式以及相关信念。在实践基础上，贝克总结了一些经常困扰人们的自动思维和认知歪曲现象，如两极化思维、以偏概全、灾难化思维、选择性提取、乱贴标签等。贝克认知疗法的焦点，就是明确来访者被歪曲的认知，并采用认知、情绪和行为技术来改变它们。

第三节　大学生心理咨询的主要内容及常见问题

一、大学生心理咨询的主要内容

（一）学习

1. 针对缺乏学习动机者的心理咨询

（1）使求助者明确学习意义

在高校中，心理辅导教师可以采取生动的、适合大学生心理发展水平的教育方式，将学习与现实社会生活、个体的健康全面发展联系起来，使大学生充分认识到学习的社会价值与个体发展价值，并产生强烈的学习需求和学习成就动机，提升其抱负水平。

（2）帮助求助者习得一定的学习技能

高校心理辅导教师对大学生每一门课、每一节课学习的质与量、重难点等都要做出科学合理的预期和规划，从而使大学生明确学习目标，并以此引导和激励学生努力学习。

（3）及时评价、反馈学习表现与结果

科学评价并及时反馈大学生在各学习环节中的表现与学习成绩，有利于形成、强化与调节大学生的学习动机，使大学生产生学习兴趣。

（4）创设成就情境

一般来说，成功的经验会增加大学生的自我认同感和自我效能感。不断创设成就情境，给大学生分配力所能及的学习任务，使大学生获得成功的体验，或者使其观察到周围同等能力的同学所能够产生的成就行为，从而增强其自我效能感，增强成功经验，形成正确、积极的学习动机。

（5）引导求助者对学习问题进行归因

在大学里，心理辅导教师要结合具体的学习任务与学习情境，合理利用考试、竞赛、作业等手段，引导大学生从努力程度、学习方法、记忆技巧等个人内部因素对学业成败进行正确合理的归因。

2. 针对考试焦虑的心理咨询

（1）进行放松训练

所谓放松训练方法，就是指通过呼吸法、暗示法、表象法和音乐法等来逐渐放松人体的肌肉，使大脑逐渐平静，从而调节中枢神经系统的兴奋水平，缓解使人紧张的焦虑情绪，从而增强大脑对全身的控制支配能力。

（2）进行系统脱敏

这里所说的系统脱敏，主要是对交互抑制原理的利用。根据交互抑制原理，在放松状态下，人的情绪与焦虑是相互抵抗的。这也就是说，当人处于放松状态下时必然会抑制焦虑和紧张状态。

（3）进行认知调控

对大学生的认知调控要做好3个方面的工作。第一，坚决杜绝大学生用“我糟糕透了”之类的消极语言暗示自己；第二，适当减轻周围环境的压力，面对考试的压力和担忧，让大学生学会自己和自己辩论，运用理性情绪疗法调节认知上的偏差；第三，消除因一两次考试失败和一两科考试失误而对自己形成的错误认识，不要以偏概全，也不要认为自己不行，更不能丧失学习的信心。

3. 针对学习动机过强者的心理咨询

（1）确立合理的期望值

通常情况下，学习动机过强的大学生往往会得到家庭、学校、社会的肯定和支持。客观来说，人们的这种称赞会对这些大学生的期望进行不适当的强化，使他们认识不到动机过强的危害，从而使问题不断堆积。除此之外，严厉的家庭教养方式和父母的过高期望，也会使大学生形成不合理的学习动机。为了大学生的身心健康发展，我们需要让学习动机过强的大学生冷静下来，让他们客观地思考和评估自身的实际情况，从而确立合理的期望值。

（2）形成针对成功的合理信念

在高校中，学习动机过强的大学生往往拥有这样的认知模式：只要付出了努力，就会获得成功。事实上，努力是成功的必要条件，但不是唯一条件，努力勤奋并不必然导致成功。因此，高校心理辅导教师应帮助大学生树立只有努力才有可能成功这一正确的认知模式。

（3）合理设置个人目标

一般来说，学习动机过强的大学生往往会对自身条件和现实状况存在着过高的期望，从而设置了一个可望而不可即的目标，导致对自己过于严格、过于苛刻。由此可见，高校心理辅导教师应该引导大学生结合自身实际情况确立合理的个人目标。

（二）环境适应不良

环境适应不良是指因生活、学习和工作环境发生了重大改变，而造成自身思想、情感和行为偏离社会生活规范轨道的现象。对于存在环境适应不良情况的大学生的心理咨询，应当重视以下几个方面的工作。

1. 获取社会技能与知识

从本质上来说，社会适应不良是由某种社会适应知识或技能的缺失所造成的。因此，我们应该重点关注有关适应社会的知识和技能的教育，将其引入学校及家庭的教育当中去，以促进大学生更好地适应家庭、学校或社会生活。

2. 人际关系网络建设

人类社会适应最主要的就是对于人际关系的适应。良好的人际关系能够使人们心情愉快，并能在交往过程中建立自信，形成良好的性格和个性品质。如果人际关系不佳，就容易使人感到孤独寂寞，并产生各种烦恼。

3. 挫折教育

只有经历了各种不同的困苦与挫折，大学生才能够逐步提高自己克服困难、走出困境的勇气与能力，并做好迎接下一次挫折与困难的心理准备。

（三）人际交往

1. 帮助大学生学习角色扮演方法

请一个朋友来扮演某个大学生，而大学生自己扮演嘲笑别人的人，并请扮演这个大学生的朋友自由作答，在这一过程中，大学生往往可以发现自己并没有什么值得被他人嘲笑的地方，而嘲笑者的行为则显得很无聊。由此可见，这种幻想害怕技术可以有效地帮助大学生客观地看待自己。

2. 帮助大学生学习自我暴露方法

合理运用自我暴露方法，可以让大学生有足够的勇气将自己的不安及焦虑，以及在人际交往中的不如意向别人倾诉出来，坦然承认或公开表达出自己的不足，就会因此得到别人的宽容或理解等，从而建立良好的人际关系。这种技术是克服人际关系不良的有效方法。

目前，不少大学生对自我暴露方法产生疑虑，认为这一方法会损害自己的名誉，或被人嘲笑，以致不能取得理想的效果。虽然这种看法毫无道理，但想要在短时间内改变他们的这一看法又存在着较大的难度。

心理咨询师应引导大学生明白合理运用自我暴露方法，能够使其以一种大胆的方式直接面对忧虑，如在公众场合直接向大家暴露自己的弱点等，从而逐渐克服不良人际关系。这样做的好处是能够使大学生意识到自身问题没那么严重，可以清楚地看到自己的那些焦虑在旁人看来其实是无关痛痒的。

（四）恋爱

大学生在恋爱的过程中，其思想、心理和行为往往会得到很大程度的改变。大学生由于人生阅历不足，缺乏经营爱情的经验，因而经常会出现一些恋爱问题。在恋爱心理咨询中，咨询师要注重以下两点。

1. 培养大学生爱的能力

（1）培养给予爱的能力和接受爱的能力

大学生要能理智地分析自己的情感，敢于表达、善于表达；要具有迎接爱的能力，懂得爱是什么，知道自己喜欢什么，适合什么；对自己、对他人、对事物保持敏感和热情；主动关心他人；面对别人的关爱，能及时准确地对爱做出判断，并做出接受、谢绝或再观察的选择；对于恋爱失败所引起的心理紊乱能够进行较好的调节。

（2）提高恋爱挫折承受能力

恋爱是人生中一段重要的历程，大学生如能通过适当的情绪调节、宣泄和转移，来减轻恋爱挫折带来的痛苦，往往会使自己更加成熟。

（3）培养拒绝爱的能力，学会拒绝自己不愿接受的爱

大学生在面对并不希望得到的爱情时，要勇敢果断地说“不”。另外，也要掌握恰当的拒绝方式，因为珍重每一份真挚的感情是对他人的尊重，也是对一个人道德情操的检验。

2. 帮助大学生形成健康的恋爱行为

大学生在谈恋爱时应该培养自身健康的恋爱行为。例如：为人处事要大方，要注意行为举止，不要过早地做出亲昵动作以使对方反感；相互了解，不要无休止地盘问对方，不要任意伤害对方的自尊心；交谈要自然、坦率、诚恳，不要矫揉造作、出言不逊或举止粗鲁；善于控制感情，克制或者调节内心的冲动，注意情感的转移和升华，与恋人多谈谈学习和工作，把恋爱行为限制在社会规范内。

二、大学生心理咨询的常见问题案例分析

（一）一般心理问题

1. 案例

【案例 8-1】

心理咨询师：你遇到什么困扰了，愿意跟我谈谈吗？你不必有什么顾虑，我们今天的谈话你的班主任是不会知道的！

求助者：最近3个星期我的心情一直很不好，感觉很压抑，上课时无法集中精力听讲，也不愿跟同学交往，不想吃饭，晚上躺下后总是胡思乱想睡不着，现在真是难受死了。

心理咨询师：看得出来现在你的情绪很低落。发生什么事情了吗？

求助者：（沉默）每当面对同学的时候我总感觉特别自卑。

心理咨询师：你说自己感觉很自卑，你能举例告诉我什么事情让你自卑吗？

求助者：（一愣）我的父母都是工人，文化水平只有初中，而我寝室好几位同学的父母是大学毕业，我很羡慕他们有这样的父母，我感到自卑。

心理咨询师：还有呢？

求助者：我已经大学二年级了，还没谈恋爱。看到校园内一对对的恋人，我心里羡慕，可眼睛却不敢正视，因为我觉得惭愧。

心理咨询师：还有哪些让你自卑的？

求助者：（想了想，摇摇头）好像就这些。

心理咨询师：噢，你说寝室同学的父母是大学毕业而自己的父母只有初中文化，有些同学找了女朋友而自己没有，因此你感到很自卑，心情低落、压抑，自己的学习、饮食和睡眠都受到了影响，是这样吗？

求助者：嗯。我总觉得很不公平，为什么他们出身那么好，而我，什么都没有……

【案例 8-2】

某男，22 岁，由父母陪同前来，系独生子。父母因儿子上网、不好好读书，有时与家长顶嘴、脾气暴躁求助。

心理咨询师了解的资料：该青年仪容及服饰均正常，入座后说自己主要是情绪不好，后悔以往学习不努力，现在只是个专科生。回忆小学及初中学习成绩都很优秀，升入高中后，不适应寄宿生活，也未及时调整学习方法，学习成绩不理想，高中毕业考入一所大专。由于不是自己的理想大学，学习无动力，3 年的时间忙于社会活动和谈恋爱。毕业后发现没有学到什么东西，女友也因分配异地而分手。

一个月前，经人介绍认识了一位正在读研究生的女生，对方愿意和自己建立恋爱关系，但考虑到自己只有专科学历，有自卑感，十分犹豫，不敢继续发展。后悔当初不努力，造成现在的被动状况，又不知从何处下手，只好上网打发日子。

一个月来，心烦意乱的，很着急，上床迟迟不能入睡。家长并不知道自己的内心感受，说不到自己心里去，因此向他们发脾气。自己也愿意来做咨询，可是因为自卑，不好意思，见到心理咨询师后，希望咨询师帮助自己走出困境。

【案例 8-3】

郑 ××，男，28 岁，研究生，未婚。

当事人主诉：近来常失眠，心情不好，注意力不集中，工作效率低，不能专心看书。原来喜欢和几个朋友聊天，近来不爱和任何人来往。

心理咨询师：你自己能找到原因吗？

当事人：（沉默）

心理咨询师：心理咨询本身是件严肃的工作，我们对你谈出的思想和你所遇到的问题都能充分理解，我们只讨论问题，不搞批判。

当事人：（会心一笑）。其实，我知道原因，但不知如何克服。原来我在读本科时有一位女朋友，相处很好。考上研究生后也有信件往来。假期也能见面，正式恋爱已有 5 年了，现在在一起学习的又有一位女同学，对我很好，她也知道我有女朋友，所以与我相处只是一般关系，可是由于经常在一起，互相照顾，彼此也很真诚，不知为什么渐渐对她产生好感，我向她表达爱慕之情，她也欣然接受。这样一来，我却陷入了矛盾的境地，无法自拔。最近又接到原来女朋友的来信，忽然觉得信的内容平淡，我突然觉得她变得陌生了，不如身边的这个女孩亲切，我的回信也很冷淡。事后又觉得我这样做不对，伤害了对方，思想斗争激烈，不知怎么处理。

【案例 8-4】

夏××，女，19 岁，大一学生。

当事人：有件事不知怎么办。

心理咨询师：只要你能把事情说明白，我们就愿意和你一起讨论，想出解决的办法。

当事人：我怕见大学语文老师。（沉默）

心理咨询师：（沉默、等待）

当事人：不是真怕，是想见到他，可见到他时就脸红心跳，我怕别人看到我脸红。上大学语文课时从不看老师也不知讲的是什么。（沉默）

心理咨询师：（沉默、等待）

当事人：其实老师什么也不知道，什么也没说过我。我最怕老师叫我的名字，一叫我，我就心慌。（低头、沉默）你说我该怎么办呀？

2. 一般心理问题诊断

大学生的学习压力、考试焦虑、人际冲突、失恋、就业焦虑、自我意识发展的滞后等都属于一般心理问题。

3. 一般心理问题的诊断标准

第一，由于现实生活、工作学习压力、处事失误等因素而产生内心冲突，并因此而体验到不良情绪（如厌烦、后悔、懊恼、自责）。

第二，近期发生的，不良情绪不间断持续满一个月，或不良情绪间断地持续两个月仍不能自行化解。

第三，不良情绪仍在相当程度的理智控制下，反应强度不太大，始终能保持行为不失常态，基本维持正常生活、学习、社会交往，但效率有所下降。

第四，自始至终，不良情绪没有泛化到其他事情上，仅局限于最初引发不良情绪的事件。

4. 辅导员在工作中遇到大学生出现一般心理问题时的对策

第一，建议其去做心理辅导。

第二，如果大学生不愿意接受心理辅导，愿意和辅导员谈，则要明确表示为其保密，事后不能大肆宣扬。

第三，辅导员应充当倾听者和心灵抚慰者，以尊重、鼓励、支持为主，不应当充当说服者和说教者，鼓励大学生把心中的压抑通过述说发泄出来。

第四，鼓励大学生通过各种途径转移自我注意力。

第五，如果大学生陷入两难境地，则鼓励其做出抉择，不能做道德判断。如上述案例 8-3。

第六，如果发现大学生身上有不合理的认知，辅导员要试图调整他的不合理认知。如上述案例 8-1。

第七，如果大学生总是沉浸在过去或总是担心未来，则谈话应试图把他的注意力转移到现在，让其关注现在自己能够做什么？可以和大学生一起制订学习生活计划，并监督其完成，如果顺利，给予其口头甚至适当的物质奖励。

第八，如果大学生焦虑情绪大，则可以教给其一些放松方法，如腹式呼吸法、肌肉放松法。

（二）严重心理问题

1. 案例

【案例 8-5】

一般资料：求助者，女性，19 岁，大学一年级学生。

案例介绍：求助者今年以某市高考状元的成绩考入大学，来到陌生的城市，开始独立生活。每日的学习很紧张，还要料理自己的生活，有些手忙脚乱，疲惫不堪，感到不适应（刺激威胁大），非常想家。有时睡不着，常常梦到父母，一听到广播里放的音乐有“妈妈”的内容就哭。在街上、校园里听到的都是当地的口音，自己作为外乡人，内心很孤独（情绪反应强烈）。上课经常走神，学习效率不高。无心参加班上组织的活动，总盼着早点放假回家（已泛化）。求助者与同学的关系一般，因生活琐事与宿舍室友关系紧张（已泛化），想换宿舍，学校没同意，心情不好、内心痛苦。经辅导员做工作后没有明显好转（非专业干预不能摆脱），所以在同乡的陪同下来做心理咨询。

心理咨询师观察了解到的情况：求助者是独生女，性格柔弱、温顺，在家很受宠爱，自幼没有单独离开过家，上大学前很多生活琐事都由父母料理，连自己的衣服鞋袜都不用洗，她认为只有家里才是最安全舒适的。

【案例 8-6】

一般资料：男性，18 岁，艺术学院三年级学生。

求助者从小喜欢绘画，一心想报考中央美术学院（刺激威胁大）。他认为上文化课纯粹是浪费时间，故从一年级就经常借故逃避上文化课。自认为应该用这些时间来练习自己的绘画技巧，但家长不同意，理由是文化课必须要有一定的分数才能被录取。但他自认为只要稍稍看看就能通过，用不着花那么多时间，为此经常与父母冲突（已泛化），很心烦，即使在家作画，也没有好心情。进入高三后，他发现自己的绘画水平没有多大提高。

3个月前（时间长），文化课的一次摸底考试他的语文成绩很糟糕，排在了班里倒数第三名，他从来没有考过这么差，担心自己考中央美院的理想要落空。从此以后很焦急，睡眠开始不好（主要是入睡困难），总是担心语文课考试，后来也害怕英语、历史、政治考试（已泛化），越害怕越考不好。父母更是经常责备他不听家长的意见，他自己心中也有些后悔，但表面上还要装出理直气壮的样子，不肯承认。

还有几个月就要参加毕业考试了，一家人都着急，他自己更感到希望渺茫，不知道还参加不参加高考。对生活中的其他事情，也打不起精神。拿起画笔，经常发呆（已泛化），也在担心文化课考试，觉得画笔很沉重，而听课时注意力不集中，记忆力很差，学习效率很差（情绪反应强烈）。

该求助者的母亲证实儿子所说的内容属实。他们曾经到几家医院看病，各项检查均无异常，有位神经内科专家建议，让他看心理医生，便随母亲一起来到咨询中心，希望心理咨询师帮助他克服对文化课考试的害怕担心。

【案例8-7】

一般资料：女，19岁，大学一年级

求助者自述：近三个月来一直处于情绪低落状态，经常感到委屈，有时独自流泪，认为现实是冷酷无情的，觉得对很多事情都提不起精神来，工作生活没有意思，对未来的生活感到悲观失望。吃不下饭，睡眠减少，白天注意力不集中，记忆力下降，容易急躁（情绪反应强烈），遇到一点小事就发脾气（已泛化）。始终难以摆脱（自己无法摆脱），犹豫再三，前来求助，希望得到心理咨询师的指点。

心理咨询师观察了解到的情况：求助者自幼身体健康，未患过严重疾病。从小性格内向。听话，在大人眼中一直是个好孩子，没有做过什么让父母担心的事。父母要求比较严格，从小到大生活一帆风顺。在大学生活3个月后，高中时候的男朋友突然提出分手（重大刺激），就感觉天要塌下来了，非常气愤，悔恨交加，日渐憔悴，情绪低落，脾气暴躁。遇到别人谈论恋爱问题时，会特别敏感、脆弱，后来甚至看到同学谈恋爱都感到受不了（已泛化）。虽然还能坚持学习，但积极主动性较以前降低，生活的兴趣也大不如前了（学习、生活受到影响）。

2. 严重心理问题的诊断标准

第一，由较为强烈的、对个体威胁较大的现实刺激引起。

第二，从产生痛苦情绪开始，痛苦情绪间断或不间断地持续时间在两个月以上、半年以下。

第三，情绪反应很强烈，靠自然发展和非专业干预难以解脱，对生活、学习和社会交往有一定程度的影响。

第四，痛苦情绪不但能被最初的刺激引起，而且与最初刺激相类似、相关联的刺激也能引起此类痛苦。

3. 辅导员在工作中遇到大学生出现严重心理问题时的对策

第一，辅导员应本着对大学生负责的态度，联系心理辅导教师，并将有严重心理的大学生转介给心理辅导教师，而且要及时向系里负责学生工作的相关领导汇报情况。

第二，辅导员应一视同仁，不能歧视存在严重心理问题的大学生。

第三，辅导员应积极关注出现严重心理问题的大学生，切忌消极对待或视而不见(即觉得大学生的问题根本不是什么重要问题或者对大学生明确表示“你的问题太严重了，治疗不好了”等)。

第四，辅导员应加强关注力度，并可以要求同宿舍室友或朋友密切关注有严重心理问题的大学生，避免其出现自伤行为或转为精神障碍。如果问题比较严重，经心理辅导没有效果，征得本人和家长同意，辅导员可建议有严重心理问题的大学生休学回家休息或到专门的心理门诊和医院接受治疗。

三、认清两个问题，认真过好每一天

(一)为什么改变认知并不容易

一位心理咨询师曾经和一位大二男生交流，他对自己要求很高，追求完美，很多小事都要求自己做到极致，所以很累。心理咨询师建议他改变自己的认知，他说，改变很难，认知之间环环相套，想改变时总有其他认知在支持，所以难以说服自己。比如，他为什么对小事追求极致，除了追求完美的核心思维之外，还有其他的认知根源，比如相信细节决定成败、积少成多等，这些都支持他把小事做得完美。

心理成长，方法很简单，主要是改变认知(我们把试图改变的认知称为目标认知)，但是做到并不容易，因为目标认知往往不是独立存在的，它就像一棵树一样，下面往往还有多条认知的“根系”在支持它。这些根源不改变，就难以说服自己放下原有的认知，建立新的认知。

比如上述这位男生虽然想放下对小事的执着，但是一想到细节决定成败，就放不下了。他认为细节能决定成败，小事也是细节，都关系到自己的成败，那怎么能放下呢？他的问题在于对“细节决定成败”不合理的理解。那么如何理解会更合理呢？读者不妨先思考一下。

有一位初中女孩去心理咨询师那里咨询，她认为成绩很重要，在这种认知的影响下，压力过大，不但期中考试紧张焦虑，对月考、周测都恐惧，以至于无法上学了。所以，她需要改变“成绩很重要”这一认知。心理咨询师和她深入地交流，发现她的目标认知有多种认知根源。一是她有很高的目标，一定要考上北京大学，而平常的成绩不理想对她来说预示着可能实现不了目标，所以自然会很重视成绩，害怕考不好；二是担心考不好同学会嘲笑、议论；三是她认为如果成绩不好，说明她能力不行，从而否定自己。所以，如果不改变这几个认知根源，她就难以放下对成绩的过多执着。

认知树的概念类似于萨提亚家庭治疗中的冰山理论：我们能看到的只是表面很少的一部分，而更大一部分的内在世界却藏在更深层次，不为人所见，恰如冰山。

从认知树的角度来看，表面上看到的是目标认知，其实还有多种根源隐藏在下面支持着它。所以，我们需要去改变这些认知根源，才能改变目标认知。这些认知根源并不难以发现，只是很多时候人们都习以为常，如果不去探索分析，自然就不会意识到其存在，或者不会和目标认知联系起来。

认知转变了，情绪很快就好转了。

一位比利时的华人妈妈去某位心理咨询师那里咨询。她本来状态不错，突然因为两件小事心理近乎崩溃。姥姥从国内来比利时，送她五岁的儿子去学校，到了校门口孩子不让姥姥进去。妈妈认为，儿子是因为姥姥不会说比利时的语言而觉得没面子才这样做，认为儿子不孝敬老人，所以很生气。

另外，儿子总喜欢逗一岁多的小妹妹玩，有时故意堵着门不让妹妹出去，妹妹有时很着急。妈妈说了儿子好几次，冲他发火甚至打了他，但是孩子总是不改。

这些其实都是小事，姥姥也并不在意，在心理咨询师这个旁观者看来也很正常、没什么，为什么会导致她陷入焦虑、抑郁的情绪之中呢？深入交谈之后，心理咨询师发现她执着于孩子的小错误其实是有深层认知根源的。她身体不太好，经常看《刘善人讲病》，刘善人认为要逐一检点反省自己的错误（其中包括孝道），去真诚忏悔改正，这样才能让自己彻底恢复健康。

所以，她特别重视反省自己的错误，总在找错误。

另外，她一直在学习一些中国传统文化的课程，所以对孝道特别重视，认为孩子不孝敬是大问题。那些课程学得久了，不知不觉中就期望孩子是完美的，自己也是完美的。

所以，当孩子有问题的时候就很焦虑（孩子不完美），也因为对孩子的行为无可奈何，因为冲孩子发火、打孩子而自责（自己不完美）。

其实刘善人的理论和孝道本身是有道理的，但是她的理解有误，形成了不合理的认知，导致她放大了事情的影响，再加上其他的因素，所以她一下子就很焦虑，甚至快抑郁了。

她没有意识到这些认知是导致她焦虑、抑郁的原因，心理咨询师和她一起探讨之后，她才恍然大悟。

在找到并转变了这些认知根源之后，她很快就放下了儿子和姥姥的事情——其实孩子的表现很正常、没什么；对于儿子逗妹妹玩的事情，她也重新去认知：这也是孩子们玩的一种方式，妹妹如果着急，把妹妹拉过来就可以了，没什么了不起的。

认知转变了，情绪很快就好转了。

当局者迷，旁观者清，有时我们自己可能难以识别情绪背后的认知，此时就需要他人尤其是心理咨询师的帮助。

（二）如何理解“细节决定成败”

“细节决定成败”，这句话本身是有道理的，在某些情况下，所有细节都要做好，否则就可能会失败，比如宇宙飞船的制造和设计、飞行之前对飞机的检查等。

但是，在大多数情况下，不需要关注所有的细节，不是所有的细节都能决定成败。比如组织一个重大的会议，虽然要尽量把细节做好，但实质上某些细节如果做不好，影响可能也不大。另外，一个人的时间和精力毕竟是有限的，在细节上分配的时间过多，在主要的方面分配的时间必然会少，这就会影响整体的效果。比如考试，如果对每个题目都抓住不放，那么最终时间可能不够用，从而可能会连很容易得到的分数都丢了，得不偿失。所以，对细节也不要过于重视。

另外，对于人生来说，很多事情并没有很紧密的联系，新的机遇总会有，所谓“祸兮，福之所倚；福兮，祸之所伏”。所以，在大多数情况下，一件事情没做好，对一个人总体的人生成败影响很有限，更谈不上细节决定成败了。何况，人生有时也难以用成败来衡量啊。

参考文献

[1] 段鑫星，程婧 . 大学生心理危机干预 [M]. 北京：科学出版社，2006.

[2] 蔺桂瑞，杨芷英 . 大学生心理健康与人生发展：成长，从关爱心灵开始 [M]. 北京：高等教育出版社，2010.

[3] 卡尔 . 积极心理学：有关幸福和人类优势的科学 [M].2 版 . 丁丹，译 . 北京：中国轻工业出版社，2018.

[4] 帕尔默 . 九型人格 [M]. 徐扬，译 . 北京：华夏出版社，2015.

[5] 塞利格曼 . 真实的幸福 [M]. 洪兰，译 . 沈阳：万卷出版公司，2010.

[6] 常春娣，张燕云，大学生心理健康教育 [M]. 重庆：西南师范大学出版社，2008.

[7] 张潮，杨晓荣 . 自助与成长：大学生心理健康教育 [M].2 版 . 北京：教育科学出版社，2010.

[8] 高兰 . 大学生心理健康教育：心灵成长自助手册 [M]. 北京：教育科学出版社，2015.

[9] 葛宝岳 . 大学生心理健康与安全课程 [M]. 北京：新华出版社，2015.

[10] 葛明贵，王军，施宝琴 . 大学生心理健康教育 [M]. 北京：教育科学出版社，2014.

[11] 何静春，袁一平 . 大学生心理健康教程 [M]. 北京：化学工业出版社，2015.

[12] 胡珍 . 性爱 • 婚姻 • 家庭：大学生性教育教材 [M]. 北京：科学出版社，2016.

[13] 冀先礼，王国防，李军霞 . 心理健康教育 [M]. 北京：光明日报出版社，2011.

[14] 林清香 . 大学生心理健康教育 [M]. 北京：清华大学出版社，2013.

[15] 刘卫锋 . 大学生心理健康教育理论与实践 [M]. 南京：南京大学出版社，2018.

[16] 鲁忠义，安莉娟 . 大学生心理健康教育 [M]. 北京：教育科学出版社，2018.

[17] 马国杰，李俊杰，张敏 . 新编大学生心理健康教程 [M]. 郑州：郑州大学出版社，2013.

[18] 马建青 . 我国大学生心理健康 10 年研究得失探析 [J]. 中国心理卫生杂志，1998（1）：3.

[19] 张郡 . 大学生心理健康教育与思想政治教育整合途径探析 [J]. 开封教育学院学报，2015（11）：173-174.

[20] 陈松 . 大学生思想政治教育与心理健康教育整合的探究 [J]. 赤子，2014（23）：101.